张葆全 译解

论语通译

广西师范大学出版社
·桂林·

论语通译
LUNYU TONGYI

图书在版编目（CIP）数据

论语通译 / 张葆全译解. --桂林：广西师范大学出版社，2021.9
 ISBN 978-7-5598-4193-3

Ⅰ．①论… Ⅱ．①张… Ⅲ．①儒家②论语－译文 Ⅳ．①B222.24

中国版本图书馆 CIP 数据核字（2021）第 171037 号

广西师范大学出版社出版发行

（广西桂林市五里店路 9 号　邮政编码：541004）
　网址：http://www.bbtpress.com
出版人：黄轩庄
全国新华书店经销
广西广大印务有限责任公司印刷
（桂林市临桂区秧塘工业园西城大道北侧广西师范大学出版社集团有限公司创意产业园内　邮政编码：541199）
开本：787 mm×1 092 mm　1/16
印张：20.5　　字数：350 千
2021 年 9 月第 1 版　2021 年 9 月第 1 次印刷
定价：72.00 元

如发现印装质量问题，影响阅读，请与出版社发行部门联系调换。

出版说明

一、《论语》是一部儒家经典,主要记载儒家学派创始人、中国古代文化伟人孔子及其弟子的言行。这是一部古今读书人都要读的书,今天各级各类学校也都将其列为学生课外必读书。本书对《论语》做了非常明晰的注译和解析,非常适合中小学生课外阅读,或用作大学选修课教材,也可供社会上中等以上文化程度的读者阅读,更是教育工作者案头必备的参考书。

二、本书《前言》简要地介绍了孔子生平、《论语》其书及孔子思想特色,有助于读者了解孔子思想的精髓。

三、《论语》原文据清代阮元所刻《十三经注疏》本(中华书局1980年影印本)排印,经仔细校核,力求准确无误。为方便读者,每章均加编号,圆点前为篇的序号,圆点后为章的序号。

四、词语注释广泛吸取了古代学者的研究成果,也酌取今人意见,力求准确可靠。注释还力求简明,不做烦琐考证。对于古来异说,不一一列举,重要异说则用"一说"加以介绍。对难读的字和多音字,均注音。解释词语,注意说明字的本义,说明通假现象,说明在古代汉语中的特殊意义和使用规律,以帮助读者了解文意,并提高古文阅读能力。与一般《论语》注本不同的是,对有关孔子思想的名词术语,如仁、义、礼、乐、孝、悌、忠、恕、中庸、天命等等,尤其注意做出既客观可信又简明扼要的解释。为方便读者随时任意翻阅,有的注释不避重复。

五、译文一般采取直译,尽量不改变原有的词序。但为了使文意显豁,或使译文更合现代汉语习惯，有时对词序稍做改动，或加上一些词语将文意补足，并使上下文文意贯通，以帮助读者理解。

六、每章之后一般有"点评"，直接点名章旨，或引他人意见解说本章意思，有时也引孔子相关言谈或古今中外名人言论进行互证，以帮助读者更好地把握本章内容，并拓展知识，丰富学养。引用的重要材料均注明出处。有的地方，还特别指出后世所形成的成语、格言，这对读者丰富词汇会有所帮助。

七、每篇之后都有赏析。内容是就本篇中涉及的主要问题展开研讨，以帮助读者加深对孔子思想的认知。赏析中引用他篇材料，会有助于读者做比较研究。

八、书末附孔子及其弟子思想言论分类摘编。

九、本书注释评析者张葆全，为广西师范大学文学院教授，广西师范大学漓江学院终身教授，广西师范大学国学堂专家委员会主任，广西儒学学会名誉会长，桂林国学研究会名誉会长，全国教育系统劳动模范，全国先进工作者，享受国务院政府特殊津贴专家。著有或主编《诗话和词话》《历代诗话选注》《中国古代诗话词话辞典》《宋代诗话选释》《新编今注今译昭明文选》《玉台新咏译注》《中国古代文学作品选》(先秦)、《先秦诸子散文赏析》《先秦诸子菁华》《老子今读》《老子道德经译解》《大学中庸译解》《周易选译》等著作多部，曾多次荣获省级社会科学研究优秀成果奖。1961年起在高校从事教育工作近六十年。其间兼任广西师范大学副校长、校长十余年。本书融入了他数十年来从事教育工作和学术研究工作的宝贵心得，相信这些个人心得对读者索解孔子思想会有所帮助。

前　言

《论语》是一部儒家经典,主要记载儒家学派创始人孔子的言行,也记载了孔子一些弟子的言行。

孔子(公元前551年至公元前479年),名丘,字仲尼,春秋后期鲁国人,出生于鲁国昌平乡郰(zōu,又作"陬""鄹")邑(在今山东曲阜东南)。

孔子的祖先原是宋国(在今河南商丘一带)宗室,为殷商后裔,传至孔父嘉时,宋国发生内乱,孔父嘉被杀。后人为避难,便从宋国逃到鲁国,失掉贵族身份。居鲁国数代后,孔子父亲叔梁纥(hé)才当上郰邑的大夫(非世袭)。

但不幸的是,在孔子3岁时,叔梁纥去世,孔子母亲颜征在带着他迁到鲁国都城曲阜的阙里居住。孤儿寡母,相依为命。少年时代的孔子非常好学,除了帮助母亲干些杂活外,还坚持学习礼乐文化。17岁时母亲也去世了,孔子不得不独自挑起生活的重担。他做过"儒"("儒"是一种从巫史中分化出来的社会职业,任务是在贵族人家举办婚丧祭祀等活动时担任"相礼"。后来,孔子创立的学派也被称为"儒家"),也做过"委吏"(管理仓库)和"乘田"(管理牛羊畜牧)。

大约在30岁时,由于学业有成,孔子首创私人办学,开始收徒讲学,直至终老。据说孔子一生有弟子三千,其中优秀者七十二人。

大约在35岁时,因鲁国内乱,孔子来到齐国,但齐景公不用他,两年后返鲁。

51岁时,孔子任鲁国中都(在今山东汶上西)宰,后来又任大司寇(掌管刑狱)并"行摄相事"(代理宰相),很有政绩。但当时鲁国政权由三家贵族(季孙氏、孟孙氏、叔孙氏)把持,孔子与他们在政治上时常发生冲突。

55岁时,孔子愤然辞官离职,带着数十名弟子开始了长达十余年的周游列国。他先后到过卫、曹、宋、郑、陈、蔡、楚等国,希望能得到"明君"任用,以推行自己的政治主张,可是不但希望落空,还吃了不少苦,如在匡地被匡人围了五天,在郑与弟子们一度失散,在陈也断粮七天。

68岁时,他回到鲁国,除继续从事教育外,还致力于整理文化典籍。被后人称为"六经"的《诗》《书》《易》《礼》《乐》《春秋》,都曾被他用作教本,并都经过他的整理。

73岁时,孔子辞世,鲁哀公写了诔文吊唁,弟子为他服丧三年。

孔子没有留下系统的论著,当时由他的弟子和再传弟子记录及编纂的《论语》,却保存了关于他的丰富而宝贵的思想资料。东汉班固说:"《论语》者,孔子应答弟子时人,及弟子相与言,而接闻于夫子之语也。当时弟子各有所记,夫子既卒,门人相与辑而论纂,故谓之《论语》。"(《汉书·艺文志》)这就是说,《论语》中的每一章都是由孔子弟子或再传弟子在不同的时间记下来的。《论语》的意思就是论纂起来的言语。而编纂成书的人则是孔子的再传弟子(据一些学者考证,认为是曾参的弟子)。

《论语》成书时间大约在公元前400年,这时孔子已去世近80年,历史已进入战国时代。

《论语》全书15000多字,近500章,分为20篇。编者在编纂时取每篇首章首句中的两个字(或三个字)作篇名,篇名并不反映全篇内容。每篇各章之间,在内容上也没有什么紧密的联系。有少数几章,前后还有重复。《论语》为何会呈现出这般面貌?这大概是因为编纂者非常尊崇孔子,生怕有所改动(如重拟篇名,合并章节,调整次序,加工文字)会失其真,因此才留下我们今天所看到的样子。从编书上说虽然不够完美,但却真实地保存了原貌,是我们今天认识孔子的第一手资料。

从文章体裁上看,《论语》为语录体,以记言为主。所记之言应是当时口语,即使经过了两千多年,今天读起来还是明白易懂的。《论语》中孔子及其弟子的言语,虽多为只言片语,但言简意赅,语约义丰,尤其是一些被后人视为格言的警句,既包含着宝贵的生活经验,又有优美的表现形式(如语言形式上的对称、修辞上的对照等等),含蓄别致,耐人寻味。《论语》的文章,是先秦散文的典范。

由孔子创立的学派被称为儒家。孔子死后儒家分为八派,其代表人物最著名的是孟子和荀子。战国时代，儒家是显学，影响极大，但在后来秦代焚书之时，《论语》却遭到厄运，几乎全被焚毁。汉代初年，《论语》重新在社会上流传。当时传授《论语》的主要有三家——《鲁论语》《齐论语》《古文论语》，三家大同小异。西汉末年，安昌侯张禹将鲁、齐二本融合为一（篇目则据鲁论），号为《张侯论》。东汉末年郑玄以《张侯论》为依据，参照齐论、古论，作《论语注》，从此，《论语》便有了定本。东汉时，《论语》《孝经》与原来的"五经"（《诗》《书》《易》《礼》《春秋》）并列，称为"七经"。唐宋之时，经扩充又有所谓"十二经""十三经"之称，《论语》均在其中。南宋时，朱熹将《礼记》中的《大学》《中庸》抽出来，与《论语》《孟子》合编在一起，称为"四书"。后来的科举考试，都要考"四书"，因而《论语》也就成了读书人的必读书，孔子的思想，更是家喻户晓、妇孺皆知了。

历代《论语》注本很多，比较著名的有：东汉郑玄《论语注》，魏何晏《论语集解》，南朝梁皇侃《论语集解义疏》，北宋邢昺《论语注疏》，南宋朱熹《论语集注》，清代刘宝楠《论语正义》，近人程树德《论语集释》、杨树达《论语疏证》、杨伯峻《论语译注》。

孔子是中国古代伟大的思想家、教育家，也是世界文化名人。早在两千年前，《论语》就传入了朝鲜，后来又传到了日本、东南亚。16世纪末，经天主教耶稣会传教士意大利人利玛窦翻译介绍，更传遍了西方各国。20世纪，联合国教科文组织将孔子列为世界十大历史文化名人之一。多年以来，孔子一直受到世界各国人民的尊崇。

孔子思想极富人文色彩。

我国历史上的春秋后期和战国时代，是社会大变动的时代。这时，社会由封建领主制向封建地主制（一说由奴隶制向封建制）转变。但是，在转变的过程中，却充满着贪欲、掠夺和暴力。恩格斯说："以这些制度（指奴隶制、农奴制和雇佣劳动制，引者注）为基础的文明时代，完成了古代氏族社会完全做不到的事情。但是，它是用激起人们的最卑劣的动机和情欲，并且以损害人们的其他一切禀赋为代价而使之变本加厉的办法来完成这些事情的。卑劣的贪欲是文明时代从它存在的第一日起直至今日的动力；财富，财富，第三还是财富——不是社会的财富，而是这个微不足道的单个的个人的财富，这就是文明时代唯一的，具有决定意义的目的。"（《家庭、私有制和国家的起源》，《马克思恩格斯选集》第四卷，北京：人民出版社，1972年，第173页）孔子对当时的社会变革（如铸刑鼎、三公分室、田氏代齐等）所具有的意义未能充分理解，因而今天有人认为孔子的政治态度偏于保守。但是我们应看到，孔子当时感受最深的是"天下无道""礼坏乐崩"，是新旧统治者的贪婪暴虐，以及民众所饱受的饥饿与战乱之苦。针对当时的社会现实，他大力宣扬仁爱，极力尊崇道德，坚决反对暴力，呼吁社会稳定，并提出了明确的"爱民""利民""惠民""教民"的政治主张。在统治阶级中，孔子是一位最能对民众给予人文关怀的有远见的思想家。

但是，孔子思想的积极意义远不止此。在孔子思想中有不少超越时代、超越阶级、超越地域，而属于未来、属于全人类的东西。

讲仁爱。 孔子思想体系的核心内容是"仁"。他对"仁"的解释是"爱人"，这是"仁"的重要内涵之一。他认为一个人的爱心应当从小就开始培养，年少时在家中就应爱自己的父母兄弟（孝悌），长大了进入社会要爱他人（忠恕），"仁"的最高境界则是爱广大民众（仁民，泛爱众，博施于民而能济众）。他说："己所不欲，勿施于人。"主张对他人宽容、厚道、仁慈、忍让，以仁爱之心推己及人，将心比心，处处为他人着想。

讲伦理。 伦理是人与人相处的道德准则。马克思说："人的本质并不是单个人所固有的抽象物。在其现实性上，它是一切社会关系的总和。"（《关于费尔巴哈的提纲》，《马克思恩格斯选集》第一卷，北京：人民出版社，1972年，第18页）人是社会性的动物。人生活在社会上，应当处理好也不能不处理好各种关系。孔子在当时就提出要处理好父子、兄弟、夫妇、君臣、朋友、贫富、贵贱、统治者与被统治者之间的关系，其道德准则就是仁爱、忠恕、礼义，等等。对于这些关系，孔子不但没有片面地强调居下位者的服从（"三纲"是汉代儒生提出来的），反而更多地强调在上位者的责任和在上位者的自律。

讲修己。 孔子所倡导的"仁"，除有"爱人"的含义外，另一重要内涵就是"修己"。孔子说："克己复礼为仁。""克己"就是"修己"。《礼记·中庸》也说："仁者，人也。"孔子非常重视个人的道德修养，并且尤重严于律己。他的言语和他的弟子的言语中有许多修身的格言，如"躬自厚而薄责于人"，"君子求诸己"，"吾日三省吾身"，"过，则勿惮改"，等等。孔子是反对骄奢淫逸的，他主张"富而无骄"。他宁可自甘于"饭疏食饮水"的淡泊生活，也绝不去追求"不义而富且贵"的荣华。孔子说："行己有耻。""有耻"就是有羞耻之心，固守自己的人格和尊严，并且能够明辨是非，知道自己该做什么不该做什么。孔子认为一个"人"应当把自己修养成一个真正的"人",一个纯粹的"人",一个道德高尚的"人",一个充满人性光辉的"人",一个有社会责任感的"人"。他大大提高了"人"的尊严和地位。

讲道义。 孔子最看重精神的价值。他说:"见利思义。""不义而富且贵,于我如浮云。"把"义"放在"利"之上,把精神放在物欲之上,以"见利忘义"为耻。又说:"朝闻道,夕死可矣。""三军可夺帅也,匹夫不可夺志也。"把对道的追求,看成人生最重要的目标。他以救世为己任,有强烈的历史使命感和高度的社会责任感。他认为"人能弘道",为了行道,他坚忍不拔,"知其不可而为之",甚至不惜"杀身以成仁"。他高扬了人的主体精神。

讲诚信。 孔子"主忠信",十分看重"诚信"。对待职事,主张"敬事而信",对待他人,主张"与朋友交,言而有信"。他还说:"人而无信,不知其可也。""自古皆有死,民无信不立。"认为诚信是社会和谐的基石。基础受到了破坏,人将不"人",整个社会也将会崩溃。

讲理性。 孔子说:"未知生,焉知死。""未能事人,焉能事鬼。"其弟子说:"子不语怪、力、乱、神。"孔子的思想并未把人引向宗教,引向"彼岸",去盲目服从非理性的权威,而是面向现实,面向人生,对一切人、事、物都持理性的态度。例如对世人的物欲、情欲,孔子既不主张禁欲,也不主张纵欲,既不主张扼杀,也不主张放任,而是主张以理智来引导,用礼义来节制,处处表现出十分清醒的积极进取的理性精神。

讲中和。 中庸哲学是孔子的认识论,是他认识事物、处理矛盾的思想方法,也是他为人处世的道德标准。中庸就是恪守中道,坚持原则,不偏不倚,无过无不及,在处理矛盾时善于执两用中,折中致和,追求中正、中和、稳定、和谐。儒家文化讲"和而不同","和实生物,同则不继",其实质是尊重差异,崇尚和谐。毛泽东认为,中庸哲学"是孔子的一大发现、一大功绩"。

讲学习,重教育。 学习活动或教育是将人类长期积累起来的知识、经验代代相传的唯一途径,是人类特有的并促使人类远离动物界、不断走向文明的社会实践活动。孔子不但自己好学,而且终身从事教育。在春秋末年社会大变动时期,他首创私人办学,让平民子弟也能受到教育,意义愈显非凡。他的教育思想、教育方法和他所倡导的学习方法,如有教无类、教学相长、学思结合、温故知新、举一反三、博学切问、因材施教、知行合一、实事求是、注重道德修养,等等,至今仍是人类的宝贵财富。

两千年来，孔子的思想，已经形成了宝贵的思想文化传统，塑造了中国人的性格，对中华民族的理论思维水平以及反映理论思维水平的心理状态、思维方式、价值取向、道德规范、审美趣味、精神风貌，都有极其深远的影响。

总之，孔子的思想，极富理性精神和人文精神，历时愈久愈显光彩。

孔子不仅属于中国，也属于全世界、全人类。孔子不仅属于过去，也属于现在和将来。1988年1月，全世界诺贝尔奖获得者在巴黎聚会，会议主题是"面向21世纪"。在会议的新闻发布会上，瑞典人汉内斯·阿尔文博士(1970年获诺贝尔物理学奖)明确地说："人类要生存下去，就必须回到25个世纪以前，以汲取孔子的智慧。"

目 录

学而篇第一	1
为政篇第二	12
八佾篇第三	26
里仁篇第四	41
公冶长篇第五	54
雍也篇第六	70
述而篇第七	88
泰伯篇第八	107
子罕篇第九	119

乡党篇第十	135
先进篇第十一	147
颜渊篇第十二	164
子路篇第十三	179
宪问篇第十四	196
卫灵公篇第十五	220
季氏篇第十六	239
阳货篇第十七	250
微子篇第十八	267
子张篇第十九	277
尧曰篇第二十	291
孔子及其弟子思想言论分类摘编	296
后记	311

学而篇第一

共十六章

1.1 子曰[1]:"学而时习之[2],不亦说乎[3]? 有朋自远方来[4],不亦乐乎? 人不知而不愠[5],不亦君子乎[6]?"

【注释】[1]子:古时通常用作对男子的尊称。本书"子曰"的"子",专指孔子。[2]时:按时。 习:复习,实习,练习。孔子以六艺(礼、乐、射、御、书、数)教,需要依时演习操作。 [3]不亦:不也,岂不是。 说(yuè):同"悦",喜悦。[4]朋:朋友。汉代包咸说:"同门曰朋。"这里指来求学的弟子。 [5]愠(yùn):怨恨,恼怒。 [6]君子:道德修养好的人,也指社会地位高的人。

【译文】孔子说:"学过之后又按时去复习或练习,不也是很高兴的吗? 有朋友从远方来求学问道、互相切磋,不也是很快乐的吗? 别人不了解我但我不怨恨,不也是一个有涵养的君子吗?"

【点评】学习活动是人类将自身的知识经验代代相传的唯一途径,也是人类最终脱离动物界成为真正的人的唯一手段。古人说:"玉不琢,不成器。人不学,不知道。是故古之王者建国君民,教学为先。"(《礼记·学记》)《论语》开篇就谈学习,意义深远。古人学习,重视互相切磋,认为"独学而无友,则孤陋而寡闻"(《礼记·学记》);重视修身,严于律己,孔子曾说,"君子病无能焉,不病人之不己知也"(15.19),"不患莫己知,求为可知也"(4.14)。

1.2 有子曰[1]:"其为人也孝弟[2],而好犯上者[3],鲜矣[4];不好犯上,而好作乱者[5],未之有也[6]。君子务本[7],本立而道生[8]。孝弟也者,其为仁之本与[9]!"

【注释】[1]有子:孔子弟子,姓有,名若,字子有。 [2]孝:指孝顺父母。《尔雅》:"善父母为孝。" 弟(tì):同"悌",指敬爱兄长。 [3]犯上:冒犯尊长。 [4]鲜(xiǎn):少。 [5]作乱:指制造叛乱,造反。 [6]未之有:同"未有之"。"之"是"有"的宾语,在古代汉语的否定句中,如果否定词是"不""毋(无)""未""莫"等,代词宾语要放在动词谓语的前面。 [7]务:努力从事。 [8]道:正道,为人处世的基本道理、基本原则,这里指"仁"。 [9]仁:孔子思想体系的核心内容,其含义有二。一、"修己"为仁。对自己来说,"仁"的意思是"修己"。孔子说,"克己复礼为仁"(12.1),"克己"就是"修己"。《礼记·中庸》说:"仁者,人也。"意思是说,讲"仁",首先要学会做"人"。一个生物学意义上的人(自然人),应当通过修己(加强自身的道德修养),使自己远离动物界,成为一个社会人,一个真正的完全的纯粹的人,一个道德高尚的人,一个"君子"。二、"爱人"为仁。对他人来说,"仁"的意思是"爱人"。"樊迟问仁,子曰:'爱人。'"(12.22)就是说,人要有仁爱之心,爱他人,爱大众,人与人之间相亲相爱。 与:同"欤",语气词。

【译文】有子说:"某个人的为人,在家里孝顺父母,敬爱师长,但在社会上却喜欢冒犯尊长,这种人是很少的。不喜欢冒犯尊长,却喜欢制造叛乱,这种人从来没有过。因此,君子总是努力培植自己的根本。根本牢固树立了,为人处世的基本原则就会产生。孝顺父母、敬爱兄长,这就是仁德的根本吧!"

【点评】孝悌是人类特有的亲情,是从小培养起来的爱心和感恩之心,长大以后,扩展开来,便会爱他人,爱国家。《孝经》上说:"夫孝,德之本也,教之所由生也。""昔者,明王以孝治天下也。"汉唐以来,往往"求忠臣必于孝子之门",这是有道理的。

1.3 子曰:"巧言令色[1],鲜矣仁[2]!"

【注释】[1]巧言:花言巧语,用虚浮不实的话语来讨好别人。**令色**:伪装和善的样子来逢迎巴结别人。令,美好。　[2]**鲜矣仁**:主谓倒装,即"仁鲜矣"。

【译文】孔子说:"花言巧语,伪装和善,以讨好别人,这种人仁德是很少的。"

【点评】孔子说:"巧言、令色、足恭,左丘明耻之,丘亦耻之。"(5.25)朱熹说:"好其言,善其色,致饰于外,务以悦人,则人欲肆而本心之德亡矣。"(《四书集注》)仁德应出自内心的真诚,当言行一致,表里如一。如果存心不良,而外喜矫饰,则欺诈必生,而仁德尽失。

1.4 曾子曰[1]:"吾日三省吾身[2]:为人谋而不忠乎[3]?与朋友交而不信乎? 传不习乎[4]?"

【注释】[1]曾子:孔子弟子,姓曾,名参(shēn)。　[2]省(xǐng):反省,自我检查。　三:三次,也可以表示多次。　[3]忠:对人对事尽心尽力。　[4]传(chuán):指老师所传授的学业。

【译文】曾子说:"我每天都要多次反省我自己:替别人谋划办事却不尽心尽力吗? 同朋友交往却不讲诚信吗? 对老师所传授的学业却没有好好温习吗?"

【点评】《周易·蹇卦·象辞》说:"君子以反身修德。""内省"是古人修养道德的重要方法和途径,体现了严于律己的精神。自古以来,以"省三""省吾""省身"命名的人很多,足见曾子之言影响深远。孔子说:"主忠信。"(1.8)(12.10)在孔子道德教育中,"忠"和"信"是主要的内容。

1.5 子曰:"道千乘之国[1],敬事而信,节用而爱人,使民以时[2]。"

【注释】[1]道:治理。 千乘(shèng)之国:拥有千辆兵车的国家。在当时算是一个中等的诸侯国。乘,指用四匹马拉的兵车。 [2]时:季节,农时。

【译文】孔子说:"治理一个拥有千辆兵车的国家,就要严肃认真地处理国事并且讲求诚信,节省用度并且爱护国人,役使老百姓要按农时(只在农闲之时才让他们服役)。"

【点评】孔子认为,君臣治国,应当敬业和爱民。《伪古文尚书·五子之歌》说:"民惟邦本,本固邦宁。"这是古代头脑清醒的政治家的共识。

1.6 子曰:"弟子入则孝[1],出则悌[2],谨而信,泛爱众,而亲仁。行有余力[3],则以学文[4]。"

【注释】[1]弟子:通常指学生,这里指年轻人。 [2]入则孝,出则悌:这两句互文见义,指出入起居都要讲孝悌。 [3]行:实践仁德。 [4]文:道艺,这里指诗书等文献典籍。

【译文】孔子说:"年轻人,出入起居都要孝顺父母,敬爱兄长,要慎言而守信,博爱大众,并亲近仁德之人。在恭谨地实践仁德之后,有剩余的精力,就再去学习文献典籍。"

【点评】重视道德教育,把德育放在首位,这是中国古代教育的优良传统。"孝悌"是对亲人的爱,"泛爱众"是对广大民众的爱。孔子的道德教育,以"仁爱"为中心。清人根据此章编撰而成的《弟子规》,在引导少年儿童知书识礼、孝敬长辈、培养爱心、文明做人方面发挥了巨大作用,成为数百年来家庭教育和生活教育的最佳读物。

1.7 子夏曰[1]:"贤贤易色[2];事父母[3],能竭其力;事君,能致其身[4];与朋友交,言而有信。虽曰未学,吾必谓之学矣。"

【注释】[1]子夏:孔子学生,姓卜,名商,字子夏。 [2]贤贤:第一个"贤",用作动词,看重的意思。第二个"贤",作名词,指美好德行。易:轻,指不重视。色:容貌。 [3]事:侍奉。 [4]致:给予,交付。

【译文】子夏说:"对妻子看重品德而不重容貌;侍奉父母,能竭尽他的精力;侍奉君上,能献出他的生命;与朋友交往,说话诚实守信。这样的人虽说没有学习过,但我一定说他已经学习过了。"

【点评】儒家倡导的"人伦"是:"父子有亲,君臣有义,夫妇有别,长幼有序,朋友有信。"(《孟子·滕文公上》)

1.8 子曰:"君子不重[1],则不威,学则不固。主忠信[2]。无友不如己者[3]。过,则勿惮改[4]。"

【注释】[1]重:庄重。 [2]忠信:两种美德。忠指对人对事尽心尽力。信指诚信。 [3]无:同"毋",副词,表示禁止,"不要"的意思。友:作动词用,指交朋友。 [4]惮(dàn):害怕。

【译文】孔子说:"君子如自身不庄重,就没有威严,即使去学习,所学的也不会巩固。要以忠、信这两种美德为宗旨来培养德行。不要同不如自己的人交朋友。有了过错就不要害怕改正。"

【点评】君子当自重自律,忠信立身。"无友不如己者"一语后人有不同的解释,苏轼的解释比较好,他说:"世之陋者乐以己若者为友,则自足而日损,故以此戒之。"但他也指出这句话包含悖论——"如必胜己而后友,则胜己者亦不与吾友矣"(见元代陈天祥《四书辨疑》),因而在实际生活中是行不通的。"过,则勿惮改",表明了孔子追求真理的严肃态度。孔子曾说:"过而不改,是谓过矣。"(15.30)人犯错误并不可怕,可怕的是知错不改,那才真正叫作错误。英国哲学家休谟说:"遇到有承认自己错误的机会,我是最为愿意抓住的,我认为这样一种回到真理和理性的精神,比具有最正确无误的判断还要光荣。"(《人性论》)

1.9 曾子曰:"慎终追远[1],民德归厚矣。"

【注释】[1]终:生命终结,即死亡。 远:祖先,指祖先的功绩。

【译文】曾子说:"在上位的人如果能恭谨地对待父母的死亡,追念而不忘祖先的功绩,老百姓的道德风气也就会跟着归于淳朴忠厚了。"

【点评】汉代孔安国说:"慎终者,丧尽其哀。追远者,祭尽其敬。君能行此二者,民化其德,皆归于厚也。"(见邢昺《论语注疏》)慎终追远是恪守孝道的体现,其实质是尊重历史,尊重传统。在古代,这是传承文明的必然要求。

1.10 子禽问于子贡曰[1]:"夫子至于是邦也[2],必闻其政。求之与?抑与之与[3]?"子贡曰:"夫子温、良、恭、俭、让以得之。夫子之求之也,其诸异乎人之求之与[4]?"

【注释】[1]子禽:孔子弟子,姓陈,名亢,字子禽。 子贡:孔子弟子,姓端木,名赐,字子贡。 [2]夫子:古代对人(尤其是对老师)的一种敬称,这里指孔子。 [3]抑:表选择的连词,"还是"的意思。后一个"与",同"欤"。 [4]其诸:语气词,表示不肯定的语气。

【译文】子禽向子贡问道:"我们的老师每到一个国家,必然听得到那个国家的政事,这是求来的呢,还是别人主动告诉他的呢?"子贡说:"我们的老师是靠温和、善良、恭敬、节俭、谦让而得到的。我们的老师获知各国政事的方法,大概不同于别人获知的方法吧?"

【点评】孔子人品高尚,像磁石一般吸引他人,这就叫作人格的魅力。千百年来,人们效法孔子;温、良、恭、俭、让,也就成了中国古代知识分子的典型性格特征。

1.11 子曰:"父在,观其志;父没[1],观其行;三年无改于父之道[2],可谓孝矣。"

【注释】[1]没(mò):同"殁",死。 [2]三年:也可理解为较长的时间。

【译文】孔子说:"他父亲在世的时候,要观察他的志向;他父亲去世后,要观察他的行为;如果三年不改变他父亲良好的为人处世之道,就可以说是孝了。"

【点评】在修身和从政方面,直接继承父辈良好的知识、经验和行为准则,是必要的,这在信息传播手段相当原始的古代尤为重要。孔子提出"三年无改于父之道",在当时有一定的合理性。俄国大文豪列夫·托尔斯泰说:"正确的道路是这样:吸取你的前辈所做的一切,然后再往前走。"(引自《俄国文学史》)

1.12 有子曰:"礼之用[1],和为贵[2]。先王之道,斯为美;小大由之。有所不行,知和而和,不以礼节之[3],亦不可行也。"

【注释】[1]礼:在古代,"礼"不仅指日常生活中的礼貌、礼仪,更是指以等级制度为核心的各种社会制度和秩序。 [2]和:中道,和谐。尽管社会上存在着贫富贵贱,但儒家主张折中调和,缓和矛盾,彼此和睦相处。 [3]节:节制。

【译文】有子说:"礼的作用,以保持中道与和谐为可贵。过去圣王的治国之道,都把它当作最高的境界,国事无论大小都把它作为出发点。但是如遇到行不通的地方,只是为了调和而去调和,却不用礼去节制,也是不可行的。"

【点评】宋人范祖禹说:"凡礼之体主于敬,而其用则以和为贵。敬者,礼之所以立也;和者,乐之所由生也。若有子,可谓达礼乐之本矣。"(见朱熹《四书集注》)儒家认为,"礼"和"乐"是相辅相成的。"礼"所代表的是反映尊卑上下关系的等级制度和秩序,但维系这种关系要靠"敬"与"和",所以主"和"的"乐"就成为"礼"的重要补充。这就是儒家的"礼学"。"礼之用,和为贵"道出了儒家"礼学"的实质。

1.13 有子曰:"信近于义[1],言可复也[2]。恭近于礼[3],远耻辱也[4]。因不失其亲[5],亦可宗也[6]。"

【注释】[1]信:诚实,这里指对人诚实,信守诺言。 义:古人解释为"事之宜",指思想行为符合一定的标准,也就是正义,道义。 [2]复:指实践诺言,说到做到。 [3]恭:恭敬,严肃,庄重。 [4]远:用作动词,使动用法,即"使……远离"。 [5]因:依靠,凭借。 [6]宗:主,归向,依靠。

【译文】有子说:"信守的诺言如果符合道义,这个诺言就能兑现。为人恭敬庄严如果符合礼制,就能远离耻辱。依凭他人如果不忘亲朋故旧,这样的人也可以依靠。"

【点评】礼义为修身之本。"恭"离开了"礼",就容易变成"巧言、令色、足恭"的谄媚者(参阅《公冶长》5.25);"信"离开了"义",就容易变成"硁硁然小人"(参阅《子路》13.20)。

1.14 子曰:"君子食无求饱,居无求安,敏于事而慎于言,就有道而正焉[1],可谓好学也已。"

【注释】[1]就:靠近,到。 正:匡正。

【译文】孔子说:"君子进食不要追求饱足,居住不要追求安逸,做事要敏捷而说话要谨慎,到有道的人那里去匡正自己,这样就可以说是好学了。"

【点评】安饱是求学的基本物质条件,但过分追求安饱,会影响进德修业。极而言之,正如孟子所说,"生于忧患而死于安乐"(见《孟子·告子下》)。

1.15 子贡曰:"贫而无谄[1],富而无骄,何如?"子曰:"可也。未若贫而乐,富而好礼者也。"

子贡曰:"《诗》云:'如切如磋,如琢如磨'[2],其斯之谓与?"子曰:"赐也[3],始可与言《诗》已矣,告诸往而知来者[4]。"

【注释】[1]谄(chǎn):巴结,奉承。 [2]这两句诗出自《诗经·卫风·淇奥》,是说加工角、骨、玉、石的情形。 磋(cuō):粗锉玉石。 琢(zhuó):雕琢加工玉石。 [3]赐:子贡名赐。孔子对学生都称名。 [4]诸:之。 往:过去,指已知的事。 来:未来,指未知的事。

【译文】子贡说:"虽然贫穷却不巴结奉承,虽然富有却不骄傲自大,怎么样?"孔子说:"这样也算可以了。但是比不上贫穷却能乐道,富有却能好礼。"

子贡说:"《诗》说:'就像加工角、骨、玉、石那样,要反复地切、磋、琢、磨',说的就是这个意思吧?"孔子说:"赐呀,可以开始同你讨论《诗》了,告诉你过去已知的事,你能举一反三而推知未知的事。"

【点评】安贫乐道,是一种精神境界,但并非越贫越好。孔子说:"富与贵,是人之所欲也;不以其道得之,不处也。贫与贱,是人之所恶也;不以其道得之(脱离贫贱),不去也。"重要的是,求取富贵要取之有道。孔子主张"贫而乐""富而好礼",是希望贫富之间能和谐相处。

1.16 子曰:"不患人之不己知[1],患不知人也。"

【注释】[1]患:担忧,害怕。 不己知:即"不知己",不了解自己。 知:了解,指对人的品德才能的认识,也指知人而善任。

【译文】孔子说:"不担心别人不了解自己,只担心自己不了解别人。"

【点评】遇事当重责己而轻责人。孔子说:"不患莫己知,求为可知也。"(4.14)"不患人之不己知,患其不能也。"(14.30)

《学而》赏析

朱熹说:"此为书之首篇,故所记多务本之意,乃入道之门、积德之基、学者之先务也。"(《四书集注》)

"君子务本",这个"本"就是"孝悌"。"本立而道生",这个"道"就是"仁"。

"仁"是孔子思想体系的核心内容,是孔子的人生观、伦理观。"仁"字不是孔子所发明,但孔子却极为重视"仁",并赋予它许多新的含义。据知名学者杨伯峻统计,《论语》一书,"仁"字出现了109次。孔子在许多场合谈到了"仁"。概括起来,"仁"字的含义有二:

一、"修己"为仁。这是从个人修身的角度来说的。按照古人理解,"仁"就是"人"。所以孟子说:"仁也者,人也。"(《孟子·尽心下》)《礼记·中庸》也说:"仁者,人也。"但这个"人",不是生物学意义上的自然人,而是人类社会进入文明时代以后的社会人。这样的人不是天生就有的,而是后天靠修养才造就出来的。所以孔子说:"克己复礼为仁。""克己"就是"修己"。在孔子看来,一个人只有加强自身的道德修养,才能成为一个真正的"人",一个纯粹的"人",一个完全的"人",一个"君子"。而"人"或"君子"的道德修养,内容非常丰富,诸如孝、悌、忠、恕、礼、义、恭、敬、德、惠、和、善、让、逊、耻、直、知、信、刚、勇、宽、敏,都涵盖在"仁"德之中。

二、"爱人"为仁。这是从对待他人的角度来说的。《说文》说:"仁,亲也,从人二。""从人二",意思是两个人。只要有两个人在一起,就会产生一定的关系。无论是什么人什么关系,孔子认为人与人之间都应当相亲相爱。樊迟问仁,子曰:"爱人。"孔子自己便直接地用"爱人"来解释"仁"。孟子也说:"仁者爱人。"(《孟子·离娄下》)所以讲"仁",就要有仁爱之心,爱他人,爱大众,无论君臣、父子、夫妇、兄弟、朋友、贫富、贵贱,都应相亲相爱。

在孔子看来,培养"仁德",培养"爱心",完全可以从小做起,因为"孝悌"就是

"为仁之本"。每个人都有父母,从小就生活在家庭之中,如果从孩童时代开始就培养起对父母兄弟的爱心,就能为将来成就"仁德"奠定坚实的基础。

但"仁"并不只停留在"孝悌"上。在家(事父母)固然要"竭其力",成人之后走向社会(事君)更要"致其身",尤其要爱民众,"节用而爱人,使民以时","泛爱众,而亲仁",这才是"仁"的最高境界。

要成为一个有仁爱之心、有道德修养的人,最重要的途径是学习("学而时习之,不亦说乎"),其次是群居交友,与朋友互相切磋("有朋自远方来,不亦乐乎")。此外,还要注重修身,严于律己("人不知而不愠""吾日三省吾身""过,则勿惮改")。

重"礼"也是孔子的重要思想。"礼"反映的是等级制度和社会秩序。孔子说:"礼之用,和为贵。"强调礼制的本质和功用在"和"。他希望社会上所有的人都能和谐相处,以保持社会的稳定。他希望社会上对立的双方都讲礼,都能谦让,所谓"贫而无谄,贵而无骄","贫而乐,富而好礼"。在孔子的时代,这种理想显然近乎空想,不可能实现,但却反映了饱经动乱之苦后人们所产生的一种良好愿望,是可以理解的。

为政篇第二

共二十四章

2.1 子曰:"为政以德[1],譬如北辰居其所而众星共之[2]。"

【注释】[1]为政:执政,指掌握政权,治理国家。 德:含义有二,一是道德,指个人的美好的品德,二是恩德,指给人以恩惠。 [2]北辰:北极星。 共(gǒng):同"拱",环绕。

【译文】孔子说:"用'德'来治理国家,自己就好像北极星一样,处在一定的位置上,其他星辰都围绕着它。"

【点评】"德治"的首要任务是在物质上给民众以恩惠(惠民),其次,在精神上执政者要提高道德修养(爱民),并重视对民众的道德教育(化民)。这样做,天下就会大治。

2.2 子曰:"《诗》三百[1],一言以蔽之[2],曰:'思无邪。'[3]"

【注释】〔1〕《诗》三百:指《诗经》。《诗经》共305篇,说"三百"是举其成数。〔2〕蔽:概括。　〔3〕思无邪:这是《诗经·鲁颂·駉》中的句子,"思"是句首语气词,无义,但孔子引用它却当"思想"解。无邪,"邪"是不正常,不正当。"无邪"就是正当,纯正。

【译文】孔子说:"《诗》三百篇,用一句话来概括它,就是:'思想纯正。'"

【点评】《诗经》是我国第一部诗歌总集,全面反映了周代社会生活,可视为周代社会生活的"百科全书"。孔子曾整理过它,并以它为教本教授弟子。孔子有不少关于《诗经》的言语,可参看《阳货》赏析。《诗经》中的诗,包括数十首后来被宋儒看作"淫诗"的"情诗",但孔子认为它们都是"思无邪"的。

2.3 子曰:"道之以政〔1〕,齐之以刑〔2〕,民免而无耻〔3〕。道之以德,齐之以礼,有耻且格〔4〕。"

【注释】〔1〕道:同"导",引导。　政:政令。　〔2〕齐:整齐,整治。　刑:刑罚。　〔3〕免:免除,指免于犯罪受刑。　耻:羞愧之心。　〔4〕格:来,归顺。

【译文】孔子说:"用政令来引导民众,用刑罚来整治民众,民众虽然免于犯罪却不会有羞耻之心。用道德来引导民众,用礼义来整治民众,民众就会有羞耻之心而且还会人心归顺。"

【点评】古语云:礼义廉耻,国之四维,四维不张,国乃灭亡。(见《管子·牧民》)古人认为,儒家政治学"虽务德礼者未尝废政刑。然德礼,本也。政刑,末也"(见程树德《论语集释》所引清代陆陇其《松阳讲义》)。

2.4 子曰:"吾十有五而志于学〔1〕,三十而立〔2〕,四十而不惑,五十而知天命〔3〕,六十而耳顺〔4〕,七十而从心所欲,不逾矩〔5〕。"

【注释】〔1〕十有五：十五。有，同"又"，放在整数和零数的中间，是古代称数法的特点。　〔2〕立：站立，指人已成熟，已能在社会上站稳脚跟。　〔3〕天命：含义有二，一指上天赋予人的使命、才能，一指上天主宰人的命运。由于孔子并不认为天有意志(他说："天何言哉？四时行焉，百物生焉，天何言哉？"见17.19)，因此，孔子所说的"天命"，前者是指自然的禀赋，后者是指自然的定数。孔子说"天生德于予"(7.23)，自认为是礼乐文化的传承者，是就前者(自然的禀赋)来说的。子夏说"死生有命，富贵在天"(12.5)，后来孟子说"莫之为而为者，天也；莫之致而至者，命也"(《孟子·万章上》)，是就后者(自然的定数)来说的。所谓自然的定数，就是说它们非人力所能为，只好归之于超人间的力量"天"或"命"。杨伯峻说："把一切偶然性，甚至某些必然性，都归之于'天'和'命'。这就是孔、孟的天命观。"(见《论语译注·试论孔子》)对于"天命"(自然的定数)，儒家的态度是"存而不论"，只在人事上积极努力，也就是尽人事而听天命，采取现实的通达的态度。由此可见，孔子所说"知天命"，既表现出强烈的历史使命感，又表现出尽人事听天命的积极进取精神。　〔4〕耳顺：指听别人说话便能分辨是非。　〔5〕逾：超越。矩：规矩，指当时的礼义法度。

【译文】孔子说："我十五岁就有志于学问，三十岁已能在社会上立足，四十岁已能独立思考不被人迷惑，五十岁就懂得了天命，六十岁听人说话便能分辨是非，明白其深意，七十岁便能任随心中所想的去做，而不会逾越礼义法度。"

【点评】孔子自述生命历程，从十五岁有志于学开始，最终在七十岁时达到从心所欲不逾矩的圆满境界，从中可以看出孔子向学求道、自立于世、独立思考、乐天知命的人生追求。文中按年龄划出的几个阶段，成为后人修身的参照系，为人所效法。在汉语里，一些词语甚至成了不同年龄的代称，如"而立之年"即30岁，"不惑之年"即40岁，"知天命之年"即50岁，"耳顺之年"即60岁。

2.5 孟懿子问孝〔1〕。子曰："无违。"

樊迟御〔2〕，子告之曰："孟孙问孝于我，我对曰：'无违。'"樊迟曰："何谓也？"子曰："生，事之以礼。死，葬之以礼，祭之以礼。"

【注释】〔1〕**孟懿子**:鲁国的大夫,姓仲孙(庆父之后,又称孟孙),名何忌,"懿"是他的谥号。 〔2〕**樊迟**:孔子弟子,姓樊,名须,字子迟。

【译文】孟懿子向孔子问孝道。孔子说:"不要违背父母的意愿。"
后来樊迟为孔子驾车,孔子告诉他说:"孟孙向我问孝道,我回答说:'不要违背父母的意愿。'"樊迟说:"这是什么意思?"孔子说:"父母在世的时候,要按照常礼侍奉他们;父母去世的时候,要按照常礼安葬他们、祭祀他们。"

【点评】"无违"就是"孝顺"。按礼,父子伦常应是父慈子孝。父母的最大愿望就是子女有孝心,尽孝道,这也是"礼"所要求的。古人提倡孝道,主要目的是继承和弘扬文化传统,同时培养年轻人的仁爱感恩之心。这是做人的根本,也是各种社会美德赖以发育的根基。

2.6 孟武伯问孝[1]。 子曰:"父母唯其疾之忧[2]。"

【注释】〔1〕**孟武伯**:即仲孙彘,孟懿子的儿子,"武"是他的谥号。 〔2〕**唯其疾之忧**:这句宾语前置,同"唯忧其疾"。其,代词,代指父母。

【译文】孟武伯向孔子问孝道。孔子说:"对父母,只担心他们的疾病。"

【点评】"父母唯其疾之忧。"关心父母健康,希望父母长寿,这是有孝心的具体表现。

2.7 子游问孝[1]。 子曰:"今之孝者,是谓能养[2]。 至于犬马,皆能有养;不敬,何以别乎?"

【注释】〔1〕**子游**:孔子弟子,姓言,名偃,字子游。 〔2〕**养**:指物质生活上的奉养。

【译文】子游向孔子问孝道。孔子说:"现今所谓孝,说是能养活父母就算是孝了。但人们对于犬马,也都能够饲养它们;如果对父母缺乏敬爱之心,那么养活父母和饲养犬马有什么区别呢?"

【点评】孝的本质是敬。《孝经》说得很清楚:"孝子之事亲也,居则致其敬,养则致其乐,病则致其忧,丧则致其哀,祭则致其严。五者备矣,然后能事亲。"

2.8 子夏问孝[1]。子曰:"色难[2]。有事,弟子服其劳[3];有酒食,先生馔[4],曾是以为孝乎[5]?"

【注释】[1]子夏:即卜商。 [2]色:脸色,这里指儿女侍奉父母时应有的面容——和颜悦色。 [3]服:从事,承担。 [4]先生:长辈,这里指父母。馔(zhuàn):饮食,吃喝。 [5]曾(zēng):副词,有加强语气的作用,"竟然"的意思。 是:此,代词,代上述情况。

【译文】子夏向孔子问孝道。孔子说:"儿女在父母面前总是保持和颜悦色是最难的啊。遇到劳累的事,年轻的儿女承担起来;遇到好酒好食,让年长的父母享用,仅仅是这样,竟然也可以算是尽孝道了吗?"

【点评】"色难"是说把孝心和爱意写在脸上不容易,但却万分重要。侍奉父母,精神上的慰藉往往比物质上的奉养更可贵。

2.9 子曰:"吾与回言终日[1],不违[2],如愚。退而省其私[3],亦足以发,回也不愚。"

【注释】[1]回:孔子弟子,姓颜,名回,字子渊。 [2]不违:指不违背师意,不提出不同的意见。 [3]省(xǐng):观察,检查。

【译文】孔子说:"我整天同颜回讲学,他从不提出不同的意见,好像很愚钝。等到他退下去,我考察他与别人私下的讨论,却也能够充分地发挥,可见颜回并不愚钝。"

【点评】孔子虽然赞扬颜回"不愚",但却不赞成他的"不违"。孔子曾说:"回也非助我者也,于吾言无所不说(悦)。"(11.4)孔子主张师生相互切磋,教学相长。

2.10 子曰:"视其所以^[1],观其所由^[2],察其所安^[3],人焉廋哉^[4]?人焉廋哉?"

【注释】〔1〕视:看。 以:为。 〔2〕观:细看。 由:经由。 〔3〕察:考察。 安:指心意所安。 〔4〕焉:哪里,何处。 廋(sōu):隐藏,藏匿。

【译文】孔子说:"看看他所做的事,仔细观察他经由什么途径去做,再考察他的心意归向什么地方,那么,这个人还能隐藏到哪里去呢?这个人还能隐藏到哪里去呢?"

【点评】此为知人之法,有普遍适用性。孔子说:"今吾于人也,听其言而观其行。"(5.10)"不知言,无以知人也。"(20.3)

2.11 子曰:"温故而知新,可以为师矣。"

【译文】孔子说:"在温习旧知识时能获得新体会,就可以做老师了。"

【点评】杨树达说:"不温故而欲知新者,其病也妄;温故而不能知新者,其病也庸;皆非孔子所许也。"(《论语疏证》)温故而知新,有赖于创造性思维;有创造性思维,方能为人师。

2.12 子曰:"君子不器^[1]。"

【注释】〔1〕器：器具，器皿。

【译文】孔子说："君子不能像器皿那样（只有一种用途）。"

【点评】虽说术业有专攻，但君子为道德之士，且博学多能，应是治国之通才。朱熹说："成德之士，体无不具，故用无不周，非特为一材一艺而已。"（《四书集注》）

2.13 子贡问君子。 子曰："先行其言而后从之。"

【译文】子贡问孔子怎样才算得上一个君子。孔子说："一个君子应当把心里要说的话先拿去实行，做到了以后再把这话说出来。"

【点评】言行一致是君子的基本德行。言易行难，所以孔子尤重行，而以夸夸其谈、言行不一为耻。孔子曾说："君子耻其言而过其行。"（14.27）"君子欲讷于言而敏于行。"（4.24）列宁说："少说些漂亮话，多做些日常平凡的事情。"（《伟大的创举》）"判断一个人，不是根据他自己的表白或对自己的看法，而是根据他的行动。"（《唯物主义和经验批判主义》）

2.14 子曰："君子周而不比[1]，小人比而不周[2]。"

【注释】〔1〕君子：指道德高尚的人。 周：周遍，这里指从道义上同所有的人团结在一起。 比（bì）：偏袒，这里指同一部分人勾结起来，结党营私。 〔2〕小人：指道德卑下的人。

【译文】孔子说："君子从道义上团结大伙，不相互勾结；小人相互勾结，而不是从道义上团结大伙。"

【点评】马克思说："我们知道个人是微弱的，但是我们也知道整体就是力量。"雷锋说："一朵鲜花打扮不出美丽的春天，一个人先进总是单枪匹马，众人先进才能移山填海。"因此,革命者最讲团结。至于少数人臭味相投,朋比为奸,则历来为人所不齿。

2.15 子曰:"学而不思则罔[1],思而不学则殆[2]。"

【注释】[1]罔(wǎng):通"惘",迷惑。 [2]殆(dài):疑惑。清代王念孙说:"殆亦疑也。"(《读书杂志》)

【译文】孔子说:"只读书而不思考,就会受迷惑;只空想而不读书,也同样是疑惑难解。"

【点评】"学而不思"与"思而不学"是两个相反的极端,皆不可取。"学"与"思"当互相结合而不可偏废。

2.16 子曰:"攻乎异端[1],斯害也已[2]。"

【注释】[1]攻:治,这里是"研究"的意思。 异端:相对的两个方面。 [2]已:止。

【译文】孔子说:"认真研究一件事相对的两个方面(而采取折中的办法,取两端之所长,舍两端之所短),那么祸害就可以避免了。"

【点评】《礼记·中庸》说:"执其两端,用其中于民。""执两用中"是孔子的方法论。孔子说:"吾有知乎哉?无知也。有鄙夫问于我,空空如也,我叩其两端而竭焉。"(9.8)这里的"叩其两端",也就是"执两用中"。此外,此章还有二解。一解:攻伐异端邪说,祸害就会终止。二解:攻治异端邪说,就会有祸害(释"已"为"矣")。

2.17 子曰:"由[1]!诲女知之乎[2]!知之为知之,不知为不知,是知也[3]。"

【注释】[1]由:孔子弟子,姓仲,名由,字子路。 [2]诲(huì):教导。 女(rǔ):同"汝",你。 知:知道,明白。 [3]知(zhì):同"智",聪明,智慧。

【译文】孔子说:"由!我教导你你明白吗?知道就是知道,不知道就是不知道,这才算得上聪明智慧。"

【点评】"知之为知之,不知为不知",就是老实,就是实事求是。毛泽东说:"科学是老老实实的学问。"(《改造我们的学习》)承认自己"不知",于是发愤求知,这就是聪明或明智。如果强不知以为知,反而是最大的愚蠢。意大利物理学家、天文学家伽利略说:"与其夸大胡说,不如宣布那个聪明的、智巧的、谦虚的警句:'我不知道。'"(《科学史》)

2.18 子张学干禄[1]。子曰:"多闻阙疑[2],慎言其余,则寡尤[3];多见阙殆[4],慎行其余,则寡悔。言寡尤,行寡悔,禄在其中矣。"

【注释】[1]子张:孔子弟子,姓颛孙,名师,字子张。 干(gān):求。 禄(lù):俸禄,这里指官位。 [2]阙(quē)疑:有疑惑的地方暂时不下断语,留待以后再思考研究。阙,同"缺"。 [3]寡:少。 尤:过失,错误。 [4]阙殆:与"阙疑"意思相同。

【译文】子张向孔子学求取官职和俸禄的办法。孔子说:"多听听,有疑惑的地方暂时不下断语,其余有把握的部分谨慎地说出来,这就能减少过失。多看看,有疑惑的地方暂时不下断语,其余有把握的部分谨慎地去做,这就能减少懊悔。言语少有过失,行为少有懊悔,官职与俸禄就在这里面了。"

【点评】为官有权,最易凭借权势蛮干。孔子教诲子张为官之道:一是"多闻"

"多见",深入调查研究,全面掌握情况,避免片面性;二是要有"阙疑""阙殆"的实事求是的态度,避免主观武断,自以为是。这样才能减少过失和懊悔。

2.19 哀公问曰[1]:"何为则民服?"孔子对曰:"举直错诸枉[2],则民服;举枉错诸直,则民不服。"

【注释】[1]哀公:鲁国国君,姓姬,名蒋,定公之子。"哀"是谥号。 [2]举:提拔。 直:正直。 错:同"措",放置。 诸:"之于"的合音。 枉:不正直,邪恶。

【译文】鲁哀公问道:"怎样做才能使民众服从?"孔子回答说:"把正直的人提拔起来,把他们的位置放在邪恶的人之上,民众就会服从;如果把邪恶的人提拔起来,把他们的位置放在正直的人之上,民众就不会服从。"

【点评】"举直"即"举贤""用贤"。后来孟子也说,"惟仁者宜在高位"(《孟子·离娄上》),"尊贤使能,俊杰在位,则天下之士皆悦,而愿立于其朝矣"(《孟子·公孙丑上》)。孔子"举贤才"的用人制度是针对旧的世卿世禄制提出来的,具有进步意义。

2.20 季康子问[1]:"使民敬、忠以劝[2],如之何?"子曰:"临之以庄[3],则敬;孝慈[4],则忠;举善而教不能,则劝。"

【注释】[1]季康子:鲁国的大夫,姓季孙,名肥,"康"是谥号。 [2]敬:尊重。 劝:奋勉。 [3]庄:庄重,严肃。 [4]慈:长辈对晚辈的怜爱。

【译文】季康子问道:"要使民众对在上者尊重、忠诚并勤勉办事,应该怎样做?"孔子说:"用庄重严肃的态度对待他们,他们就尊重你;你孝顺父母、怜爱幼小,他们就对你忠诚;提拔正直善良的人而教育能力不足的人,他们就会勤勉办事。"

【点评】对执政者来说,孔子特别强调其自身的表率作用。孔子又说:"政者,正也。子帅以正,孰敢不正?"(12.17)"其身正,不令而行;其身不正,虽令不从。"(13.6)

2.21 或谓孔子曰[1]:"子奚不为政[2]?"子曰:"《书》云[3]:'孝乎惟孝,友于兄弟,施于有政[4]。'是亦为政,奚其为为政[5]?"

【注释】[1]或:不定代词,表示"有人"。 [2]奚:如何,为什么。 为政:从政,参与政务。 [3]《书》:《尚书》,是我国上古历史文献的汇编,包括商、周王朝重要文件与部分追述古代事迹的著作。经秦火后,传到两汉魏晋,又有今文、古文、伪古文的不同。下引句子是《尚书》逸文,今见于《伪古文尚书·君陈》。[4]施(yì):延及。 有:名词词头,无义。 [5]其:助词,无义。

【译文】有人对孔子说:"您为什么不从政呢?"孔子说:"《尚书》上说:'孝啊就要孝顺父母,友爱兄弟,并把这种道德风尚影响到政治上去。'这也就是从政了,为什么一定要做官才算是从政呢?"

【点评】孔子认为,孝是为政的基础,把对父母的孝用于从政,就会化为对国君的忠,从而形成一种从政的特有方式。《孝经》说:"以孝事君则忠","夫孝,始于事亲,中于事君,终于立身",就是这个意思。后来《礼记·大学》更进一步提出了"格物,致知,诚意,正心,修身,齐家,治国,平天下"的完整从政路线,成为古代许多知识分子固定的思维模式。

2.22 子曰:"人而无信,不知其可也。大车无輗[1],小车无軏[2],其何以行之哉?"

【注释】〔1〕輗(ní)：大车车杠前端与横木相接的关键部分。 〔2〕軏(yuè)：小车车杠前端与横木相接的关键部分。

【译文】孔子说："作为一个人，却不讲诚信，不知道他在社会上怎么能行得通。正好像大车没有輗，小车没有軏，这样的车怎能套上马而行走呢？"

【点评】古人重"诚信"。《吕氏春秋·贵信》说："君臣不信，则百姓诽谤，社稷不宁；处官不信，则少不畏长，贵贱相轻；赏罚不信，则民易犯法，不可使令；交友不信，则离散郁怨，不能相亲；百工不信，则器械苦伪，丹漆染色不贞。"如果整个社会失掉"诚信"，那么将非常可怕。

2.23 子张问："十世可知也〔1〕？"子曰："殷因于夏礼〔2〕，所损益〔3〕，可知也。周因于殷礼〔4〕，所损益，可知也。其或继周者〔5〕，虽百世，可知也。"

【注释】〔1〕世：代。古称三十年为一世。 也：同"耶"，疑问语气词。〔2〕殷：又称商，继夏之后的王朝，起于公元前1600年，终于公元前1046年，共554年。 因：因袭，继承。 夏：我国古代国家形成后的第一个王朝，起于公元前2070年，终于公元前1600年，共470年。 〔3〕损益：减少和增多。 〔4〕周：继殷商之后的王朝，起于公元前1046年，终于公元前256年，共790年。 〔5〕其：语气词，表推测。

【译文】子张问道："十代以后的情况是可以知道的吗？"孔子说："殷商承袭了夏代的礼仪制度，所减损和增益的地方是可以知道的。周代承袭了殷商的礼仪制度，所减损和增益的地方也是可以知道的。如果有一个继周之后出现的王朝，即使在百代之后，它在礼制上的减损和增益也是可以知道的。"

【点评】孔子的礼制损益观，是一种历史进化观，他认为每一代的礼制，在继承前代礼制的基础上都会有所损益，因此，孔子并不主张完全恢复旧的礼制。所谓礼制,包含制度和秩序,都是在人类社会发展历史的一定阶段上产生的,有鲜明的时代和阶级的特征,即有"个性"。但每一时代每一阶级的礼制,又都是中华文明发展史上的一个环节,一层阶梯,较之前代,有所损益,既有所吸取,也有所创新,并给后世留下有用的东西,即有"共性"。这种历史的"积淀",往往超出时代和阶级的局限,而具有全人类的内容。关于礼的起源和功能,荀子的《礼论》论之甚详。俄国大文豪列夫·托尔斯泰说:"正确的道路是这样:吸取你的前辈所做的一切,然后再往前走。"(引自《俄国文学史》)

2.24 子曰:"非其鬼而祭之[1],谄也[2]。见义不为[3],无勇也。"

【注释】[1]鬼:人死为鬼,这里指已去世的祖先。 [2]谄:谄媚,讨好。[3]义:合理的事,应该做的事。

【译文】孔子说:"不是自己已去世的祖先,却去祭祀他,这是献媚。见到正义合理的事却不挺身而出、大胆去做,这是缺乏勇气。"

【点评】"非其鬼而祭",是不当为而为;"见义不为",是当为而不为。两者均不可取,孔子提倡的是见义勇为。

《为政》赏析

儒家是积极入世的。在治理国家的指导思想上,孔子主张德治。

从古至今,统治者的治术大体上有两种,一种是"力",一种是"德"。"力"指武力、暴力,"德"指仁德、恩德。不同时代的不同统治者,有的偏用一种,有的两种兼用。

孔子从"仁爱"思想出发,强调"为政以德""导之以德"。古人说:"德者,得也。"用"得"来解释"德",意思是为政以德就要使人有所得。从物质上来说,就是使民众致富，丰衣足食，这是"德治"的重要内容，从精神上来说，就是用礼义教化民众，使民众在精神上也有所得，即提高道德水平，这也是"德治"的重要内容。《子路》中所说的"富而后教"也是这个意思。

在用礼乐仁义施行教化方面，"孝"是重要内容。孔子对"孝"做了非常精辟的阐释。孔子强调"孝"的本质在"敬"，要从内心生出对父母的恭敬才能算"孝"，如果仅仅在物质生活上赡养父母，不算完全的"孝"。而"敬"并不仅仅是藏于内心的东西，它也必须表现在外面，那就是"容色"。"色难"，是说子女在父母面前脸色上要表现出发自内心的恭敬，这是不容易的，但又是必须做到的。总之，"孝"不仅仅是物质的，也是精神的，不仅仅是存于内心的，也应当是由衷地表现在外表上的，这样才是真正的"孝"。

"孝"与"从政"有极大的关系。孔子认为，"为政以德"，统治者应首先起表率作用，加强自身的道德修养。只有自己讲"孝悌"，才能以"身教"来影响民众，从而影响政治。

在学习上，孔子提出的"温故知新""学思结合""知之为知之，不知为不知""阙疑阙殆""行先于言"，都可说是金玉良言。

在历史观上，孔子认为夏商周三代的礼制，都是在继承前代礼制的基础上有所损益的。更为可贵的是，孔子生活在周代，却预言将来会有一个新的王朝代周而建立起来，并预言这个新王朝的礼制也必然是在继承周代礼制的基础上而有所损益，足见孔子所持的是历史进化观，他是向前看的，并不主张历史倒退。

"吾十有五而志于学"章，孔子自述自己的生命历程，耐人寻味。不同的读者会有不同的理解，至于哪一种理解才完全符合孔子的原意，至今仍然是个谜。

八佾篇第三

共二十六章

3.1 孔子谓季氏[1]**："八佾舞于庭**[2]**，是可忍也**[3]**，孰不可忍也**[4]**？"**

【注释】[1]谓:说,评论。 季氏:即季孙氏,世为鲁国大夫。从季武子起,与孟孙氏(又称仲孙氏)、叔孙氏"三分公室",把持鲁国大权。这里的季氏指季武子之孙季平子,即季孙意如。 [2]佾(yì):古代舞队的行列,八人为一行,叫一佾。按周礼,天子的舞队用八佾(即六十四人),诸侯用六佾,卿大夫用四佾,士用二佾。季氏为正卿,只可用四佾,用八佾是越礼。 [3]是:指示代词,代上述情况。忍:狠心。 [4]孰:疑问代词,什么。

【译文】孔子谈到季氏时说:"他在自家的庭院中用了天子才能用的八列舞队,这种越礼的事都能狠心做出来,还有什么事不能狠心做出来呢?"

【点评】孔子反对季孙氏在礼制上的僭越。"是可忍,孰不可忍"后来成为表达愤激难忍之情的常用熟语,意思略有变化;"忍"也可不指对方的"狠心",而指自己的"忍耐",意思是,这件事我们如果能够忍耐,还有什么事不能忍耐呢?

2.2 三家者以《雍》彻[1]。子曰:"'相维辟公,天子穆穆[2]',奚取于三家之堂[3]?"

【注释】[1]三家:指当时把持鲁国政权的三家贵族,即孟孙氏、叔孙氏、季孙氏。他们都是鲁国国君鲁桓公的后代,所以又称为"三桓"。 《雍》:《诗经·周颂》的一篇。周天子在宗庙举行祭礼,礼毕撤去祭品时要演唱这首诗。 彻:同"撤",指撤除祭品。 [2]"相维"二句:为《诗经·周颂·雍》中的两句诗。相(xiàng):赞礼者,助祭者。 维:句中语气词,无义。 辟(bì):国君。辟公,指诸侯。 天子:周天子。 穆穆:端庄肃穆。 [3]奚:疑问代词,何,什么。

【译文】孟孙、叔孙、季孙三家祭祀祖先,在礼毕后也唱着《雍》诗来撤除祭品。孔子说:"《雍》诗唱道'助祭的是诸侯,主祭的天子端庄肃穆',这两句诗用在三家祭祖的大厅上取哪一点意义呢?"

【点评】孔子不满"三家"在礼制上的僭越行为,引《雍》诗对他们进行讥讽。

3.3 子曰:"人而不仁,如礼何[1]?人而不仁,如乐何[2]?"

【注释】[1]如……何:相当于"对……怎么办"。 [2]乐(yuè):音乐。周代初年,周公"制礼作乐","乐"是周代"礼乐文化"的重要组成部分。《礼记·乐记》说:"乐者为同,礼者为异。同则相亲,异则相敬。"儒家认为,礼的作用是使人们从理智上自觉遵守礼制规范,乐的作用是使人们从情感上自然和谐融洽。

【译文】孔子说:"作为一个人却不仁,怎样来对待礼制呢?作为一个人却不仁,怎样来对待音乐呢?"

【点评】"礼"和"乐"都有外在的形式(礼仪和音乐),但"礼"的精神在"恭敬","乐"的精神在"亲和","恭敬"和"亲和"也可统称为"仁"。人如果不"仁","礼乐"便只是徒具形式,而丧失了它的实质。孔子强调"仁"是"礼乐"的根基、内涵和本质,正是一语中的。此外,孔子还希望人们能将外在的强制性的行为规范(礼),转化为内在的自觉的心理欲求和主张(仁)。这些,都是儒家礼乐观的精义所在。

3.4 林放问礼之本[1]。子曰:"大哉问! 礼,与其奢也,宁俭[2];丧,与其易也[3],宁戚。"

【注释】[1]林放:鲁国人,字子丘,有人说他也是孔子弟子。 [2]与其……宁:复句中表选择的连词,相当于"与其……不如(宁可)"。 [3]易:修治,引申为完备周到。

【译文】林放问礼的根本是什么。孔子说:"你提出的问题意义重大啊! 一般的礼仪,与其奢侈铺张,宁可俭约朴素;就丧礼而言,与其外在的礼仪完备周到,宁可内心悲戚哀伤。"

【点评】礼仪宁俭,丧礼宁戚,其意均在强调"礼"的根基在"仁"。

3.5 子曰:"夷狄之有君[1],不如诸夏之亡也[2]。"

【注释】[1]夷狄:古称中原华夏族四周的民族为东夷、南蛮、西戎、北狄,也泛称夷狄。 [2]诸夏:指中原华夏族的各诸侯国。亡(wú):同"无"。

【译文】孔子说:"四周落后的异族国家虽有君主但无礼义,还比不上中原华夏国家没有君主但有礼义哩。"

【点评】孔子这句话意在赞美中原先进文化,但也反映了孔子"内诸夏而外夷狄"的民族观。

3.6 季氏旅于泰山[1]。子谓冉有曰[2]:"女弗能救与[3]?"对曰:"不能。"子曰:"呜呼! 曾谓泰山不如林放乎?"

【注释】〔1〕旅:祭名,祭祀山川称旅。按周礼,天子祭天下名山大川,诸侯祭境内名山大川,大夫以下没有资格祭祀山川。季氏只是鲁国的大夫,竟然要去祭祀泰山,因此孔子认为他僭礼。 泰山:鲁国境内的大山,在今山东泰安。 〔2〕冉有:孔子弟子,姓冉,名求,字子有,当时是季氏的家臣。 〔3〕女(rǔ):同"汝"。救:挽救,指劝阻。

【译文】季氏要去祭祀泰山。孔子对冉有说:"你不能劝阻吗?"冉有回答说:"不能。"孔子说:"哎呀!难道可以说泰山之神还不如林放懂礼(从而接受这违礼的祭祀)吗?"

【点评】孔子说:"曾谓泰山不如林放乎?"一方面是说泰山之神知礼,不会接受季氏的祭祀,以表达对季氏"僭礼"的不满;另一方面以林放知礼暗示冉有,在个人操守上,当固守大节。

3.7 子曰:"君子无所争。必也射乎[1]! 揖让而升[2],下而饮,其争也君子。"

【注释】〔1〕射:古代有乡射之礼,详见《仪礼》中的《乡饮酒礼》《乡射礼》《燕礼》《大射仪》等篇。射礼上比赛射箭,射者登堂而射,射毕退下,然后计算中靶多少,中靶少的被罚饮酒。 〔2〕揖(yī)让:拱手为礼表示谦让,是古代宾主相见的礼节。 升:登。

【译文】孔子说:"君子没有什么可争的事。如果有所争,必定是在乡射礼上比赛射箭吧!(但比赛时也是)相互作揖谦让然后登堂,射毕下堂又相互作揖然后饮酒。他们的'争'可说是君子之'争'。"

【点评】孔子倡导的竞技精神是"君子之争",揖让而有礼,反观"小人之争",则是粗野无礼,争胜斗狠,弄虚作假,恶言相加……这些均为君子所不取。

3.8 子夏问曰:"'巧笑倩兮,美目盼兮,素以为绚兮。'[1]何谓也?"子曰:"绘事后素。"

曰:"礼后乎?"子曰:"起予者商也[2]!始可与言《诗》已矣。"

【注释】[1]"巧笑"三句:前两句是《诗经·卫风·硕人》中的句子,第三句是逸诗,王先谦《诗三家义集疏》认为"鲁诗"中有这一句。 **倩**(qiàn):美,这里指笑时面颊现出酒窝,美丽动人。 **盼**:眼睛黑白分明的样子。 **素**:洁白的生绢。 **绚**(xuàn):有文采,色彩华丽。 [2]**起**:启发。 **商**:即卜商,子夏是他的字。

【译文】子夏问道:"'有酒窝的脸儿笑起来真美呀,黑白分明的眼睛顾盼起来真动人呀,洁白的生绢上作的画色彩多绚丽呀!'这几句诗说的是什么意思呢?"孔子说:"先有洁白的底子然后绘出美丽的色彩。"

子夏说:"是说礼乐是在仁义之后吗?"孔子说:"启发我的人就是你卜商啊!现在可以同你讨论《诗》了。"

【点评】"绘事后素"比喻"仁"是"礼"的根基、内涵和本质。"礼"只有在"仁"的基础上才能放出异彩。唐代韩愈说:"根之茂者其实遂,膏之沃者其光晔,仁义之人,其言蔼如也。"(《答李翊书》)"仁义"也是做人的根基。

3.9 子曰:"夏礼,吾能言之,杞不足征也[1]。殷礼,吾能言之,宋不足征也[2]。文献不足故也[3]。足,则吾能征之矣。"

【注释】[1]**杞**(qǐ):国名,姒姓,在今河南杞县,周代初年封夏禹的后代东楼公于此。 **征**:证明。 [2]**宋**:国名,子姓,都城在今河南商丘,周代初年周公平定武庚叛乱之后封商汤的后代、商王纣的庶兄微子启于此。　〔3〕**文献**:"文"指典籍,即有关典章制度的文字资料;"献"指贤者,即学问渊博熟悉典章制度的贤人。

【译文】孔子说:"夏代的礼制我能说出来,但夏的后代杞国不足以作证;殷代的礼制我能说出来,但殷的后代宋国不足以作证。这是杞、宋两国的典籍和贤者不够的缘故。如果有足够的典籍和贤者,我就能够引来作证了。"

【点评】孔子学习、研究和传承前代文化,重视从"文献"取证,表现了重视证据、实事求是的科学态度。今天"文献"一词专指有历史价值的或重要的图书资料。

3.10 子曰:"禘自既灌而往者〔1〕,吾不欲观之矣。"

【注释】〔1〕**禘**(dì):祭名,是一种天子定时在始祖庙中举行祭祀祖先的极为隆重的祭礼。鲁国为周公之后,受封时周成王特许鲁国也可举行禘祭。　**灌**:字本作"祼",是禘祭中的一个程序,即献酒于尸(由少男少女充任受祭者),尸受祭并把酒灌在地上。

【译文】孔子说:"举行禘祭的时候,从'灌'这个程序以后,我就不想看了。"

【点评】大概由于主祭者缺乏诚意,祭礼只是徒具形式,所以孔子"不欲观之"。

3.11 或问禘之说。　子曰:"不知也。知其说者之于天下也,其如示诸斯乎〔1〕!"指其掌。

【注释】〔1〕**示**:借为"寘"。寘,音义均同"置",安置,摆放。

【译文】有人问孔子关于禘祭的学说。孔子说:"我不知道。知道这种学说的人对于治理天下,大概就会像把东西摆放在这里一样容易。"说话时,指着他的手掌。

【点评】礼所反映的是社会制度和人们的行为规范。孔子认为,熟悉了礼便懂得了治国之术,"天下可运于掌"。

3.12 祭如在[1],祭神如神在。子曰:"吾不与祭[2],如不祭。"

【注释】[1]祭:指祭祀祖先。 [2]与(yù):参与。

【译文】孔子在祭祀祖先时,好像祖先真的在那里;祭祀神灵时,好像神灵真的在那里。孔子说:"我如果不亲身参加祭祀,请人代祭就如不祭一样。"

【点评】鬼神的存在是难以证明的,孔子对此采取"存而不论"的态度,也就是"敬鬼神而远之"。至于行祭礼时"祭如在","祭神如神在",则是为了维护祭礼的庄严,以利于教化民众。

3.13 王孙贾问曰[1]:"与其媚于奥[2],宁媚于灶[3],何谓也?"子曰:"不然;获罪于天,无所祷也[4]。"

【注释】[1]王孙贾:周灵王之孙,名贾,仕于卫,卫灵公的大臣。 [2]媚:献媚,讨好巴结。 奥:古称室内西南角为奥,并认为其地位神秘尊贵,故又有祭奥神的风俗。这里可能用奥来比喻卫国国君卫灵公。 [3]灶:炉灶,这里指灶神,可能用灶来比喻卫国权臣如卫灵公夫人南子、弥子瑕等人。 [4]无所祷:没有祷告的地方,意思是到哪里祷告都没用。

【译文】王孙贾问道:"'与其讨好奥(卫灵公),宁可讨好灶(南子、弥子瑕等权臣)',这句话说的是什么意思呢?"孔子说:"这句话说得不对;如果得罪了上天,到哪里祷告都没有用。"

【点评】从政治上说,对不正派的人,孔子绝对不逢迎奉承,坚持自身的清白。

从思想上说,孔子说到的"天",只是天理良心的意思。他不愿违背天理良心去逢迎奉承不正派的人。

3.14 子曰:"周监于二代[1],郁郁乎文哉[2]！吾从周。"

【注释】[1]监(jiàn):同"鉴",借鉴。二代:指夏、商两代。 [2]郁郁:文采繁盛的样子。

【译文】孔子说:"周朝的礼仪制度是借鉴夏、商两代而制定的,它的文采是多么的繁盛啊！我主张遵循周朝的礼仪制度。"

【点评】孔子赞美周代礼乐文化。周初,周公制礼作乐,开创了光辉灿烂的礼乐文化,在中华文明发展史上是一个进步,这令孔子神往。

3.15 子入太庙[1],每事问。或曰:"孰谓鄹人之子知礼乎[2]？入太庙,每事问。"子闻之,曰:"是礼也。"

【注释】[1]太庙:各诸侯国供奉始封之君的祖庙,这里指鲁国供奉周公姬旦的庙。 [2]鄹(zōu):又作"郰",鲁国地名。鄹人,指孔子父亲叔梁纥,他曾做过鄹大夫。

【译文】孔子进入鲁国的太庙,每件事都要发问。有人说:"谁说鄹人叔梁纥的这个儿子(指孔子)懂得礼呢？进入太庙,每件事都要发问。"孔子听到后便说:"这正是礼啊。"

【点评】"每事问"表现了孔子的好学精神。俄罗斯文学批评家、哲学家别林斯基说:"一切真正的和伟大的东西,都是纯朴而谦逊的。"(《别林斯基论教育》)

3.16 子曰:"射不主皮[1],为力不同科[2],古之道也。"

【注释】[1]皮:指兽皮制的箭靶。 [2]为(wèi):因为。 同科:同等。

【译文】孔子说:"比赛射箭不一定要射穿皮制的箭靶(只要射中就行了),因为各人的力气大小不一样,这就是古代射箭的规矩。"

【点评】在竞技上孔子倡导"君子之争"。

3.17 子贡欲去告朔之饩羊[1]。子曰:"赐也[2]! 尔爱其羊[3],我爱其礼。"

【注释】[1]告朔(shuò):古代的一种制度。每年秋冬之交,周天子将次年历书颁发诸侯,诸侯将历书藏于祖庙。按照历书规定,每年初一诸侯要到祖庙,杀一只活羊祭庙,然后回到朝廷听政。朔指夏历的每月初一,这种祭庙仪式便称"告朔"。当时鲁国国君已经不重视"告朔"之礼,每月初一已不亲临祖庙,只是杀一只活羊应付一下,子贡认为何必"虚应故事",干脆连羊也不用杀了。 饩(xì)羊:祭祀用的活羊。 [2]赐:子贡名。 [3]尔:你,第二人称代词。 爱:惜,舍不得。

【译文】子贡想免去(不杀)"告朔"祭礼上所用的活羊。孔子说:"赐呀! 你爱惜那只羊,我爱惜那个礼。"

【点评】孔子维护"告朔"之礼,意在"尊王",即维护周天子"大一统"的局面。

3.18 子曰:"事君尽礼[1],人以为谄也[2]。"

【注释】[1]事:侍奉,服事。 [2]谄:谄媚,巴结。

【译文】孔子说:"完全按照礼制来服侍君主,别人却认为你是谄媚。"

【点评】孔子立身行事,也有左右为难之时。

3.19 定公问[1]:"君使臣,臣事君,如之何?"孔子对曰:"君使臣以礼,臣事君以忠。"

【注释】[1]定公:鲁国国君,名宋,昭公之弟,继昭公而立,在位十五年,"定"是谥号。

【译文】鲁定公问道:"君主使用臣子,臣子服事君主,各自应该怎样做呢?"孔子回答说:"君主应该按照'礼'来使用臣子,臣子应该怀着忠心来服事君主。"

【点评】鲁定公所理解的"君臣关系"只是片面的"君使唤臣,臣听从君使唤"的关系。孔子纠正他,指出君臣之间应是双向互动的关系,互相应当以礼相待,以诚相待。后来孟子说得更透彻:"君之视臣如手足,则臣视君如腹心;君之视臣如犬马,则臣视君如国人;君之视臣如土芥,则臣视君如寇仇。"(《孟子·离娄下》)

3.20 子曰:"《关雎》乐而不淫[1],哀而不伤[2]。"

【注释】[1]《关雎》:《诗经·周南》的篇名,也是《诗经》的第一篇,写一个男子对一个女子的爱恋和追求。 乐:快乐。 淫:过度,放荡。 [2]哀:悲哀。 伤:创伤,损伤。

【译文】孔子说:"《关雎》这首诗,快乐但不放荡,悲哀但不伤及身体。"

【点评】孔子提倡"温柔敦厚"的"诗教"(《礼记·经解》),这是一种讲求"中和"的美学观。文艺是表达情感的,但孔子主张以礼节情,以礼制欲,追求礼与情的统一,理性与感性的统一,人的社会性与自然性的统一。也就是后人所说"发乎情,止乎礼义"(《毛诗序》)。

3.21 哀公问社于宰我[1]。宰我对曰:"夏后氏以松[2],殷人以柏,周人以栗,曰使民战栗。"子闻之,曰:"成事不说[3],遂事不谏[4],既往不咎[5]。"

【注释】[1]社:土地神。这里指社主,木制的土地牌位。宰我:孔子弟子,姓宰,名予,字子我。 [2]夏后氏:"夏"指夏代、夏王朝,"后"是君主的意思。 [3]说:解释。 [4]遂(suì):完成。 谏:劝阻,纠正。 [5]既往:已往。咎:罪过,引申为责怪。

【译文】鲁哀公问宰我做社主用什么木。宰我回答说:"夏代用松木,殷代用柏木,周代用栗木,意思是使民众恐惧战栗。"孔子听到了这话,便说:"已做过了的事就不便再解释了,已完成了的事就不再去挽救了,已过去了的事就不要再去追究了。"

【点评】朱熹说:"孔子以宰我所对,非立社之本意,又启时君杀伐之心,而其言已出,不可复救,故历言此以深责之,欲使谨其后也。"(《四书集注》)但细究文意,孔子似乎是说,过去的事(由于难以求证)不宜细究和深责。"既往不咎"作为成语已进入现代汉语语汇中,意思是对过去做错的事不再追究。

3.22 子曰:"管仲之器小哉[1]!"

或曰:"管仲俭乎?"曰:"管氏有三归[2],官事不摄[3],焉得俭?"

"然则管仲知礼乎?"曰:"邦君树塞门[4],管氏亦树塞门。邦君为两君之好,有反坫[5],管氏亦有反坫。管氏而知礼[6],孰不知礼?"

【注释】[1]管仲:名夷吾,字仲,春秋时期齐国人,齐桓公用他为相,他助齐桓公称霸诸侯。 器:器度。 [2]三归:三处家室(三归说法有数种,今取一种)。 [3]摄(shè):兼,代。 [4]邦国:国君。 树:立。 塞门:在大门外筑的短墙,形如照壁,作用是挡住内外视线。 [5]反坫(diàn):反爵(酒杯)之坫,指设于堂上两楹之间的土台,以便宾主在饮宴时放空酒杯。 [6]而:假设连词,假如。

【译文】孔子说:"管仲的器度狭小啊!"

有人便问:"管仲的生活俭朴吗?"孔子说:"管仲有三处家室,手下管事的人一人一职从不兼职,哪里算得上俭朴呢?"

那人又问:"那么管仲知礼吗?"孔子说:"国君宫门前立了一个塞门,管仲家门前也立了一个塞门;国君为宴请外国君主以结两君之好,在堂上设置有放置空酒杯的土台,管仲家也设有这样的土台。如果说管仲是知礼的话,那么还有谁不知礼呢?"

【点评】孔子认为管仲只是帮助齐桓公成就霸业,未能在天下推行王道,所以说他"器小",不具备"王佐之才",但对管仲帮助齐桓公成就霸业还是给予高度赞扬的。(见 14.16 和 14.17)

3.23 子语鲁大师乐[1],曰:"乐其可知也:始作,翕如也[2];从之[3],纯如也[4],皦如也[5],绎如也[6],以成[7]。"

【注释】[1]语(yù):告诉。 大(tài)师:乐官之长。 乐:音乐。 [2]翕(xī)如:和顺、和谐的样子。 [3]从(zòng):跟随,接着。 [4]纯如:纯洁、纯粹的样子。 [5]皦(jiǎo)如:清晰的样子。 [6]绎(yì)如:连绵不绝的样子。 [7]成:乐曲终了,完成。

【译文】孔子告诉鲁太师关于音乐的感受,说:"音乐的美妙是可以知道的:开始演奏的时候,十分和谐;接下来,十分纯洁,十分清晰,连绵不绝,直到乐曲终了。"

【点评】孔子是音乐家。他以"六艺"教授弟子,音乐是"六艺"之一。他曾整理过《诗》三百篇的音乐,使"雅颂各得其所"(9.15)。他对音乐有极强的理解能力和极高的欣赏水平,有次听到《韶》乐,竟然"三月不知肉味"(7.14)。

3.24 仪封人请见[1],曰:"君子之至于斯也,吾未尝不得见也。"从者见之[2]。出曰:"二三子何患于丧乎[3]?天下之无道也久矣,天将以夫子为木铎[4]。"

【注释】[1]仪:地名,卫邑。 封人:官名,职责是防守边界。 请见:请求孔子接见。 [2]从(zòng)者:指跟孔子周游列国的弟子。 见之:请求孔子接见了他。 [3]二三子:诸位,你们,你们这些年轻人。 患:担忧。 丧(sàng):丧失,指失掉官位。 [4]木铎(duó):铜制的铃,中有木质的舌。古代公家有事宣布,便摇木铎召集百姓来听。

【译文】仪地的边防官请求孔子接见,说:"作为君子,凡是来到我们这个地方的,我从没有不同他们见面的。"跟从孔子的弟子请求孔子接见了他。他出来后对孔子的弟子们说:"你们这些年轻人何必担忧没有官位呢?天下黑暗无道的日子已经很久了,上天要把他老人家作为木铎来宣示天道呢!"

【点评】由于孔子思想深沉,仪态端庄,令仪封人一见倾心,肃然起敬。仪封人将孔子比作"木铎",相信孔子是在为天传道,教化世人,比喻形象而恰切。后人尊崇孔子,也尊孔子为"万世师表"。

3.25 子谓《韶》[1]:"尽美矣,又尽善也。"谓《武》[2]:"尽美矣,未尽善也。"

【注释】[1]《韶》:相传为虞舜时代歌颂舜的乐曲名。由于舜是由尧禅让而有天下,所以孔子认为《韶》"尽善尽美"。"善"侧重在内容方面,"美"侧重在形式方面。 [2]《武》:相传为周初歌颂周武王的乐曲名,又叫《大武乐章》。由于周武王靠武力取得天下,所以孔子认为《武》"尽美而未尽善"。

【译文】孔子评论《韶》乐说:"形式十分美,内容也十分好啊。"评论《武》乐说:"形式十分美,内容不算十分好啊。"

【点评】在孔子看来,"美"和"善"并不完全相同,艺术的美有相对的独立性,未尽善的作品也可以是尽美的。"美"与"善"相比,孔子认为"善"更为重要。但孔子所追求的理想艺术,则是"尽善"和"尽美"的完美统一。

3.26 子曰:"居上不宽[1],为礼不敬,临丧不哀,吾何以观之哉?"

【注释】[1]宽:指对待下属宽厚、宽容。

【译文】孔子说:"居于上位的人对待下属不宽厚,行礼时不恭敬严肃,参加丧礼时不悲哀,这样的人我怎么看得下去呢?"

【点评】孔子主张宅心仁厚。人的行为举止最容易表现内心,不可不慎。

《八佾》赏析

孔子尊崇周代的礼乐制度,痛恨权贵们的违礼行为。他不能忍受季氏"八佾舞于庭",季氏"旅于泰山",三家"以《雍》彻",管仲"有三归""树塞门""有反坫"……有人据此认为,孔子主张复古,恢复周礼。这其实是一种简单化的理解,是不准确的。

孔子指责许多当权者的越礼行为,主要着眼于揭露他们的贪欲和暴虐。古代历史上的制度变更,都是新的剥削阶级代替旧的剥削阶级,其中充满着"卑劣的贪欲"(恩格斯语)。因此,孔子对这些越礼行为所表现出来的义愤,与他的仁学是紧密联系着的。除了不满权贵的贪欲外,孔子的另一个着眼点就是社会的稳定,这与民众要求摆脱社会动乱之苦的愿望是相通的。此外,孔子认为,历代礼制对前代来说都是有所损益的(2.23),他还主张礼仪"宁俭",丧事"宁戚",可见他已清醒地认识到简单地恢复周代的礼制是不可能的,也是不应该的。

孔子对礼乐的看法独特而深刻。礼虽然代表着外在的强制性的制度和秩序,乐虽然是五音的和谐,但孔子认为,礼、乐的本质都应当是仁。"人而不仁,如礼何?人而不仁,如乐何?"古人认为,"礼主别,乐主和",而礼乐只有以"仁"为基础,才有助于社会的和谐有序。否则,"礼"就是冷冰冰的,"乐"也只不过徒具形式。

在对待鬼神的态度上,孔子说:"祭如在,祭神如神在。"值得人们玩味,特别是两个"如"字,意旨深远。孔子认为,鬼神不可知,其是否存在难以证明,只是在祭祀时可以想象它们的存在(有人说,这是一种怀疑论,再往前走,就会否定和打破神学迷信)。既然难以证明鬼神的存在,为什么在祭祀时又要想象它们的存在呢?这是为了保持庄重恭敬的态度,同时也有利于全社会的道德教化,所谓"慎终追远,民德归厚"。今人扫墓,也应是这个意思。

里仁篇第四

共二十六章

4.1 子曰:"里仁为美[1]。择不处仁[2],焉得知[3]?"

【注释】[1]里:民众聚居的地方,如里弄、乡里。这里用作动词,居住的意思。[2]处(chǔ):置身。 [3]知:同"智"。

【译文】孔子说:"安身于仁德是美的。如果选择安身之处不是置身于仁德,怎么能算是聪明呢?"

【点评】"仁"是抽象的,但有"仁"的地方却是具体的,如果置身于讲仁爱的朋友之中,住在讲仁爱的社区里,自己也容易受熏陶而成为有爱心的仁人。孔子说:"性相近也,习相远也。"(17.2)

4.2 子曰:"不仁者不可以久处约[1],不可以长处乐。仁者安仁,知者利仁[2]。"

【注释】[1]约:俭省,引申为贫困。 [2]知:同"智"。

【译文】孔子说:"不仁的人不能长久地处在贫困之中,也不能长久地处在安乐之中(他们会因"为富不仁"而心不安)。有仁德的人从仁德中得到安乐,聪明的人从仁德中获得利益。"

【点评】唯有仁者才能安贫乐道。孔子说:"仁者不忧,知者不惑,勇者不惧。"(14.28)"君子坦荡荡,小人长戚戚。"(7.37)

4.3 子曰:"唯仁者能好人[1],能恶人[2]。"

【注释】[1]好(hào):喜爱。 [2]恶(wù)厌恶,憎恨。

【译文】孔子说:"只有仁人才能够真正地喜爱某个人,才能够真正地厌恶某个人。"

【点评】仁者不是是非不分的好好先生。由于仁者以"仁"为标准来识别善恶,所以就会有正确的好恶爱憎。朱熹说:"盖无私心,然后好恶当于理。"(《四书集注》)

4.4 子曰:"苟志于仁矣[1],无恶也[2]。"

【注释】[1]苟:如果。 志:意向,内心向往。 [2]恶(è):恶劣,坏。这里指恶行,干坏事。

【译文】孔子说:"如果一心一意要实行仁德,就不会有恶行了。"

【点评】仁者爱人,所以不会去做害人之事。

4.5 子曰:"富与贵,是人之所欲也[1];不以其道得之,不处也。 贫与贱,是人之所恶也;不以其道得之[2],不去也[3]。

君子去仁[4]，恶乎成名[5]？君子无终食之间违仁[6]，造次必于是[7]，颠沛必于是[8]。"

【注释】[1]是：此，代词。　[2]得之：指得以（能够）摆脱贫与贱。　[3]去：摆脱。　[4]去：离开。　[5]恶（wū）：同"乌"，何，疑问代词。　乎：于。　[6]终食之间：吃完一顿饭的时间，比喻很短的时间。　违：违背，离开。　[7]造次：仓促，匆忙。于是：在这里，指在仁德这里，同仁德相伴。　[8]颠沛：困顿，遭受挫折。

【译文】孔子说："富有和尊贵，这是人人所想要的，但如不用正当的方法得到它，君子不会接受；贫穷和卑贱，这是人人所厌恶的，但如不用正当的方法摆脱它，君子不会摆脱。君子离开了仁德，又到哪里去成就他的声名呢？君子不会有哪怕只是一顿饭的时间离开仁德，即使在仓促匆忙之时也一定同仁德相伴，在遭受挫折困顿之时也一定同仁德相伴。"

【点评】孔子不反对人们求取富贵，但强调"取之有道"。这个"道"，就是"仁"和"义"。孔子曾表示："不义而富且贵，于我如浮云。"(7.16)孔子说："君子无终食之间违仁。"意思是说，作为君子，在任何时候任何情况下，都不能违背仁。

4.6 子曰："我未见好仁者、恶不仁者。好仁者，无以尚之[1]；恶不仁者，其为仁矣[2]，不使不仁者加乎其身。有能一日用其力于仁矣乎？我未见力不足者。盖有之矣[3]，我未之见也。"

【注释】[1]尚：超过。　[2]矣：同"也"，表停顿。　[3]盖：副词，表推测，估计，"大概"的意思。

【译文】孔子说："我没有见到过真正喜好仁德的人，和真正厌恶不仁的人。喜好仁德的人，没有什么喜好超过对仁德的喜好；厌恶不仁的人，他行仁德，只是不让不仁的东西加在自己身上。有谁能花一天时间把力量用在行仁德上面吗？我没有见过力量不够的人（他们只要肯花时间总会有足够的力量行仁德）。大概有这样的人，但我从未见到过。"

【点评】孔子以殷切的期待鼓励人们尽力行仁。三国时代著名的政治家、军事家诸葛亮说："夫志当存高远……若志不强毅，意不慷慨，徒碌碌滞于俗，默默束于情，永窜伏于凡庸，不免于下流矣。"（《诫外生》）高尔基说："一个人努力的目标越高，他的才能就发展越快，对于社会就更有贡献。"（《和青年作家的谈话》）

4.7 子曰："人之过也[1]，各于其党[2]。观过，斯知仁矣[3]。"

【注释】[1]过：过错，错误。　[2]党：朋辈，同类。　[3]仁：同"人"。

【译文】孔子说："人的过错，各归其类。（什么样的人就会犯什么样的过错。）因此，考察一个人的过错，就可以知道他是一个什么样的人。"

【点评】分析人的过错，也是了解人的一种方式。宋代程颐说："人之过也，各于其党。君子常失于厚，小人常失于薄。君子过于爱，小人过于忍。"（朱熹《四书集注》）

4.8 子曰："朝闻道[1]，夕死可矣。"

【注释】[1]朝（zhāo）：早晨。　道：规律，真理。

【译文】孔子说："早晨得知真理，就是当晚死去我也是愿意的。"

【点评】求道（探求真理）要有迫切之心，因为那是人生的最高追求。哥白尼说："人的天职在勇于探索真理。"（转引自1978年3月31日《人民日报》）高尔基

说:"让整个一生都在追求中度过吧,那么在这一生里必定会有许多顶顶美好的时刻。"(《时钟》)

4.9 子曰:"士志于道[1],而耻恶衣恶食者[2],未足与议也。"

【注释】[1]士:指求学之士,读书人。 [2]恶(è):粗劣。

【译文】孔子说:"读书人有志于追求真理,但又以穿破衣吃粗食为耻,这种人不值得同他谈论。"

【点评】不能"安贫",就难以"乐道"。因为急于脱贫,易走邪道,哪里还能顾及正道呢?意大利诗人但丁在《神曲》中写道:"唉,盲目的贪欲!唉,愚蠢的愤怒!在这短促的人生,它煽动着我们,到后来却永远地使我们受着酷刑。"

4.10 子曰:"君子之于天下也,无适也[1],无莫也[2],义之与比[3]。"

【注释】[1]适(shì):适合,恰当,这里是"肯定"的意思。 [2]莫:不,这里是"否定"的意思。 [3]义之与比:即"与义比","之"字无义,作用是表示把宾语"义"提到介词"与"之前。 义:合理,恰当。 比:紧靠,依附。

【译文】孔子说:"君子对于天下的事情,没有规定一定要这样做,也没有规定一定不要这样做,而是紧紧依照'恰当合理'的原则来做(只要怎样做恰当合理就怎样做)。"

【点评】"无适无莫"同"无可无不可"一样,都是因时制宜、权宜变通的意思。而权宜变通的标准为"义",即是否合理,是否合乎道义。后来孟子也说:"执中无权,犹执一也。"(《孟子·尽心上》)也主张权宜变通,反对拘泥固执。他还赞扬孔子是"圣之时者"(《孟子·万章下》)。

4.11 子曰："君子怀德[1]，小人怀土[2]；君子怀刑[3]，小人怀惠[4]。"

【注释】[1]怀：怀念，关心。　[2]小人：与"君子"相对而言，也有两个含义，一是指居下位的人，即老百姓、劳动人民；一是指道德卑下的人。这里是第一种含义。　土：土地。　[3]刑：刑罚，法令。"怀刑"是指畏刑而守法。　[4]惠：恩惠。

【译文】孔子说："君子关心道德，老百姓关心土地；君子关心刑罚(因畏刑而守法)，老百姓关心恩惠(希望能在德政下受惠)。"

【点评】人们由于社会地位不同，因而想法各异。居上位者应当了解民众的欲求，所谓"民之所欲，天必从之"(《伪古文尚书·泰誓》)。

4.12 子曰："放于利而行[1]，多怨。"

【注释】[1]放(fǎng)：依。

【译文】孔子说："依照个人利益而行事，会招致很多怨恨。"

【点评】在上位者若自私自利、唯利是图，其结果往往是损人不利己，不但招怨，还会害国害民。孟子说："上下交征利而国危矣。"(《孟子·梁惠王上》)荀子说："义胜利者为治世，利克义者为乱世。上重义，则义克利；上重利，则利克义。"(《荀子·大略》)

4.13 子曰："能以礼让为国乎[1]？何有[2]？不能以礼让为国，如礼何[3]？"

【注释】〔1〕礼让：好礼而谦让不争。 为国：治理国家。 〔2〕何有：即"何难之有"，有什么困难。 〔3〕如……何："拿……怎么办"的意思。

【译文】孔子说："能够用礼让精神来治理国家吗？这样做还会有什么困难呢？如果不能用礼让精神来治理国家，那么怎样对待礼仪呢（如果缺乏礼让精神，礼仪只是徒具形式）？"

【点评】以礼让精神治国，意在缓和矛盾，维持社会稳定，与以德治国意思相近。晋代江熙说："人怀让心，则治国易也"；"不能以礼让，则下有争心，锥刀之末，将尽争之，惟利是恤，何遑言礼也？"（皇侃《论语义疏》引）

4.14 子曰："不患无位[1]，患所以立[2]。不患莫己知[3]，求为可知也。"

【注释】〔1〕患：担心。 〔2〕所以：用什么，凭什么。 立：指居于其位。 〔3〕莫己知：即"莫知己"。

【译文】孔子说："不担心没有职位，只担心凭什么本领居于其位。不担心没有人了解自己的本领，只追求有本领能够让人了解。"

【点评】这也是"不怨天，不尤人"，深于自责的意思。《易·乾卦·象辞》说："天行健，君子以自强不息。"

4.15 子曰："参乎[1]！吾道一以贯之[2]。"曾子曰："唯[3]。"

子出，门人问曰[4]："何谓也？"曾子曰："夫子之道，忠恕而已矣[5]。"

【注释】〔1〕参：曾参，孔子弟子。 〔2〕道：学说。 一以贯之：即"以一贯之"。"一"是"以"的宾语,提到介词之前。贯,贯穿。　〔3〕唯:应答之词。〔4〕门人:门徒,门生、弟子,或再传弟子。这里指曾子弟子。　〔5〕忠:对国家、对君主、对他人、对职事尽心尽力尽责,忠心不二。　恕(shù):宽容、厚道、仁慈、忍让,以仁爱之心待人,能推己及人,将心比心,处处为他人着想。孔子说:"己欲立而立人,己欲达而达人。"(6.30)"己所不欲,勿施于人。"(15.24)

【译文】孔子说:"参啊! 我的学说是用一条中心线索贯穿起来的。"曾子说:"是。"

孔子走出去后,曾子弟子问曾子道:"这是什么意思呢?"曾子说:"夫子他老人家的学说,只是忠和恕罢了。"

【点评】孔子仁学(道)的丰富内容,是以"忠恕"为中心线索贯穿起来的。从"修己"来说,"修己"为仁,"尽己之谓忠,推己之谓恕"(朱熹《四书集注》)。从"爱人"来说,仁者"爱人",忠诚和宽恕就是"爱人"的体现。今天,"忠诚""宽恕""一以贯之"等词语仍活跃在现代汉语中。

4.16 子曰:"君子喻于义〔1〕,小人喻于利。"

【注释】〔1〕喻:明白,通晓。

【译文】孔子说:"君子通晓于义,小人通晓于利。"

【点评】"君子"和"小人"的区分,有时按地位,有时按道德,这里兼有两种含义。在古代,地位低的平民百姓(小人)由于受教育的程度不高,且为生活所迫,只追求"利"(求生存)是很自然的,孔子也主张"因民之所利而利之"。但在上位的人(君子)如果也一心求利,甚至见利忘义,去压榨百姓,就只能算是"小人"(道德卑下)了。

4.17 子曰:"见贤思齐焉〔1〕,见不贤而内自省也。"

【注释】〔1〕贤:贤人。 齐:相同,这里是"看齐"的意思。

【译文】孔子说:"见到贤人,就要想想怎样向他看齐;见到不贤的人,就要从内心自我反省(看看自己是否有类似的毛病)。"

【点评】严格要求自己,不断追求人格的完善,这种在道德修养上的高度主动性和自觉性,来源于"以天下为己任"的深沉的历史责任感。孔子说:"三人行,必有我师焉。择其善者而从之,其不善者而改之。"(7.22)"见善如不及,见不善如探汤。"(16.11)与本章意思相近。

4.18 子曰:"事父母几谏〔1〕,见志不从〔2〕,又敬不违〔3〕,劳而不怨〔4〕。"

【注释】〔1〕几(jī):微,指轻柔和顺。 谏:劝阻。 〔2〕志:心意。 〔3〕违:违背,触犯。 〔4〕劳:忧愁。

【译文】孔子说:"侍奉父母(如果父母有过失)应该婉言劝止。看到自己的意见父母没有听从,仍然恭敬而不冒犯他们,即使内心忧劳也不怨恨。"

【点评】规劝父母既要注意方式方法,更要注意保持恭敬态度。《礼记·内则》说:"父母有过,下气怡色,柔声以谏。谏若不入,起敬起孝,说(悦)则复谏。"在父母将陷身于不义的大节问题上,孔子主张子女当极力规劝,绝对不可盲从:"父有争子,则身不陷于不义。故当不义,则子不可以不争于父。"(《孝经·谏诤章》)后来荀子也说:"入孝出弟,人之小行也;上顺下笃,人之中行也;从道不从君,从义不从父,人之大行也。"(《荀子·子道》)

4.19 子曰:"父母在,不远游,游必有方〔1〕。"

【注释】〔1〕方:方位,去处。

【译文】 孔子说:"父母在世的时候,不去远方旅行,即使不得已要去远方旅行,也应有一定的去处。"

【点评】 今日交通发达,"不远游"似乎大可不必。但关心父母和体谅父母对自己的关爱,仍是不能轻忽的。

4.20 子曰:"三年无改于父之道,可谓孝矣[1]。"

【注释】 [1]此句重出,见《学而》(1.11)。

4.21 子曰:"父母之年[1],不可不知也。一则以喜[2],一则以惧。"

【注释】 [1]年:年龄。 [2]则:连词,表示两件事的对举。

【译文】 孔子说:"父母的年纪,不能不时刻记在心上啊。一方面因父母高寿而高兴,另一方面又因为他们年纪大了而有所忧惧。"

【点评】 "人生非金石,岂能长寿考。"(《古诗十九首·回车驾言迈》)应在父母有生之年努力尽孝心,否则会留下终身的愧疚。

4.22 子曰:"古者言之不出,耻躬之不逮也[1]。"

【注释】 [1]耻:羞耻,这里用作动词,意动用法,即"以……为耻"。 躬:自身。逮(dài):及,赶上。

【译文】 孔子说:"古时候人们不轻易地把话说出来,是因为他们以自身的行为赶不上言语为耻。"

【点评】言行一致,是诚信的表现;慎言笃行,是君子的品格。孔子说:"君子欲讷于言而敏于行。"(4.24)"君子耻其言而过其行。"(14.27)

4.23 子曰:"以约失之者鲜矣[1]。"

【注释】[1]约:约束。 鲜(xiǎn):少。

【译文】孔子说:"由于自我约束而犯过失的人是很少的。"

【点评】人要善于自律。老子说:"知人者智,自知者明。胜人者有力,自胜者强。"(《老子》三十三章)古希腊哲人柏拉图说:"征服自己需要更大的勇气,其胜利也是所有胜利中最光荣的胜利。"(《法律篇》)

4.24 子曰:"君子欲讷于言而敏于行[1]。"

【注释】[1]讷(nè):言语迟钝,这里指小心谨慎,不随便乱说。 敏:敏捷,努力。

【译文】孔子说:"君子说话要小心谨慎,做事要勤奋敏捷。"

【点评】与"慎言笃行"意思相近。可与4.22参看。

4.25 子曰:"德不孤[1],必有邻[2]。"

【注释】[1]德:指有德之人。 [2]邻:邻居,伙伴。

【译文】孔子说:"有道德的人不会孤单,一定会有志同道合的人来相伴。"

【点评】《周易·系辞上》说:"方以类聚,物以群分。"《周易·乾卦·文言》说:

"子曰:同声相应,同气相求。"这些都可说明"德必有邻"。

4.26 子游曰[1]:"事君数[2],斯辱矣[3];朋友数,斯疏矣。"

【注释】[1]子游:即言偃,孔子弟子。 [2]数(shuò):密,屡次。 [3]斯:连词,就。

【译文】子游说:"侍奉君主时进谏太频繁,就会招致侮辱;交友时对朋友忠告太频繁,就会彼此疏远(都应适可而止)。"

【点评】《颜渊》载:"子贡问友。子曰:'忠告而善道之,不可则止,毋自辱焉。'"(12.23)与此同意。

《里仁》赏析

"仁"是孔子思想的核心。从社会实践来说,是要惠爱他人;从个人修养来说,则要"义之与比",要讲"义"。

"义"的本义是"宜""应该"。合宜不合宜,应该不应该,其标准是"道"(真理),所以就有所谓"道义""正义"。

在中国哲学史上,曾出现过"义利之辨",首先提出这个问题的是孔子。他说:"君子喻于义,小人喻于利。"只有通晓义,服膺义,才能算"君子"。"富与贵"是人之大欲,也是人之大利,但孔子认为,"不以其道得之,不处也"。也就是说,在面对富与贵时,先要问是否合乎"义"(道义、正义),自己该不该得。如果不合道义,就不要去接受。一个人若是违背道义,不择手段地去追求"富与贵","放于利而行",那就会"多怨",损害了他人,当然会招来怨恨,哪里还谈得上仁德呢?

但孔子并不反对人们求利。他曾说:"因民之所利而利之"(20.2),主张利民。他自己也希望求取富贵,说:"富而可求也,虽执鞭之士,吾亦为之"(7.12)。但他更强调取之有道,说"不义而富且贵,于我如浮云"(7.16),要求"见利思义"(14.12),"见得思义"(16.10)。

宋代朱熹说:"义利之说,乃儒者第一义。"(《与延平李先生书》)"公私之分","义利之辨",这个哲学上的传统命题,今天对人们还有极大的启发。

在孔子的仁学中,"忠恕"是贯穿其全部学说的中心线索。"忠"是对人对事忠心不二,尽心尽力尽责,其中,包含着行仁于天下的强烈的历史使命感和社会责任感。"恕"是宽容、厚道、仁慈、忍让,推己及人,将心比心,为他人着想,"己欲立而立人,己欲达而达人","己所不欲,勿施于人"。"忠恕"体现了一种伟大的博爱精神。法国大革命时期,雅各宾派领袖罗伯斯庇尔在1793年起草《人权和公民权宣言》,第六条中这样写道:"自由是属于所有的人做一切不损害他人权利的事的权利,其原则是自然,其规则为正义,其保障为法律,其道德界限则在下述格言之中:己所不欲,勿施于人。"(《法国宪法集》)

仁也好,义也好,忠恕也好,都是孔子的主张,可统称为"夫子之道"。孔子认为这就是真理,是他毕生追求的理想和目标。从"朝闻道,夕死可矣",我们能够了解弄清"道",对他是多么重要多么有意义的事。孔子以毕生的精力来追求真理,又愿意为真理而献身("杀身以成仁"),这是人的精神力量的伟大体现。

公冶长篇第五

共二十八章

5.1 子谓公冶长[1]:"可妻也[2],虽在缧绁之中[3],非其罪也。"以其子妻之[4]。

【注释】[1]公冶长:孔子弟子,姓公冶,名长。 [2]妻(qì):用作动词,以女嫁人。 [3]缧绁(léi xiè):捆绑犯人的绳索,这里指监狱。 [4]子:儿女,这里指女儿。

【译文】孔子在谈到公冶长时说:"可以把女儿嫁给他。他虽然曾经被关进监狱,但不是他的罪过。"便把自己的女儿嫁给了他。

【点评】民间传说,公冶长懂鸟语,鲁国国君不信,把他关进牢狱,六十天后才释放,所以孔子说"非其罪"。孔子论人,只问道德人品,而不管是否蒙冤受罚。

5.2 子谓南容[1]:"邦有道,不废[2];邦无道,免于刑戮[3]。"以其兄之子妻之。

【注释】[1]南容:孔子弟子,姓南宫,名适(kuò),字子容。 [2]废:废弃,不被任用。 [3]刑戮(lù):刑罚。

【译文】孔子在谈到南容时说:"国家政治清明,他总能为官而不会被废置;国家政治黑暗,他也能躲过灾祸而免于刑罚。"便把自己的侄女嫁给了他。

【点评】孔子主张"天下有道则见,无道则隐"(8.13),并赞扬甯武子"邦有道则知,邦无道则愚"(5.21),南容的政治态度与孔子相近,所以受到孔子的赞赏。

5.3 子谓子贱[1]:"君子哉若人[2]! 鲁无君子者,斯焉取斯[3]?"

【注释】[1]子贱:孔子弟子,姓宓(fú),名不齐,字子贱。 [2]若:指示代词,此,这。 [3]斯:指示代词,此,这。后一个"斯"代指这种品德。 焉:疑问代词,哪里。

【译文】孔子在谈到子贱时说:"君子啊,这个人! 鲁国如果没有君子,这个人从哪里去取得这种君子的品德呢?"

【点评】《吕氏春秋·察贤篇》《韩诗外传》等记载,宓子贱治理单父(鲁邑),能任用贤人,民众归附,这大概是孔子称赞他为"君子"的原因。

5.4 子贡问曰:"赐也何如[1]?"子曰:"女[2],器也[3]。"曰:"何器也?"曰:"瑚琏也[4]。"

【注释】[1]赐:子贡名端木赐,自称其名,相当于第一人称代词"我"。在长者面前自称其名,表谦虚。 也:句中语气词,表顿宕。 [2]女(rǔ):同"汝",你。 [3]器:器具,器皿。 [4]瑚琏:古代宗庙里用来盛黍稷的祭器,是贵重的器皿,暗喻有用的人才,可立朝执政。

【译文】子贡问道:"我这个人怎么样?"孔子说:"你像是一个器皿。"子贡说:"什么器皿?"孔子说:"就是宗庙里的瑚琏啊。"

【点评】孔子赞扬子贡已经成器,即成为人才,而且是"瑚琏"一般的美才。孔子又曾说:"君子不器。"(2.12)即君子不要只是某种专才,而应博学多能,成为通才。因此,"成器"和"不器"并不矛盾。

5.5 或曰:"雍也仁而不佞[1]。"子曰:"焉用佞? 御人以口给[2],屡憎于人[3]。 不知其仁,焉用佞?"

【注释】[1]雍:孔子弟子,姓冉,名雍,字仲弓。 佞(nìng):有褒贬二义。褒义的"佞",是有口才、能说会道的意思;贬义的"佞",是花言巧语、谄谀逢迎的意思。这里的"不佞",指不善言谈,没有口才。 [2]御:应对。 口给(jǐ):能言善辩,口若悬河。给,足。 [3]屡(lǚ):屡次,经常。

【译文】有人说:"冉雍这个人虽有仁德却没有口才。"孔子说:"要口才来干什么呢? 用能说会道来应对他人,常常被人憎恶。我不知道冉雍是否称得上有仁德,但他要口才来干什么呢?"

【点评】这与"巧言令色,鲜矣仁"(1.3)意思相近。孔子对夸夸其谈、言行不一的人十分反感,反复说过"君子耻其言而过其行"(14.27)一类的话。

5.6 子使漆雕开仕[1]。 对曰:"吾斯之未能信[2]。"子说[3]。

【注释】[1]漆雕开:孔子的弟子,姓漆雕,名开,字子开。 仕:做官。 [2]斯:指示代词,代做官。 [3]说:同"悦"。

【译文】孔子叫漆雕开去做官。漆雕开回答说:"我对做官还缺乏自信。"孔子听了很高兴。

【点评】漆雕开的回答表明:1.承认自己的不足。这是一种"知之为知之,不知为不知"的实事求是的态度。2.将会更加努力地学习。因为不自满是继续前进的开始。3.对出仕抱谨慎的态度。因为只有"执事敬"才不会玩忽职守。因此,孔子对他的回答很满意。

5.7 子曰:"道不行,乘桴浮于海[1],从我者[2],其由与[3]?"子路闻之喜。子曰:"由也好勇过我,无所取材[4]。"

【注释】[1]桴(fú):竹筏或木筏。 [2]从:跟随。 [3]其:语气词,表推测。 由:仲由,字子路。 [4]材:通"哉",语气词。一说,"材"同"裁",裁度事理。

【译文】孔子说:"我的主张如行不通了,我便坐上小筏到海外去,跟随我的大概只有仲由(子路)吧?"子路听到后很高兴。孔子说:"仲由好勇的精神超过了我,这就没有什么可取的呀!"

【点评】孔子在四处碰壁之后,有时也会流露出消极无奈的情绪,因为他毕竟也是凡人。但他绝不会随波逐流,改变节操。对子路的"好勇过我",孔子不以为然。孔子说"君子有勇而无义为乱"(17.23),"勇而无礼则乱"(8.2)。他认为子路的"勇",需要用"礼义"来节制。

5.8 孟武伯问[1]:"子路仁乎?"子曰:"不知也。"又问。子曰:"由也,千乘之国,可使治其赋也[2],不知其仁也。"

"求也何如[3]?"子曰:"求也,千室之邑[4],百乘之家[5],可使为之宰也[6],不知其仁也。"

"赤也何如[7]?"子曰:"赤也,束带立于朝[8],可使与宾客言也,不知其仁也。"

【注释】〔1〕**孟武伯**：即仲孙彘。　〔2〕**赋**：兵赋，古代的一种兵役制度，即按田赋出兵(兵士、兵器)。　〔3〕**求**：即冉求，字子有。　〔4〕**千室之邑**：指有一千户人家的聚居地。邑是天子封给诸侯或诸侯封给卿大夫的领地，领地的租税收入归受封者所有。　〔5〕**百乘之家**：指有一百辆车的采邑(领地)。　〔6〕**之**：用法同"其"，他的。　**宰**：邑宰(一邑之长)或家宰(大夫的家臣，即管家)。　〔7〕**赤**：孔子弟子，姓公西，名赤，字子华，又称公西华。　〔8〕**束带**：整束腰带，指穿上礼服。

【译文】孟武伯问："子路有仁德吗？"孔子说："不知道。"孟武伯又问。孔子说："仲由啊，如果有一个拥有一千辆兵车的国家，可以让他去管理兵赋的事，但我不知道他是否有仁德。"

孟武伯又问："冉求怎么样呢？"孔子说："冉求啊，一个有一千户人家的封邑，一个拥有一百辆兵车的大夫的封地，可以让他当这个地方的总管，但我不知道他是否有仁德。"

孟武伯又问："公西赤怎么样呢？"孔子说："公西赤啊，穿上礼服立于朝廷之上，可以让他同宾客应对交接，但我不知道他是否有仁德。"

【点评】孔子不轻易许人以"仁"，可见他心目中"仁"的标准和对他人的要求是很高的。但孔子对弟子们从政治国的才能却充满信心。

5.9 子谓子贡曰："女与回也孰愈〔1〕？"对曰："赐也何敢望回〔2〕？回也闻一以知十，赐也闻一以二。"子曰："弗如也，吾与女弗如也。"

【注释】〔1〕**女**：同"汝"。　**回**：颜回。　**愈**：胜出，超越，指更强，更好。〔2〕**赐**：子贡名端木赐。　**望**：通"方"，比的意思。

【译文】孔子对子贡说："你与颜回哪一个强？"子贡回答说："我啊，怎么敢同颜回比？颜回啊听到一件事便可推知十件事，我啊听到一件事只能推知两件事。"孔子说:"确实比不上他,我与你都比不上他。"

【点评】孔子认为自己在认知能力上不及颜回。他能正视自己的不足,并能在弟子面前说出来,确实难能可贵。孔子鼓励弟子闻一知十,举一反三,见微如著,告往知来,注重弟子们的思维能力的提高,善于培养弟子们的创造性思维,表现了大教育家的本色。

5.10 宰予昼寝。 子曰:"朽木不可雕也,粪土之墙不可杇也[1]。 于予与何诛[2]?"子曰:"始吾于人也,听其言而信其行;今吾于人也,听其言而观其行。 于予与改是。"

【注释】[1]杇(wū):泥工抹墙的工具,也指粉刷墙壁。 [2]予:宰予。与:语气词,表示停顿。 诛:谴责,要求。

【译文】宰予在白天睡觉。孔子说:"腐烂了的木头不能拿来雕刻,粪土一样的土墙壁不能再加粉刷。对于宰予啊我还能责求他什么呢?"孔子又说:"起初我对别人,听了他的话便相信他的行为;现在我对别人,听了他的话还要察看他的行为(才敢相信他的话)。我是从宰予白天睡觉这件事才改变了从前的态度。"

【点评】在孔子弟子中,宰予以善于言辞著称,但在对待"三年之丧"等"礼""仁"问题上,与孔子有分歧,所以孔子对他的"昼寝"特别愤慨,说了一些过重的话,但也是"恨铁不成钢"的意思。"朽木不可雕也""听其言而观其行"等词语,今天人们还在广泛使用。

5.11 子曰:"吾未见刚者。"或对曰:"申枨[1]。"子曰:"枨也欲,焉得刚?"

【注释】[1]申枨(chéng):孔子弟子,姓申,名枨,字周。

【译文】孔子说:"我还没有见过刚强的人。"有人答道:"申枨是这样的人。"孔子说:"申枨啊有很多欲望,怎么可能刚强呢?"

【点评】无欲则刚。无欲才能刚强正直,多欲往往因贪求富贵而不能正言直行。宋代司马光说:"君子多欲则贪慕富贵,枉道速祸。"(《训俭示康》)清代林则徐所撰堂联道:"海纳百川,有容乃大;壁立千仞,无欲则刚。"

5.12 子贡曰:"我不欲人之加诸我也[1],吾亦欲无加诸人[2]。"子曰:"赐也,非尔所及也。"

【注释】[1]加:增加,凌驾。 诸:"之于"的合音。 [2]无:同"毋",表示禁止。

【译文】子贡说:"我不想让别人把我不想要的东西强加于我,我也不想把别人不想要的东西强加于人。"孔子说:"赐啊,这不是你所能做得到的。"

【点评】子贡所说,正是孔子所提倡的"己所不欲,勿施于人"的"恕"道。这是一种很高的境界,自己和他人都是不容易做到的。

5.13 子贡曰:"夫子之文章[1],可得而闻也;夫子之言性与天道[2],不可得而闻也。"

【注释】[1]文章:指古代文献典籍及相关学问。 [2]性:人的本性。 天道:指自然界的阴阳变化与人的吉凶祸福的关系,与"天命"的意思相近。由于"人性""天道""鬼神"难以证明,所以孔子取"存而不论"的态度。

【译文】子贡说:"老师他老人家在文献典籍方面的学问,我们能听得到;老师他老人家关于人性和天道方面的言谈,我们听不到。"

【点评】中国古代哲学偏重于社会伦理方面,这与孔子对人性、天道、天命、鬼神采取存而不论的态度有一定关系。

5.14 子路有闻,未之能行[1],唯恐有闻[2]。

【注释】[1]未之能行:同"未能行之"。 [2]有:同"又"。

【译文】子路有所闻,还没有能够去实行,只怕又有所闻。

【点评】说明子路性急,但也反映了他勇于实践、学以致用的品格。

5.15 子贡问曰:"孔文子何以谓之'文'也[1]?"子曰:"敏而好学,不耻下问,是以谓之'文'也[2]。"

【注释】[1]孔文子:春秋时代卫国大夫,姓孔,名圉(yǔ),字仲叔。"文"是谥号,"子"是尊称。 何以:为什么。 [2]是以:因此,所以。

【译文】子贡问道:"孔文子为什么死后被谥为'文'呢?"孔子说:"他聪敏并喜好学习,不以谦虚下问为耻,所以死后被谥为'文'。"

【点评】"不耻下问"是指不以向比自己地位低、年龄小的人求教为耻,这是虚心好学、道德高尚的表现。此外,"以能问于不能,以多问于寡"(8.5),也属"不耻下问"。

5.16 子谓子产[1]:"有君子之道四焉[2]:其行己也恭[3],其事上也敬,其养民也惠,其使民也义。"

【注释】[1]子产:即公孙侨,字子产,郑国大夫,为相二十多年,是春秋时期著名政治家。　〔2〕焉:语气词。　〔3〕行己:修己,指修养自己的品德,端正待人接物的态度。

【译文】 孔子评论子产说:"他的行为合于君子之道的地方有四点:他待人接物庄重谦恭,他侍奉国君认真负责,他养育民众广施恩惠,他役使民众合情合理。"

【点评】 孔子从对己、对君、对民几个方面来赞扬子产,也确立了君子的行为准则。

5.17 子曰:"晏平仲善与人交[1],久而敬之。"

【注释】 〔1〕晏平仲:姓晏,名婴,字平仲,齐国大夫,齐景公时为相,是春秋时期著名政治家。

【译文】 孔子说:"晏平仲善于同别人交往,交往越久,别人就越尊敬他。"

【点评】 交友不能只图一时之利,要经得起时间的考验。德国人科策布说:"友情是瞬间开放的花,而时间会使它结果。"

5.18 子曰:"臧文仲居蔡[1],山节藻棁[2],何如其知也[3]?"

【注释】 〔1〕臧(zāng)文仲:鲁国大夫臧孙辰,字文仲。居:居住,动词,使动用法。蔡:大龟。古人卜卦用龟,并认为越大越灵。　〔2〕节:屋柱上端顶住横梁的方木,又叫"斗拱"。藻:水藻。棁(zhuō):梁上的短柱。　〔3〕知:同"智"。

【译文】 孔子说:"臧文仲为收藏大龟盖了一间屋,屋柱上的斗拱雕刻着山形,梁上的短柱画着水藻(他想用天子的庙饰来媚神),他的聪明怎么会是这样的呢?"

【点评】臧文仲的做法违反礼制,是明显的"僭越",而且迷惑于鬼神必定会轻忽于人事,因此孔子说他不明智。

5.19 子张问曰:"令尹子文三仕为令尹[1],无喜色;三已之,无愠色[2]。旧令尹之政,必以告新令尹。何如?"子曰:"忠矣。"曰:"仁矣乎?"曰:"未知。焉得仁?"

"崔子弑齐君[3],陈文子有马十乘[4],弃而违之[5]。至于他邦,则曰:'犹吾大夫崔子也。'违之。之一邦[6],则又曰:'犹吾大夫崔子也。'违之。何如?"子曰:"清矣[7]。"曰:"仁矣乎?"曰:"未知。焉得仁?"

【注释】[1]令尹:官名,楚国的宰相叫作"令尹"。子文:姓鬬(dòu),名穀於菟(gòu wū tú),楚国大夫,楚成王时开始为令尹,任期近三十年,其间有中断之时。三仕:三次为官,也可理解为多次。 [2]已:止,指免职。 [3]崔子:齐国大夫崔杼(zhù)。弑:在下位的人杀死在上位的人叫"弑"。齐君:指齐庄公,名光。崔杼弑君之事见《左传·襄公二十五年》。 [4]陈文子:齐国大夫,姓陈,名须无。乘(shèng):兵车,一车四马。十乘,为四十匹马。 [5]违:离开。 [6]之:动词,往,到……去。 [7]清:清白,不同流合污。

【译文】子张问道:"令尹子文三次做令尹,没有高兴的面容;三次被免官,没有怨恨的面容。每次交接之时,一定把政务完完全全地交给继任的令尹。这个人怎么样呢?"孔子说:"可算得上忠(忠于职守)了。"子张又问:"算得上仁吗?"孔子说:"不知道。这哪里能算是仁呢?"

子张又问:"崔杼杀死了齐国国君,陈文子有马四十匹,都舍弃不要而离开了齐国。他到了别的国家,便说:'这里的执政者同我们的崔子差不多。'便离开这个国家。他到了另一个国家,又说:'这里的执政者同我们的崔子差不多。'便又离开了这个国家。这个人怎么样呢?"孔子说:"可算得上清白(不同流合污)了。"子张又问:"算得上仁吗?"孔子说:"不知道。这哪里能算是仁呢?"

【点评】孔子赞扬令尹子文的"忠"和陈文子的"清",但都未说他们是"仁",可见"仁"的标准很高。儒家将"博施于民而能济众"视为"仁"的最高标准,可参阅《雍也》(6.30)。

5.20 季文子三思而后行[1]。子闻之,曰:"再[2],斯可矣。"

【注释】[1]季文子:鲁国大夫季孙行父,"文"是谥号。 [2]再:两次。

【译文】季文子对每件事都要考虑三次(或多次)后才行动。孔子听到后说:"考虑两次,也就可以了。"

【点评】孔子善于因材施教,对人评论也往往从实际出发,有很强的针对性。孔子认为季文子"三思而后行"过分了,这同他针对子张所说的"过犹不及"(11.16)用意相同。但就一般人而言,"三思而后行"还是金玉良言。

5.21 子曰:"甯武子[1],邦有道则知[2],邦无道则愚[3]。其知可及也,其愚不可及也。"

【注释】[1]甯(nìng)武子:春秋时代卫国大夫,姓甯,名俞,"武"是谥号。 [2]知:同"智",下同。 [3]愚:愚笨。这里指伪装愚笨以避祸。

【译文】孔子说:"甯武子,在国家政治清明时就表现得很聪明,在国家政治黑暗时就表现出愚笨的样子。他的聪明别人能够赶上,他装作愚笨别人却学不到啊。"

【点评】"邦无道则愚"与"邦无道,免于刑戮"(5.2)之意相同。老子说:"挫其锐,解其纷,和其光,同其尘,是谓'玄同'。"(《老子》五十六章)和光同尘,往往意在韬晦待时,即暂时收敛锋芒,隐蔽才能,待时而起。

5.22 子在陈[1],曰:"归与[2]! 归与! 吾党之小子狂简[3],斐然成章[4],不知所以裁之[5]。"

【注释】[1]陈:国名,妫姓,都城在宛丘(今河南淮阳),周初封舜的后代妫满于此。孔子周游列国之时,到过陈国,住了三年。 [2]与:同"欤"。 [3]党:家乡。古代五百家为党。按周礼,五党为州,五州为乡。 小子:年轻人。 狂简:志向远大但做事疏略。 [4]斐(fěi)然:有文采的样子。 章:赤白相间的丝织品,引申为文采。 [5]裁:剪裁,加工改进提高。

【译文】孔子在陈国,说:"回去吧!回去吧!我们家乡那班年轻人志向远大但做事疏略,文采斐然可观,但不知怎样进一步改进提高。"

【点评】孔子赞赏弟子们的成就,但对他们也有更高的期待。"斐然成章"或"成就斐然"至今仍可用来表达"成就可观"的意思。

5.23 子曰:"伯夷、叔齐不念旧恶[1],怨是用希[2]。"

【注释】[1]伯夷、叔齐:商末孤竹君的两个儿子,父死,两人都谦让不肯继位,一同逃到西伯姬昌(周文王)那里。后来姬发(周武王)起兵讨伐商纣王,他们拦住车马劝阻,不成。周王朝建立后,他们以食周粟为耻,饿死在首阳山。 旧恶(wù):夙愿,过去的怨仇。 [2]是用:是以,因此。 希:同"稀",少。

【译文】孔子说:"伯夷、叔齐不记念过去的怨仇,因此别人对他们的怨恨也就很少。"

【点评】"不念旧恶"符合宽厚待人的"恕"道。朱熹说:"其所恶者,因其人之可恶而恶之,而所恶不在我。及其能改,又只见他善处,不见他恶处,圣贤之心皆是如此。"(《朱子语类》)

5.24 子曰:"孰谓微生高直[1]? 或乞醯焉[2],乞诸其邻而与之。"

【注释】[1]孰:谁。 微生高:人名,姓微生,名高。 直:正直,诚实,直爽。 [2]乞:乞讨。 醯(xī):醋。

【译文】孔子说:"谁说微生高直爽呢?有人向他讨点醋,(他不说自己没有)却向邻人转讨一点醋来给了那人。"

【点评】孔子认为为人应坦诚直爽,不应矫饰。朱熹说:"夫子此言,讥其曲意殉物,掠美市恩,不得为直也。"(《四书集注》)

5.25 子曰:"巧言、令色、足恭[1],左丘明耻之[2],丘亦耻之[3]。 匿怨而友其人[4],左丘明耻之,丘亦耻之。"

【注释】[1]足恭:过分的恭顺,是巴结逢迎的样子。 [2]左丘明:旧说为鲁国人,《左传》作者,与孔子同时而略长于孔子。 [3]丘:孔子自称其名,相当于第一人称代词"我"。 [4]匿(nì):隐藏。

【译文】孔子说:"花言巧语,伪装和善,过分的恭顺,这种态度,左丘明认为可耻,我也认为可耻。心中藏着怨恨但表面上却同人家要好,这种行为,左丘明认为可耻,我也认为可耻。"

【点评】孔子不赞成"足恭"和矫饰,二者都属虚伪和不诚实,当为交友者戒。荀子说:"非我而当者,吾师也;是我而当者,吾友也;谄谀我者,吾贼也。"(《荀子·修身》)法国文学家罗曼·罗兰在《约翰·克利斯朵夫》中写道:"凡是拿虚伪做武器的,在没有损害别人之前,先在损害自己。"

5.26 颜渊、季路侍[1]。 子曰:"盍各言尔志[2]?"

子路曰:"愿车马衣轻裘与朋友共[3],敝之而无憾[4]。"

颜渊曰:"愿无伐善[5],无施劳[6]。"

子路曰:"愿闻子之志。"

子曰:"老者安之[7],朋友信之,少者怀之。"

【注释】[1]颜渊:即颜回,字子渊。 季路:即仲由,字子路。 [2]盍(hé):何不。 [3]轻:衍文(因抄写古书而误增的字)。 裘(qiú):皮衣。 [4]敝(bì):破旧。 憾(hàn):悔恨。 [5]伐:夸耀。 [6]施:表白,夸大。 劳:功劳。 [7]安:安逸,用作动词,使动用法。下面"信""怀"用法同。

【译文】颜渊、季路侍立在孔子身边。孔子说:"你们何不各自说说你们的志向?"

子路说:"我愿意把我的车马衣服拿出来同朋友共同使用,即使坏了也不悔恨。"

颜渊说:"我愿意不夸耀自己的好处,不表白自己的功劳。"

子路说:"希望听听您的志向。"

孔子说:"(我的志向是)老年人使他生活安逸,朋友使他信任我,年轻人则使他怀念我。"

【点评】孔子鼓励弟子立志,要求弟子志行高洁。子路之志重在物质上惠及朋友,颜渊之志重在精神上修养自己,孔子之志,则体现了仁者"泛爱众"的博大胸怀。雷锋说:"自己活着,就是为了使别人过得更美好。"(《雷锋日记》)雷锋身上闪耀着中华民族传统美德的光辉。法国思想家孟德斯鸠说:"能将自己的生命寄托在他人记忆中,生命仿佛就加长了一些;光荣是我们获得的新生命,其可珍可贵,实不下于天赋的生命。"(《波斯人信札》)

5.27 子曰:"已矣乎! 吾未见能见其过而内自讼者也[1]。"

【注释】〔1〕讼(sòng)：责备。

【译文】孔子说："算了吧！我没有见过能够在看到自己过错后便在心中自责的人。"

【点评】发现他人过失易，发现自己过失难，主动承担责任自觉吸取教训更难。孔子鼓励人们从最难处去修养自己。印度诗人泰戈尔说："如果你把所有的错误都关在门外时，真理也要被关在外面了。"(《飞鸟集》)

5.28 子曰："十室之邑〔1〕，必有忠信如丘者焉，不如丘之好学也。"

【注释】〔1〕十室：十户人家。

【译文】孔子说："即使只有十户人家的小地方，也一定会有像我一样既有忠心又讲诚信的人，只是比不上我的好学罢了。"

【点评】孔子最重"好学"，因为只有通过学习，才能增长知识，不断提高道德修养。高尔基说："人的知识愈广，人的本身也愈臻完善。"(《文学的世界性》)

《公冶长》赏析

评论人物也是孔子施教的一个重要方面。评论历史人物，评论当代人物，评论眼前弟子，甚至自我评论，都能反映出孔子的思想倾向，同时也能启示弟子应当如何做人。

孔子赞扬子产"有君子之道"，特别赞扬他"其养民也惠，其使民也义"，显示了孔子惠爱百姓的仁爱胸怀；孔子赞扬令尹子文"三仕为令尹，无喜色；三已之，无愠色"，赞扬南容"邦有道不废，邦无道免于刑戮"，赞扬甯武子"邦有道则知，邦无道则愚",实际上也表明了自己进退出处的鲜明态度;孔子赞扬晏平仲善与人交,赞扬伯夷、叔齐"不念旧恶",赞扬左丘明以"巧言、令色、足恭"为耻,指明了交友要诚信和宽容;赞扬孔文子"敏而好学,不耻下问",这与孔子本人的"好学"完全一致。

孔子对他人也有所批评。他批评子路"好勇过我,无所取材",批评宰予昼寝,不求上进。但总的来说,孔子对弟子有很高的期待(不轻易地说他们已达到了"仁"的境界),同时对他们的"成器""成材"也抱有极大的信心。

在与弟子的一次谈话中,孔子敞开胸怀,表明心志与理想,那就是"老者安之,朋友信之,少者怀之"。话不多却含蓄有致,因为这三句话清楚地显示了仁者的伟大抱负和宽阔胸怀。

孔子毕生汲汲于救世,碰过不少钉子,吃了不少苦头,有一次竟然表示:"道不行,乘桴浮于海。"其感叹之深沉,令人动容。

雍也篇第六

共三十章

6.1 子曰:"雍也可使南面〔1〕。"

【注释】〔1〕雍:即冉雍,字仲弓。 南面:面向南。古代天子、诸侯、卿大夫坐堂议事都面向南而坐,以此为尊贵。这里"南面"是为官的意思。

【译文】孔子说:"冉雍这个人啊,可以让他去做一个地方的长官。"

【点评】孔子教育和鼓励弟子从政,目的是行道。正如子路所说,"不仕无义","君子之仕也,行其义也。道之不行,已知之矣"(18.7)。

6.2 仲弓问子桑伯子〔1〕。子曰:"可也,简〔2〕。"
仲弓曰:"居敬而行简,以临其民〔3〕,不亦可乎? 居简而行简,无乃大简乎〔4〕?"子曰:"雍之言然。"

【注释】〔1〕子桑伯子:人名,其生平已不可考。 〔2〕简:简单。行事简单的优胜之处在于简要,但简单也容易流于简慢。 〔3〕临:居高临下,指为官治民。

〔4〕无乃:岂不是。 大:同"太"。

【译文】仲弓(冉雍)问起子桑伯子这个人。孔子说:"可以啊,他很简单。"

仲弓说:"存心恭敬而行事简单,以此来为官治民,不也可以吗?如果存心简单而行事也简单,岂不是太简单了吗?"孔子说:"你的话是对的。"

【点评】为官治民应当"行简",即行政简要,不烦琐扰民,但不应"居简"(存心简单),因为这样会掉以轻心,甚至玩忽职守。对待工作,应当"敬事而信"(1.5),"执事敬"(13.19)。

6.3 哀公问:"弟子孰为好学?"孔子对曰:"有颜回者好学,不迁怒[1],不贰过[2]。不幸短命死矣。今也则亡[3],未闻好学者也。"

【注释】[1]迁怒:将怒气发泄到别人身上。 [2]贰:再次,重复。 [3]亡:同"无"。

【译文】鲁哀公问:"你的弟子中谁最好学?"孔子回答说:"有个叫颜回的最好学,他从不迁怒于人,也从不犯同样的过失。不幸短命死了。现在再没有这样的人了,我再没有听说过这样好学的人了。"

【点评】"不迁怒"是勇于自责,"不贰过"是善于吸取教训,孔子在谈到"好学"时,特别强调这两点,值得深思。美国哲学家杜威说:"失败是有教导性的。真正懂得思考的人从失败和成功中学得一样多。"

6.4 子华使于齐[1],冉子为其母请粟[2]。子曰:"与之釜[3]。"

请益[4]。曰:"与之庾[5]。"

冉子与之粟五秉[6]。

子曰："赤之适齐也[7]，乘肥马，衣轻裘[8]。吾闻之也：君子周急不继富[9]。"

【注释】〔1〕子华：即公西赤(字子华)。　〔2〕冉子：即冉求(字子有)。粟(sù)：小米。　〔3〕釜(fǔ)：古代量名,1 釜容当时的量器 6 斗 4 升。　〔4〕益：增加。　〔5〕庾(yǔ)：古代量名,1 庾容当时的量器 2 斗 4 升。　〔6〕秉(bǐng)：古代量名,1 秉为 16 斛(hú),1 斛为 10 斗。　〔7〕适：往。　〔8〕衣(yì)：用作动词,穿。　〔9〕周：通"赒",救济。　继：连续,增益。

【译文】公西赤(子华)出使齐国,冉求替公西赤的母亲请求小米。孔子说："给她一釜。"

冉求请求增加。孔子说："再给她一庾。"

但冉求却给了她五秉。

孔子说："公西赤到齐国去,坐着由肥马驾的车,穿着轻暖的衣袍。我听说,君子只是救济有急难的人,而不去增加富有者的财富。"

【点评】"君子周急不继富"体现了仁者对广大贫苦民众的人道关怀。老子说："天之道,损有余而补不足。"(《老子》七十七章)两者意思相近。

6.5 原思为之宰[1]，与之粟九百[2]，辞。子曰："毋[3]！以与尔邻里乡党乎[4]！"

【注释】〔1〕原思：孔子弟子,姓原,名宪,字子思。　之：用法同"其",代词,这里代孔子。　宰：卿大夫家总管家务的家臣。　〔2〕九百：九百斗,一说为九百斛。　〔3〕毋(wú)：不要。　〔4〕邻里乡党：古代以 5 家为邻,25 家为里,12500 家为乡,500 家为党。这里是泛指所在地方(的穷人)。

【译文】原宪担任孔子家的总管,孔子给他小米九百,他推辞不要。孔子说："你不要推辞！如果有多的就分给你那地方上的穷人吧！"

【点评】孔子鼓励弟子乐善好施,救助贫苦之人,这也就是"泛爱众,而亲仁"的意思。法国作家左拉说:"爱是不会老的,它留着永恒的光焰与不灭的光辉,世界的存在就以它为养料。"(《劳动》)

6.6 子谓仲弓[1],曰:"犁牛之子骍且角[2],虽欲勿用[3],山川其舍诸[4]?"

【注释】[1]仲弓:即冉雍。　[2]犁牛:耕牛。这里用来比喻仲弓的父亲。据说仲弓的父亲出身微贱,而且品行不好。　骍(xīng):赤色。　角:名词用作形容词,指牛角长得很整齐。周代以赤色为贵,赤色的牛,角又整齐,是祭祀的标准用牛。　[3]用:指用于祭祀。古代专门畜养牲畜用作祭祀的牺牲,不用耕地的牛。　[4]山川:指受祭的山川之神。　其:语气词,同"岂",表反诘。　舍:舍弃。　诸:之乎。

【译文】孔子谈到仲弓,说:"耕牛之子长着赤色的毛和整齐的角,即使不想用它作牺牲来祭祀,受祭的山川之神难道会舍弃它吗?"

【点评】宋代朱熹说:"仲弓父贱而行恶,故夫子以此譬之。言父之恶,不能废其子之善,如仲弓之贤,自当见用于世也。"(《四书集注》)可见,孔子反对家庭出身决定论。认为一个人只要有道德,有才能,哪怕出身贫贱,也一样可以受到任用,发挥其才干。孔子弟子中就有不少人出身于贫苦平民家庭。

6.7 子曰:"回也[1],其心三月不违仁[2],其余则日月至焉而已矣[3]。"

【注释】[1]回:即颜回。　[2]三月:也可指较长的时间。　[3]日月:一天两天,一月两月,指较短的时间。

【译文】孔子说:"颜回啊,他的心可以长久地不背离仁德,其余弟子只是在短时间里偶尔想想罢了。"

【点评】孔子赞扬颜回"其心三月不违仁",其余弟子虽未能做到,但孔子希望他们做到。孔子讲"求仁",孟子则讲"养气"。孟子说:"我善养吾浩然之气。"(《孟子·公孙丑上》)"求仁"和"养气",说的都是加强个人的"仁德"修养。

6.8 季康子问:"仲由可使从政也与[1]?"子曰:"由也果[2],于从政乎何有[3]?"

曰:"赐也可使从政也与[4]?"曰:"赐也达[5],于从政乎何有?"

曰:"求也可使从政也与[6]?"曰:"求也艺[7],于从政乎何有?"

【注释】[1]仲由:字子路。 从政:参政,指做官管理政务。 [2]果:果断,不犹豫。 [3]何有:是"有何困难"的意思。 [4]赐:即端木赐,字子贡。 [5]达:通达事理。 [6]求:即冉求,字子有。 [7]艺:才能,指多才多艺。

【译文】季康子问孔子:"仲由这人可以用他来管理政务吗?"孔子说:"仲由果敢有决断,在管理政务方面有什么困难呢?"

季康子又问:"端木赐这人可以用他来管理政务吗?"孔子说:"端木赐通达事理,在管理政务方面有什么困难呢?"

季康子又问:"冉求这人可以用他来管理政务吗?"孔子说:"冉求多才多艺,在管理政务方面有什么困难呢?"

【点评】孔子不但鼓励弟子从政,而且多方面培养弟子从政才能。孔子对弟子的从政才能了如指掌,并希望用人者能用其所长。

6.9 季氏使闵子骞为费宰[1]。 闵子骞曰:"善为我辞焉!

如有复我者,则吾必在汶上矣〔2〕。"

【注释】〔1〕闵子骞(qiān):孔子弟子,姓闵,名损,字子骞。 费(bì):季氏的封地,故城在今山东费县西北。 〔2〕汶(wèn)上:汶水之北。汶水即今山东的大汶河。古代以水之阳为北,说"水之上"就是"水之北"的意思。当时汶水之北为齐国之地。

【译文】季氏叫闵子骞做他们家的封地费邑的总管。闵子骞(对来人)说:"好好地替我辞掉吧!如果再来找我,那我一定会躲到汶水的北面去的。"

【点评】闵子骞坚辞费宰,据说是不愿替季氏效劳。可见孔门弟子出仕从政,有一定原则;获取富贵,也是"义以为上"(17.23),所谓"不义而富且贵,于我如浮云"(7.16)。

6.10 伯牛有疾〔1〕,子问之〔2〕,自牖执其手〔3〕,曰:"亡之〔4〕,命矣夫〔5〕!斯人也而有斯疾也〔6〕!斯人也而有斯疾也!"

【注释】〔1〕伯牛:孔子弟子,姓冉,名耕,字伯牛。 〔2〕问:慰问。 〔3〕牖(yǒu):窗户。大约伯牛因病重,不想让人见到病容,所以孔子只在窗外慰问。 〔4〕亡:同"无"。"亡之"是说没有生这种病的原因,不该生这种病。 〔5〕命:命运,非人力可以改变。 〔6〕斯:指示代词,同"这"。

【译文】伯牛患了重病,孔子去慰问他,从窗户握着他的手,说:"不该得这种病啊,这真是命啊!这样的人竟会得这样的病!这样的人竟会得这样的病!"

【点评】在医学不发达的古代,生老病死非人力所能左右,只好归之于"命"。子夏说:"死生有命,富贵在天。"(12.5)后来孟子也说:"莫之为而为者,天也;莫之致而至者,命也。"(《孟子·万章上》)这就是儒家所理解的"天"和"命"。孔子的深情感叹,主要表现了他对弟子的深切关怀。

6.11 子曰:"贤哉[1],回也[2]！一箪食[3],一瓢饮,在陋巷,人不堪其忧[4],回也不改其乐。贤哉,回也！"

【注释】[1]贤:好,有德有才。这里指有贤德。 [2]回:颜回。 [3]箪(dān):古代盛饭的圆形竹器。 [4]堪:忍受。

【译文】孔子说:"真有贤德啊,颜回这个人！吃的是一筐干饭,饮的是一瓢凉水,住在狭小的巷子里,别人无法忍受这种贫穷生活的忧愁,颜回啊却从不改变他内心的快乐。真有贤德啊,颜回这个人！"

【点评】孔子赞许颜回的安贫乐道,这也就是"士志于道,而耻恶衣恶食者,未足与议也"(4.9)的意思。

6.12 冉求曰:"非不说子之道[1],力不足也。"子曰:"力不足者,中道而废。今女画[2]。"

【注释】[1]说:同"悦"。 [2]画:画地自限,止而不进。

【译文】冉求对孔子说:"不是我不喜欢您的学说,是我的力量不够(因而难以去实行)。"孔子说:"如果力量不够,走到半路便走不动了,但你现在却自画界限停步不前。"

【点评】冉求学道,画地自限,故步自封,并未倾尽全力,所以受到孔子的批评。英国人柏西·布克说:"成功不是战胜别人而是战胜自己。"(《音乐家心理学》)

6.13 子谓子夏曰:"女为君子儒[1],无为小人儒[2]。"

【注释】〔1〕女:同"汝"。 儒(rú):儒生,指当时修习礼乐的知识分子。〔2〕无:同"毋",不要。

【译文】孔子对子夏说:"你要做一个君子式的儒者,而不要做小人式的儒者。"

【点评】同是儒者,同是读书人,也有"君子""小人"之分,不可不慎。

6.14 子游为武城宰〔1〕。子曰:"女得人焉尔乎〔2〕?"曰:"有澹台灭明者〔3〕,行不由径〔4〕,非公事,未尝至于偃之室也。"

【注释】〔1〕子游:即言偃。武城:鲁国的城邑,在今山东费县境内。〔2〕女:同"汝"。得人:得到(发现)人才。焉:兼词,"于此"的意思。〔3〕澹(tán)台灭明:姓澹台,名灭明,字子羽,据说后来成为孔子弟子。〔4〕径:小路。

【译文】子游担任武城邑的长官。孔子说:"你在这里得到什么人才了吗?"子游说:"有一个叫澹台灭明的人,走路从不抄小道,不是公事从来不到我的屋里来。"

【点评】子游把不走邪道、不谋私利的人视为人才,表现了可贵的人才观。"行不由径"是不走邪道、正大光明的意思,含褒义。后来人们使用这个词语,意义有了变化,是不走正道的意思,含贬义。唐代刘知几《史通·断限》说:"凡学者必先精此书,次览群籍,譬夫行不由径,非所闻也。"就是一例。

6.15 子曰:"孟之反不伐〔1〕,奔而殿〔2〕,将入门〔3〕,策其马〔4〕,曰:'非敢后也,马不进也。'"

【注释】〔1〕孟之反:鲁国大夫,姓孟,名侧,字反。《左传·哀公十一年》载鲁齐交战,孟之反所在部队失败后撤,孟之反殿后掩护,有军功。伐:夸耀。〔2〕奔:

逃跑。　殿:行军走在最后,这里指"断后",即阻断敌军追路。　〔3〕门:指城门。　〔4〕策:马鞭,用作动词,用鞭抽马。

【译文】孔子说:"孟之反不夸耀自己的功劳,在军队溃退时走在最后做掩护,将进城门时,一面鞭打战马,一面说:'不是我敢走在最后,是我的马跑不快啊。'"

【点评】孔子赞扬孟之反勇于断后,有功而不自夸。孟之反故意把勇于断后说成是因马跑不快而落在后面,这种做法虽有矫饰之嫌,不可取,但古代武将常因争功而致乱,故孟之反不自矜伐,也有顾全大局的一面。

6.16 子曰:"不有祝鮀之佞〔1〕,而有宋朝之美〔2〕,难乎免于今之世矣〔3〕。"

【注释】〔1〕祝鮀(tuó):《左传》作祝佗,卫国大夫,名鮀,字子鱼。祝是官名,即太祝,掌管宗庙祭祀。　佞:能说会道,口才好。祝鮀因能说会道受到卫灵公宠爱。〔2〕而:犹与也(见王引之《经义述闻》)。　宋朝:宋国的公子,名朝,仕于卫,貌美但好淫,据说曾与卫灵公夫人南子私通。　〔3〕免:指免遭祸患。

【译文】孔子说:"如果没有祝鮀那样的好口才,也没有宋朝那样的美貌,在当今世上恐怕就难以避免祸患了。"

【点评】孔子认为执政者(指卫灵公)只重口才,甚至只重容貌,而有真才实学的人不但得不到重用,而且还容易遭受灾祸,所以发出这样的感叹,这也是对卫国执政者的讥讽。

6.17 子曰:"谁能出不由户〔1〕？何莫由斯道也〔2〕？"

【注释】〔1〕户:门。　〔2〕莫:否定性的无定代词,指没有人。　也:语气词,表疑问。

【译文】孔子说:"谁能够走出屋子却不经过房门呢?为什么没有人从这条正道走呢?"

【点评】孔子认为仁义之道是人间正道,感叹无人行走。后来孟子也说:"居恶在?仁是也;路恶在?义是也。居仁由义,大人之事备矣。"(《孟子·尽心上》)

6.18 子曰:"质胜文则野[1],文胜质则史[2]。文质彬彬[3],然后君子。"

【注释】[1]质:朴实,朴素。 文:文采、文雅。 野:粗野。 [2]史:本指史书,由于修史易有不实之词,引申为"虚浮"。 [3]彬彬(bīn):文质兼备,文采和朴实配合恰当的样子。

【译文】孔子说:"朴实超过了文采就显得粗野,文采超过了朴实就显得虚浮,文采和朴实配合恰当,这才是个君子。"

【点评】"质"指内在的品质,"文"指外在的仪容。既有美好的品质,又有美好的仪容,才算得上君子。"文质彬彬""彬彬有礼"至今仍在用来形容有教养、有风度的人。美国人诺曼·文森特·皮尔说:"礼貌之风为每一个人带来文明、温暖和愉快。"(《学会礼貌待人》)爱尔兰人约翰·霍尔说:"礼貌出自内心,其根源是内在的,然而,如果礼貌的形式被取消,它的精神与实体亦将随之消失。"(《人生的智慧》)

6.19 子曰:"人之生也直[1],罔之生也幸而免[2]。"

【注释】[1]生:生存,活着。 [2]也:句中语气词,用在主语和谓语之间舒缓语气。 罔(wǎng):本义是无,引申为不实,虚伪。

【译文】孔子说:"人能生存下去是由于诚实正直,虚伪邪曲的人能够生存下去那是由于侥幸地免于祸患罢了。"

【点评】诚实正直是做人的基本原则。列宁说:"政治上采取诚实态度,是有力量的表现;政治上采取欺骗态度,是软弱的表现。"(《短论》)

6.20 子曰:"知之者不如好之者[1],好之者不如乐之者[2]。"

【注释】[1]好(hào):喜爱。 [2]乐:快乐,用作动词,意动用法,"乐之"即"以之为乐"。

【译文】孔子说:"(对于学问)了解它的人不如喜爱它的人,喜爱它的人不如以它为快乐的人。"

【点评】"知之""好之""乐之",是求知的三个阶段、三种境界,感受到求知的快乐幸福是最高境界。托马斯·阿奎那说:"所有快乐中最伟大的快乐存在于对真理的沉思之中。"德国哲学家黑格尔说:"一个深广的心灵总是把兴趣的领域推广到无数事物上去。"(《美学》)

6.21 子曰:"中人以上[1],可以语上也[2];中人以下,不可以语上也。"

【注释】[1]中人:指学问和领悟能力为中等水平的人。 [2]语(yù):告诉,谈论。

【译文】孔子说:"中等水平以上的人,可以同他谈论高深的学问;中等水平以下的人,不可以同他谈论高深的学问。"

【点评】教育应当从实际出发,因材施教,循序渐进。

6.22 樊迟问知[1]。子曰:"务民之义[2],敬鬼神而远之[3],可谓知矣。"

问仁。曰:"仁者先难而后获,可谓仁矣。"

【注释】[1]樊迟:即樊须,字子迟。 知:同"智"。 [2]务:努力从事。义:合理的事,应该做的事。 [3]远(yuàn):疏远,保持距离。

【译文】樊迟问怎样才算聪明。孔子说:"努力做好民众认为合理的事,对待鬼神要严肃地祭祀,但也要保持距离不要迷信和依赖,就可以说是聪明了。"

樊迟又问怎样才算是有仁德。孔子说:"有仁德的人总是先付出艰苦的劳动然后才收获果实,这可以说是有仁德了。"

【点评】"敬鬼神"是为了维护礼教,"慎终追远,民德归厚"(1.9)。朱熹说:"专用于人道之所宜,而不惑于鬼神之不可知,知者之事也。"(《四书集注》)"远之"则是不迷信鬼神。"敬鬼神而远之"与"祭神如神在"(3.12)一样,表现了儒家的政治智慧。而"先难而后获",主要表现了仁者先做艰难之事后享成功之乐的仁爱之心和奉献精神。程颐说:"先难,克己也。以所难为先,而不计所获,仁也。"(《四书集注》)今天,我们仍然提倡"吃苦在前,享受在后","先天下之忧而忧,后天下之乐而乐"。

6.23 子曰:"知者乐水[1],仁者乐山[2]。知者动,仁者静。知者乐,仁者寿。"

【注释】[1]知者:即"智者",指有高深智慧的人,有学问的人。 [2]仁者:有仁德的人,有爱心的人。

【译文】孔子说:"智者以水为快乐,仁者以山为快乐。智者好动,仁者好静。智者快乐,仁者长寿。"

【点评】孔子以自然界的山水为美,是由于他以山水为对象,进行了审美"观照"。他把人类最美好的本质"投射"到山水之中,把自己的思想感情融入大自然里,从而产生了审美愉悦。孔子可说是古代发现并确认山水自然美的第一人。朱熹说:"知者达于事理而周流无滞,有似于水,故乐水;仁者安于事理而厚重不迁,有似于山,故乐山。"(《四书集注》)关于"水德",《老子》八章、《孟子·离娄下》、《荀子·宥坐》、《孔子家语·三恕》、《说苑·杂言》均有精彩论述。

6.24 子曰:"齐一变[1],至于鲁[2];鲁一变,至于道。"

【注释】〔1〕齐:国名,姜姓,在今山东北部,周代初年吕尚受封于此。 〔2〕鲁:国名,姬姓,在今山东西南部,周代初年周公旦之子伯禽受封于此。

【译文】孔子说:"齐国的政治一经变革,就可以达到鲁国的水平;鲁国的政治一经变革,就可以合乎大道了。"

【点评】齐为姜太公吕尚之后,齐桓公一度称霸,孔子肯定桓公霸业。鲁为周公姬旦之后,保存了较多的礼乐文化,孔子更赞赏鲁国所继承下来的周代礼乐文化传统。

6.25 子曰:"觚不觚[1],觚哉! 觚哉!"

【注释】〔1〕觚(gū):古代盛酒的器皿,原来的形状是上圆下方,腹部有四条棱角,后来制作的觚,改成圆筒形,不再有棱角。

【译文】孔子说:"觚不像觚,这是觚吗!这是觚吗!"

【点评】孔子借"觚不觚"发感慨,表达了对礼坏乐崩的不满。

6.26 宰我问曰[1]:"仁者,虽告之曰'井有仁焉'[2],其从之也？"子曰："何为其然也？君子可逝也[3]，不可陷也；可欺也，不可罔也[4]。"

【注释】[1]宰我：即宰予，字子我。　[2]仁：同"人"。　[3]逝：往。
[4]罔：祸害。

【译文】宰我问道："有仁德的人，即使有人告诉他'井里掉进一个人了'，他也会为了救人跟着跳下井里吗？"孔子说："为什么要这样做呢？君子可以到井边看看再设法救人，不可以自陷于井中；对君子你可以欺骗他（说有人落井），但不可以设圈套来陷害他（让他也落入井中）。"

【点评】仁者可欺之以方，但绝不容人陷害。据《孟子·离娄上》，淳于髡问孟子："嫂溺，则援之以手乎？"如果孟子说"援之以手"（用手拉嫂子上来），就会违背"男女授受不亲"之礼；如果孟子说不能援之以手，又会陷于不仁。这就使孟子陷入两难的境地。但孟子回答得很好："嫂溺不援，是豺狼也。男女授受不亲，礼也；嫂溺，援之以手者，权也。"儒家讲"时中"，讲"权变"，不会执一不通，因而也不会遭人陷害。

6.27 子曰："君子博学于文，约之以礼，亦可以弗畔矣夫[1]！"

【注释】[1]畔(pàn)：通"叛"。　矣夫：语气词连用。

【译文】孔子说："君子广泛地学习文献典籍，再用礼义来约束自己，也就可以不背离正道了。"

【点评】博学方能守道，无知只有盲从。德国哲学家黑格尔说："无知者是不自由的，因为和他对立的是一个陌生的世界。"（《美学》）

6.28 子见南子[1]，子路不说[2]。夫子矢之曰[3]："予所否者[4]，天厌之[5]！天厌之！"

【注释】[1]南子：卫灵公夫人，据《左传》《史记》说，当时她把持卫国朝政，行为淫荡，名声不好。　[2]说：同"悦"。　[3]矢：通"誓"。　[4]予：我。所：古人发誓时的习惯用词，是"如果""假若"的意思，为假设连词。否(fǒu)：不对，有错。　[5]厌：厌恶，厌弃。

【译文】孔子去拜见卫灵公夫人南子，子路知道后很不高兴。孔子对天发誓道："我如果做错了，天厌弃我吧！天厌弃我吧！"

【点评】"子见南子"是孔子一生经历中颇具戏剧性的一幕。孔子周游列国，来到卫国，南子派使者来见孔子，表示要见他。孔子不得已去见南子。"夫人在絺帷中。孔子入门，北面稽首。夫人自帷中再拜，环珮玉声璆然。"(《史记·孔子世家》)事后，弟子们产生怀疑，认为其中关系暧昧，如政治上"走后门"之类，孔子急得对天发誓予以否认，窘态活现。由此可见，孔子与弟子们的关系是建立在"道义"之上。孔子并无绝对权威，弟子对孔子也绝非盲从。

6.29 子曰："中庸之为德也[1]，其至矣乎！民鲜久矣[2]。"

【注释】[1]中庸：孔子所提倡的最高的道德原则和思想方法。"中"的意思有二，一是守正，无"过"也无"不及"；二是对事物的两端采取调和、折中的态度，不偏不倚。"庸"的意思是平常，普遍适用。　[2]民：人，指一般人。鲜(xiǎn)：少。

【译文】孔子说："中庸作为一种道德原则，大概是最高的！但人们缺少它却已经很久了。"

【点评】中庸哲学是儒家的认识论和方法论,也是儒家的道德原则。中庸思想贯穿孔子的全部学说。

6.30 子贡曰:"如有博施于民而能济众[1],何如? 可谓仁乎?"子曰:"何事于仁,必也圣乎[2]! 尧舜其犹病诸[3]! 夫仁者,己欲立而立人,己欲达而达人。能近取譬[4],可谓仁之方也已。"

【注释】[1]施:给予。 济:救助,接济。 [2]圣:无所不通,无所不能,学问道德都臻于完美。孔子认为这是比"仁"更高的境界。 [3]尧舜:传说中上古的两位圣君,实际上应是原始社会后期的两位部落联盟领袖。 其:语气词,表推测。 犹:还,尚且。 病:担心,忧虑。 诸:之乎。 [4]譬(pì):比喻,比方。

【译文】子贡说:"如果有人能够广泛地给民众好处并能及时地救助民众,怎么样? 可以说是仁吗?"孔子说:"这何止是仁呢,一定是圣了! 尧舜尚且担心这目标难以达到呢! 说起仁来,那就是自己想要在社会上立足也要让别人在社会上立足,自己想要事事通达也要让别人事事通达。能从身边的事取比方然后推己及人,就可以说是找到实践仁德的方法了。"

【点评】"博施于民而能济众",是"仁"的最高境界,也是儒家的崇高理想。孟子说:"保民而王,莫之能御也。"(《孟子·梁惠王上》)马克思说:"有才智的人总是被一条条无形的线和人民大众联系在一起的。"(《致迈耶尔》)"己欲立而立人,己欲达而达人",是仁爱之心的具体体现,也是培养仁德最切实的方法。

《雍也》赏析

"中庸之为德也,其至矣乎!""中庸"是孔子为人处世的最高道德标准,是孔子认识事物、处理矛盾的最富智慧的思想方法,也是孔子所认为的治理国家的最高理想。《说文》说:"中,正也。"《释文》说:"中,和也。"汉代郑玄说:"名为中庸者,以其记中和之为用也。"(《论语集释》)宋代朱熹说:"中者,无过无不及之名也。"(《四书集注》)从孔子的全部言行和后人对中庸的解释来看,中庸有三层含义:

1. 执中守正。孔子认为,凡事都应"中道而行"。在执守中正之道时,孔子强调"正而不偏"。他说:"君子周而不比。"(2.14)"君子矜而不争。"(15.22)甚至在感情上也不要过激:"《关雎》乐而不淫,哀而不伤。"(3.20)要坚守情感之正。孔子又说:"过犹不及。"(11.16)"欲速则不达。"(13.17)强调做事要从容适度,掌握分寸,"允执其中"(20.1),不走极端。

2. 折中致和。每一事物往往有不相同甚至相反的"两端"。孔子认为首先要"扣其两端"(9.8),通过调查研究,充分了解各方面的情况和意见,然后"执两用中"(《礼记·中庸》说:"执其两端,用其中于民。"),即通过调和折中,确认"中道",坚持中道而行,从而解决问题,达致和谐。孔子又说:"君子和而不同"(13.23),要求在待人接物、处理人际关系时,应当承认并重视差异,听取并尊重不同意见,从而协调致和或折中致和。

3. 时中行权。中庸方法的运用要根据具体的情况,灵活地因时因地因人制宜。孟子说:"执中无权,犹执一也。"(《孟子·尽心上》)孔子所谓"天下有道则见,无道则隐"(8.13),就是时中行权。但这种灵活是有条件有标准的。"君子之于天下也,无适也,无莫也,义之与比"(4.10),这个条件或标准就是"义"。

可见,中庸就是恪守中道,坚持原则,不偏不倚,无过无不及。在处理矛盾时善于执两用中,折中致和,追求中正、中和、稳定、和谐。并且随时以处中,因时制宜,与时俱进。

中庸思想体现在孔子思想的各个方面。作为孔子思想体系核心内容的"仁",从本质上说追求的便是人际关系的和谐。

在本篇中,孔子要求弟子实践仁德应"能近取譬",从自己身边的事做起。"己欲立而立人,己欲达而达人",这与"己所不欲,勿施于人"一样,都是将心比心、推己及人之意,将自爱之心扩展开来,爱他人,爱大众,这也就是孟子所说的"推恩"。孟子说:"老吾老以及人之老,幼吾幼以及人之幼,天下可运于掌。"(《孟子·梁惠王上》)至于"博施于民而能济众",在孔子看来,那是仁的最高境界,做到这样甚至都可以称之为"圣"了。

孔子多方教育和鼓励弟子居仁行义。他要求弟子"周急不济富",鼓励原思将富余之粟分给邻里乡党,表现了仁者的仁爱胸怀。他赞扬颜回好学与安贫乐道,鼓励弟子好学不倦,讲求"文质彬彬",要求他们修养仁德时不要"中道而废",则表现了他的好学精神和循循善诱。

述而篇第七

共三十八章

7.1 子曰："述而不作[1]，信而好古[2]，窃比于我老彭[3]。"

【注释】[1]述：指阐释前代的典籍和思想文化。 作：创作。 [2]信：相信，信从。 [3]窃：私下，表示自谦。 老彭：商朝大夫篯铿，为人信古而好传述，因封于彭城，世人称"老彭"。

【译文】孔子说："只是阐述前代典籍和思想文化而不自己创作，信从并且喜好古代留下来的好传统，我私下里把自己同老彭相比。"

【点评】"述而不作"表明孔子是周代礼乐文化最坚定最忠实的继承者。但孔子的继承是创造性地继承，他终于开创了儒家学派，并为中华民族的传统文化奠定了基础。

7.2 子曰："默而识之[1]，学而不厌[2]，诲人不倦，何有于我哉[3]？"

【注释】〔1〕识(zhì):记住。 〔2〕厌:满足。 〔3〕何有于我:同"于我何有"。何有,即"还有什么要做的",意思是说,这些就是我的人生追求,除此之外,还有什么呢?

【译文】孔子说:"把每天的见闻和学习心得默默地记在心里,学习从不满足,教诲弟子从不厌倦,这些就是我的人生追求,除此之外,还有什么要做的呢?"

【点评】"学而不厌,诲人不倦"历来被教育工作者奉为至理名言。"何有于我"有三解:一是"我有何",即我没有,表自谦;二是"我有何难",即我都能做到,表自信;三是清人袁枚所解:"何有于我,言我只有此而他无所有也。"今从袁枚说。

7.3 子曰:"德之不修[1],学之不讲[2],闻义不能徙[3],不善不能改,是吾忧也。"

【注释】〔1〕修:修治,培养。 〔2〕讲:讲习,相与论说。 〔3〕徙:迁移,指向义靠拢。

【译文】孔子说:"品德不经常修治,学问不经常讲习,听到'义'的所在却不能向'义'靠拢,有缺点却不能改正,这些都是我所忧虑的。"

【点评】四者为孔子所忧,反过来说,修德、讲学、行义、改过就是孔子的人生追求。

7.4 子之燕居[1],申申如也[2],夭夭如也[3]。

【注释】〔1〕燕:通"宴",安闲,休息。 〔2〕申申:同"伸伸",舒展放松的样子。 如:形容词词尾。 〔3〕夭夭:高兴和气的样子。

【译文】孔子在家闲居,看上去是舒展放松的样子,高兴和气的样子。

【点评】日常生活中的孔子,与常人并无不同。

7.5 子曰:"甚矣吾衰也[1]! 久矣吾不复梦见周公[2]!"

【注释】[1]甚矣吾衰也:同"吾衰也甚矣","甚"是"吾衰"的谓语。下句句式同。 [2]周公:姓姬,名旦,周文王姬昌的儿子,周武王姬发的弟弟,协助武王伐纣、建立周王朝,并"制礼作乐"开创了周代的礼乐文化,是孔子最崇敬的圣人。

【译文】孔子说:"我的衰老多么厉害啊!我不再梦见周公已有很长时间了!"

【点评】孔子服膺周公,因为周公制礼作乐,是一代文化伟人。周公所开创的礼乐文化传统,以及敬天、明德、保民的思想,都对孔子有很深的影响。

7.6 子曰:"志于道,据于德,依于仁,游于艺[1]。"

【注释】[1]艺:指六艺,即礼、乐、射、御、书、数,这六种技艺也是孔子施教的内容。

【译文】孔子说:"心所向往在道,立身在德,归宿在仁,游憩在六艺之中。"

【点评】孔子自述其修身向善的内涵、原则和途径,并以此要求和诱导他的弟子勉力而行。朱熹说:"游者,玩物适情之谓。艺,则礼乐之文,射、御、书、数之法,皆至理所寓,而日用之不可阙者也。"(《四书集注》)

7.7 子曰:"自行束脩以上[1],吾未尝无诲焉。"

【注释】[1]束脩(xiū):一束干肉,每十条干肉为一束,古代用作初次拜见的礼物。

【译文】孔子说:"只要带着一点薄礼主动来向我求教,我从来没有不加教诲的。"

【点评】"未尝无诲"即"有教无类"(15.39)。孔子创办私学,改变了学在官府的旧传统,将教育推向平民,其功甚伟。

7.8 子曰:"不愤不启[1],不悱不发[2]。举一隅不以三隅反[3],则不复也。"

【注释】[1]愤:郁闷,是想寻求答案而又寻求不到的样子。 [2]悱(fěi):怅恨,是心中有了答案却说不出来的样子。 [3]隅(yú):角。"一隅"指一点,一个方面。 反:覆,反应,类推。

【译文】孔子说:"教导学生,不到他想寻求答案而又寻求不到的时候不去启发他,不到他心中有了答案却说不出来的时候不去开导他。教他一个方面他不能推知其他几个方面,我就不再教他了。"

【点评】好的教育,从老师说,要注重启发;从学生说,要勤于思索,善于举一反三。

7.9 子食于有丧者之侧[1],未尝饱也。

【注释】[1]侧:旁。孔子年轻时做过"儒",常为人办理丧事,也常在有丧事的人家里吃饭。

【译文】孔子在有丧事的人旁边吃饭,从来不曾吃饱过。

【点评】外表显敬肃,内心存同情,这是仁者的风度。

7.10 子于是日哭[1]，则不歌。

【注释】[1]是日：这一天。 哭：指参加吊唁。

【译文】孔子在这一天参加丧礼哭过了，就不再唱歌。

【点评】唱歌取乐，是对死者的不敬，也是对丧礼的亵渎。

7.11 子谓颜渊曰[1]："用之则行，舍之则藏[2]，惟我与尔有是夫。"

子路曰："子行三军[3]，则谁与[4]？"

子曰："暴虎冯河[5]，死而无悔者，吾不与也。必也临事而惧，好谋而成者也。"

【注释】[1]颜渊：即颜回，字子渊。 [2]舍(shě)：舍弃，指不被用。[3]行三军：用兵，指率领军队。春秋时期大国有三军，每军12500人。 [4]与(yù)：参与，同行。 [5]暴虎：徒手与虎搏斗。 冯(píng)河：不用船只而涉水过河。

【译文】孔子对颜渊说："有人用我，就干起来；如不用我，就藏起来。只有我和你才有这种态度吧。"

子路说："您如果率领三军去打仗，会与谁同行呢？"

孔子说："赤手空拳就与老虎搏斗，不用船只就涉水过河，这样死了都不后悔的人，我是不会和他同行共事的。能同行共事的人，一定是那种面临大事而心存戒惧、善于谋划并能完成任务的人吧。"

【点评】"用之则行，舍之则藏"是孔子的政治态度，"临事而惧，好谋而成"是孔子的特殊性格。

7.12 子曰:"富而可求也[1],虽执鞭之士[2],吾亦为之。如不可求,从吾所好[3]。"

【注释】[1]而:同"如",假设连词。 [2]执鞭之士:指统治者出行时在前面拿着皮鞭开道的人,也指市场上维持秩序的守门人。 [3]从:依从,听从。

【译文】孔子说:"财富如果可以求得的话,即使是拿着皮鞭开道或守门,我也愿意干。如果不可以求得,还是依照我的心愿干我所喜欢的吧。"

【点评】孔子不反对求取富贵,但主张取之有道(参看4.5)。他的弟子子夏说:"死生有命,富贵在天。"(12.5)对待富贵,孔子的态度是尽人事而听天命。

7.13 子之所慎:齐[1],战,疾。

【注释】[1]齐:同"斋",斋戒。古人在祭祀之前,为了表示诚敬,要做一番整洁身心的工作,如洗浴、更衣、不饮酒、不吃荤、不与妻妾同房等,称为"斋戒"。

【译文】孔子所慎重恭谨对待的事有斋戒、战争、疾病。

【点评】斋戒关系礼之成败,战争关系众之死生、国之存亡,疾病关系自身死生,三者均不可不慎。

7.14 子在齐闻《韶》[1],三月不知肉味,曰:"不图为乐之至于斯也[2]。"

【注释】[1]《韶》:相传为虞舜时代歌颂舜的乐曲名。 [2]不图:想不到。图:考虑。 乐(yuè):音乐。

【译文】孔子在齐国听到《韶》的乐章后,三个月还尝不出肉的滋味,说:"想不到音乐的感人竟达到了如此境界。"

【点评】孔子是音乐家,有极高的欣赏水平,当然,他更欣赏舜的"圣德"。儒家认为:"乐者为同,礼者为异,同则相亲,异则相敬";"乐者,天地之和也;礼者,天地之序也。和,故百物皆化;序,故群物皆别。"(《礼记·乐记》)这就是儒家的礼乐观。

7.15 冉有曰[1]:"夫子为卫君乎[2]?"子贡曰[3]:"诺,吾将问之。"

入,曰:"伯夷、叔齐何人也?"曰:"古之贤人也。"曰:"怨乎?"曰:"求仁而得仁,又何怨?"

出,曰:"夫子不为也。"

【注释】[1]冉有:即冉求,字子有。 [2]为(wèi):帮助。 卫君:指卫出公辄(zhé)。辄是卫灵公之孙,太子蒯聩(kuǎi kuì)之子。蒯聩不满卫灵公夫人南子的淫乱,欲杀南子,事败,被逐。灵公死后,辄被立为国君,即卫出公。这时,蒯聩在晋国的支持下回国与辄争夺君位。父子争位与伯夷、叔齐互让君位恰成鲜明对照。 [3]子贡:即端木赐,字子贡。

【译文】冉有问道:"我们的老师肯帮助卫君吗?"子贡说:"好吧,我去问问他。"

子贡进到孔子屋里,说:"伯夷、叔齐是怎样的人呢?"孔子说:"他们是古代的贤人。"子贡说:"(他们相互推让不肯为君并逃离孤竹国,)他们抱怨悔恨吗?"孔子说:"他们追求仁德并且也得到了仁德,又抱怨悔恨什么呢?"

子贡出去后告诉冉有说:"我们的老师是不会帮助卫国国君的(因为他们父子争夺王位)。"

【点评】孔子主张"以礼让为国"(4.13),反对统治者之间争权夺利、互相争斗。

7.16 子曰:"饭疏食饮水[1],曲肱而枕之[2],乐亦在其中矣[3]。不义而富且贵,于我如浮云。"

【注释】[1]饭:用作动词,吃饭。 疏食:粗粮。 [2]肱(gōng):胳膊。枕:用作动词,头枕着。 [3]乐(lè):快乐,乐趣。

【译文】孔子说:"吃粗粮,喝清水,弯着胳膊把头靠在上面,乐趣也就在这种清贫淡泊的生活之中。做不义的事而取得富贵,在我看来就好像天上的浮云。"

【点评】孔子以"疏食曲肱"为乐,颜回以"箪食瓢饮陋巷"为乐,是一种安贫乐道、淡泊明志的精神境界。"不义而富且贵,于我如浮云",则是一种洁身自好、清高脱俗的精神境界。诸葛亮说:"夫君子之行,静以修身,俭以养德。非淡泊无以明志,非宁静无以致远。"(《诫子书》)

7.17 子曰:"加我数年,五十以学《易》[1],可以无大过矣。"

【注释】[1]《易》:又叫《周易》或《易经》,是古代一部用于占筮的书,成书于殷周之际。相传伏羲画卦,周文王姬昌写了卦辞和爻辞。战国时代儒家弟子又写了被称为"十翼"的《易传》。《周易》一书以阴阳消长来推测事物变化,蕴含深刻的哲理。

【译文】孔子说:"让我多活几年,到五十岁时开始学习《周易》,便可以没有大的过错了。"

【点评】孔子晚年"读《易》,韦编三绝"(《史记·孔子世家》),可见他对《易》的痴迷和喜好。孔子说:"五十而知天命。"(2.4)又可见"学《易》"和"知天命"的关系。朱熹说:"学《易》,则明乎吉凶消长之理、进退存亡之道,故可以无大过。"(《四书集注》)

7.18 子所雅言[1],《诗》[2]《书》[3]、执礼,皆雅言也。

【注释】[1]雅(yǎ)言:标准的合乎规范的语言。雅,正。周代以周王朝国都一带的语言为标准语言,在各诸侯国通行。 [2]《诗》:《诗经》,当时称"诗三百",共305篇,是我国第一部诗歌总集。 [3]《书》:《尚书》,是我国上古历史文献的汇编,包括商、周王朝重要文件与部分追述古代事迹的著作。传说当时共有100篇。

【译文】孔子使用规范语言的场合是,读《诗》三百、读《尚书》、行礼,此时使用的都是规范的语言。

【点评】孔子注重使用规范的语言,这是广泛传播文化的必备条件。

7.19 叶公问孔子于子路[1],子路不对。子曰:"女奚不曰[2],其为人也,发愤忘食[3],乐以忘忧,不知老之将至云尔[4]。"

【注释】[1]叶公:楚国大夫,姓沈,名诸梁,封于叶城,故称叶公,叶地当时属楚。叶,音shè。 子路:即仲由,字子路。 [2]女:同"汝"。 奚:何,疑问语气词。 [3]发愤:下决心努力干。 [4]云尔:都是句末语气词,"云"有"如此"的意思,"尔",同"耳",有"而已""罢了"的意思。

【译文】叶公向子路问孔子的为人,子路没有回答。孔子说:"你为什么不这样说:他的为人啊,发愤用功时便忘了吃饭,快乐得意时便忘了忧愁,不知道自己的衰老将要到来,如此罢了。"

【点评】"发愤忘食,乐以忘忧,不知老之将至"是孔子为学修身的生动写照。法国拿破仑曾说:"人是从苦难中成长起来的,唯有乐观奋斗,才能不断茁壮成长,

反之则易被埋没,默默终生。"(《拿破仑言论集》)

7.20 子曰:"我非生而知之者,好古,敏以求之者也[1]。"

【注释】[1]敏:勤快,奋勉。

【译文】孔子说:"我不是生来就懂得很多知识的人,而是喜好古代文化,并且勤奋去追求的人。"

【点评】孔子在世时已为人们所崇敬,但他从不神化自己,而是坦诚声明自己是"好古,敏以求之者"。

7.21 子不语怪、力、乱、神。

【译文】孔子不谈论怪异、暴力、叛乱、鬼神(这一类非现实的或他所不赞成的事)。

【点评】儒家重视日用伦常,显示了中国传统文化的鲜明特色。但儒家不关注自然界的怪异现象、人的生命现象("未知生,焉知死"),等等,也间接造成了中国传统学术中自然科学研究的不甚发达。

7.22 子曰:"三人行[1],必有我师焉[2]。择其善者而从之,其不善者而改之。"

【注释】[1]三人:也可以理解为几个人。 [2]师:值得效法、取法的人。焉:兼词,"于此"的意思。

【译文】孔子说:"几个人走在一起,其中一定有值得我效法的人。我从他们当中选取那些好的东西来学,对不好的东西作为借鉴知道后就改掉它。"

【点评】"三人行,必有我师焉",说明孔子善于从多方面求学,并无常师(19.22),也说明孔子勤奋好学,"敏以求之"(7.20)。"择其善者而从之,其不善者而改之",与"见贤思齐焉,见不贤而内自省也"(4.17)同义。

7.23 子曰:"天生德于予,桓魋其如予何[1]?"

【注释】[1]桓魋(tuí):宋国司马向魋,因是宋桓公后代,又叫桓魋。据《史记·孔子世家》说,孔子周游列国,至宋,有一天与弟子在大树下习礼。桓魋来拔树,并想杀掉孔子。 其:语气词。有加强语气的作用。"如……何"是"把……怎么样"的意思。

【译文】孔子说:"天在我身上赋予了这样的品德,桓魋能把我怎么样?"

【点评】这是大难临头冲口而出的话语,未必表明孔子相信自己才德来自天赋,但却表现了孔子具有神圣庄严的历史使命感和责任感,因而临危不惧,正气凛然。

7.24 子曰:"二三子以我为隐乎[1]? 吾无隐乎尔[2]。 吾无行而不与二三子者[3],是丘也[4]。"

【注释】[1]二三子:等于说:"你们几位",指孔子弟子。 [2]乎:同"于",介词。 [3]行:行为,行事。 不与:不同,背离。 [4]是:这,代词。 丘:孔子名丘,自称其名,相当于第一人称代词"我"。

【译文】孔子说:"你们几位以为我有所隐瞒吗? 我对你们没有什么隐瞒的。我没有什么事是背着你们做的,这就是我孔丘的为人啊。"

【点评】孔子心胸坦荡,言行一致,表里如一,足以为人师表。

7.25 子以四教：文，行[1]，忠，信。

【注释】[1]行：一说指行为规范,道德修养。一说指实践。

【译文】孔子从四个方面来教育学生：文献典籍,品德修养,待人忠心,交友诚信。

【点评】朱熹《四书集注》引"程子曰：'教人以学文修行而存忠信也。忠信,本也。'"孔子认为,君子修身立德当"主忠信"(1.8)。

7.26 子曰："圣人[1]，吾不得而见之矣；得见君子者[2]，斯可矣[3]。"

子曰："善人[4]，吾不得而见之矣；得见有恒者[5]，斯可矣。亡而为有[6]，虚而为盈，约而为泰[7]，难乎有恒矣。"

【注释】[1]圣人：指无所不通,无所不能,学问道德都臻于完美的人。儒家认为,尧、舜、禹、汤、文、武、周公都是古代的圣人。 [2]君子：指有道德学问的人。 [3]斯：就,表顺承连词。 [4]善人：指善待民众,好行善政的统治者。 [5]有恒者：指有恒心,有操守,立志为善而不为恶的人。 [6]亡：同"无"。 [7]约：少,指贫穷。泰：指富裕。

【译文】孔子说："圣人,我是不能见到了,能够见到君子也就可以了。"孔子又说："善人,我是不能见到了,能够见到有操守的人也就可以了。但有的人无知却假装有知,精神空虚却假装充实,生活贫穷却假装富裕,这样的人要保持一定的操守那就很难了。"

【点评】孔子对他人向善,有着热切的期待。印度诗人泰戈尔说："虚伪永远不可能凭借它生长在权力中而变得真实。"(《飞鸟集》)

7.27 子钓而不纲[1], 弋不射宿[2]。

【注释】[1]纲:本指渔网上的大绳,这里用作动词,指将若干带钩的生丝系在大绳上钓鱼。 [2]弋(yì):用系着生丝的箭射鸟。 宿:指归巢的鸟。

【译文】孔子钓鱼,但不用在大绳上系满钓钩的方式;孔子射鸟,但不射已归巢的鸟。

【点评】仁者泛爱之心,惠及鱼鸟。孟子也曾说:"数罟(cù gǔ)不入洿池。"(《孟子·梁惠王上》)即使在今天,不竭泽而渔,也很合乎环境保护与可持续发展的精神。

7.28 子曰:"盖有不知而作之者[1],我无是也。 多闻,择其善者而从之,多见而识之[2],知之次也[3]。"

【注释】[1]盖:发语词,有"大概、或许、可能"的意思。 [2]识(zhì):记。 [3]次:其次,次一等,指比"生而知之"次一等(可参阅《季氏》16.9)。

【译文】孔子说:"大概会有这样的人,自己不懂却凭空造作,我没有这种情况。多听听,选择其中好的方面来学习;多看看,默默地记在心里,在获取知识上也就接近'生而知之'了。"

【点评】"多闻""多见"也是获取知识的重要途径。

7.29 互乡难与言[1],童子见,门人惑。 子曰:"与其进也[2],不与其退也,唯何甚[3]? 人洁己以进,与其洁也,不保其往也[4]。"

【注释】〔1〕互乡:地名。 〔2〕与:赞许。 〔3〕唯:句首语气词,无义。甚:过分。 〔4〕保:守,指牢牢记住。

【译文】互乡的人很难交谈,那里的一个童子得到孔子接见,门人弟子都感到疑惑。孔子说:"我是赞许他的进步,不是赞许他的退步,你们何必做得太过分呢?人家沐浴洁身虔诚地来进见,我们便应当赞许他的洁身虔诚,而不要老是盯着他的过去。"

【点评】对于过去有"污点"的人,孔子并未歧视他而将其拒之门外,而是热情接见并给予一视同仁的教育;不是老去纠缠他的过去,而是热烈期待他的未来。这表现了一个教育家的伟大胸怀。

7.30 子曰:"仁远乎哉? 我欲仁,斯仁至矣。"

【译文】孔子说:"仁离我们很远吗? 我要仁,仁就来了。"

【点评】"仁"似乎很远,似乎高不可攀,孔子从未轻易许人以"仁";但"仁"其实很近,孝悌忠恕,爱国爱民,表达爱心的事许多都在我们身边,我们可以立即去做,关键在于自己是否努力。

7.31 陈司败问[1]:"昭公知礼乎[2]?"孔子曰:"知礼。"
孔子退,揖巫马期而进之[3],曰:"吾闻君子不党[4],君子亦党乎? 君取于吴[5],为同姓[6],谓之吴孟子[7]。君而知礼,孰不知礼?"
巫马期以告。子曰:"丘也幸,苟有过,人必知之。"

【注释】〔1〕陈司败:人名,据说是齐国大夫。 〔2〕昭公:鲁昭公,名裯(chóu),"昭"是谥号。 〔3〕揖(yī):拱手礼。巫马期:孔子弟子,姓巫马,名施,字子期。 〔4〕党:偏袒,袒护。 〔5〕取:同"娶"。吴:国名,姬姓,都城为吴(今江苏苏州),始祖为周太王之子太伯、仲雍。后来吴为越所灭。 〔6〕同姓:指吴和鲁都是姬姓之国,按周礼,同姓不婚。 〔7〕吴孟子:鲁昭公夫人,按惯例,应称吴姬,但为回避"姬"字,便称吴孟子,"孟子"可能是她的字。

【译文】陈司败问道:"鲁昭公懂得礼吗?"孔子说:"他懂得礼。"

孔子出去以后,陈司败向巫马期拱手请他进屋里来,说:"我听说君子是不会偏袒的,君子也会偏袒吗?鲁君从吴国娶了一位夫人,吴鲁是同姓之国,(不便叫"吴姬")便叫她吴孟子。鲁君如果算是懂得礼的话,还有谁不懂得礼呢?"

巫马期把这番话告诉了孔子。孔子说:"我真幸运,如果有了过失,人家一定会知道并给指出来。"

【点评】孔子因"为尊者讳"未说真话而受到批评,但孔子欣然接受,并表示:"苟有过,人必知之"是自己的幸运,表现了他的胸怀坦荡和富有自我批评精神。孔子的弟子子贡曾说:"君子之过也,如日月之食焉。过也,人皆见之;更也,人皆仰之。"(19.21)

7.32 子与人歌而善,必使反之[1],而后和之[2]。

【注释】[1]反:反复,指再唱一遍。 [2]和(hè):相应,指和着唱。

【译文】孔子同别人一起唱歌,如果认为这人唱得好,一定要请他再唱一遍,然后自己和着唱。

【点评】孔子的音乐才能,除了音乐天赋之外,主要靠勤奋好学得来。此外,孔子对音乐的爱好,也达到了痴迷的程度。古希腊哲人柏拉图说:"体育和音乐两个方面并重,才能够成为完全的人格。因为体育能锻炼身体,音乐可以陶冶精神。"(《理想国》)

7.33 子曰:"文,莫吾犹人也[1]。躬行君子,则吾未之

有得。"

【注释】〔1〕文:指文献典籍方面的学问。 莫:大约,表示推测但又不能完全肯定的用语。

【译文】孔子说:"文献典籍方面的学问,大约我同别人差不多。至于亲身实践做一个君子,我却还没有获得多少成就。"

【点评】孔子谦虚好学,严于律己;既重学习(知),更重实践(习)。意大利哲学家克罗齐说:"人类用知识去了解事物,用实践的活动去改变事物;用前者去掌握宇宙,用后者去创造宇宙。"(《美学原理》)宋代诗人陆游有诗道:"纸上得来终觉浅,绝知此事要躬行。"(《冬夜读书示子聿》)

7.34 子曰:"若圣与仁〔1〕,则吾岂敢? 抑为之不厌〔2〕,诲人不倦,则可谓云尔已矣〔3〕。"公西华曰〔4〕:"正唯弟子不能学也〔5〕。"

【注释】〔1〕若:连词,表示另提一件事,是至于的意思。 〔2〕抑:连词,表示轻微的转折,是只不过的意思。 〔3〕云尔:如此。 〔4〕公西华:即公西赤,字子华。 〔5〕正唯:正是。唯,句中语气词,表示判断。

【译文】孔子说:"说到圣与仁,那我怎么敢当呢? 我只不过是求学从不满足,诲人从不厌倦,只可以说是如此而已。"公西华说:"这正是我们这些弟子无法学到的。"

【点评】"为之不厌,诲人不倦",在学习和实践上永不自满,不断进取,这就是孔子。人生最大的快乐,在于永远不断地追求。

7.35 子疾病〔1〕,子路请祷〔2〕。 子曰:"有诸〔3〕?"子路对曰："有之。《诔》曰[4]：'祷尔于上下神祇[5]。'"子曰："丘之祷久矣。"

【注释】[1]疾：生病。 病：指病得很厉害。 [2]子路：即仲由，字子路。祷(dǎo)：祈祷，祷告。 [3]诸：兼词，"之乎"的合音。 [4]诔(lěi)：有二义，一是述生者德行为生者祈祷，一是述死者德行哀悼死者。这里指前者。[5]神祇(qí)：神指天神，祇指地神。

【译文】孔子病得很厉害，子路请求为孔子向神祷告。孔子说："有这种做法吗？"子路回答说："有这种做法。《诔》文上说：'为你向天神地祇祈祷。'"孔子说："（不用了）我在心里早就祈祷过了。"

【点评】"死生有命，富贵在天"（12.5），孔子对天命鬼神采取"存而不论"的态度，也就是"敬鬼神而远之"（6.22），他怀疑鬼神的存在，认为人只要尽力于人事就可以了。

7.36 子曰："奢则不孙[1]，俭则固[2]。与其不孙也，宁固。"

【注释】[1]奢(shē)：奢侈，奢华。 孙(xùn)：同"逊"，谦恭。不孙，则是骄傲，盛气凌人。 [2]俭：节俭。 固：固塞，鄙陋，简陋。

【译文】孔子说："奢侈就显得不谦恭，节俭又显得鄙陋。但与其显得不谦恭，宁可鄙陋。"

【点评】"不孙"是内心的不敬，过失较重；"固"（简陋）是外在形式上的不足，过失较轻。两害相权取其轻，这与"礼，与其奢也，宁俭"（3.4）意思相同。

7.37 子曰："君子坦荡荡[1]，小人长戚戚[2]。"

【注释】〔1〕坦荡荡:指心气平和胸怀宽广。　〔2〕戚戚:悲伤忧愁的样子。

【译文】孔子说:"君子心平气和、胸怀宽广,小人却经常悲伤忧愁(患得患失)。"

【点评】君子不为名牵,不为利役,不怨天,不尤人,所以坦荡荡;小人患得患失,所以长戚戚。正如俗话所说:心底无私天地宽。

7.38 子温而厉〔1〕,威而不猛〔2〕,恭而安。

【注释】〔1〕厉:严肃,严厉。　〔2〕威:指容止庄严,有威仪。

【译文】孔子待人温和但也很严厉,容止庄严有威仪但不凶猛,神态庄重而又安详。

【点评】这是弟子们对孔子的写真。

《述而》赏析

孔子没有写过自传,但从弟子们的记述中可以知道,他曾经多次谈到自己,描绘过自己。

孔子最大的爱好就是学习。他对古代文化遗产着了迷,说自己"述而不作,信而好古","好古,敏以求之",直至晚年,还热心学《易》。他不但向古人学习,也向同辈人学习。"三人行,必有我师焉,择其善者而从之,其不善者而改之。"他"每事问"(3.15),"不耻下问"(5.15),都是好学的具体表现。

孔子最热心的事业是教育。他说:"有教无类"(15.39),"自行束脩以上,吾未尝无诲焉","默而识之,学而不厌,诲人不倦,何有于我哉"。他所教的是"文、行、忠、信",他所慎言的是"齐、战、疾",他不谈论的是"怪、力、乱、神"。

孔子最高的追求是道义。他说:"不义而富且贵,于我如浮云","富而可求也,虽执鞭之士,吾亦为之。如不可求,从吾所好"。他自谓"志于道,据于德,依于仁,游于艺",沉浸在仁德道艺中自得其乐,甚至听到了至善至美的《韶》乐,也会"三月不知肉味"。他还是一个"坦荡荡"的君子。

孔子最服膺的人物是周公。"久矣,吾不复梦见周公",说明他平日对周公常魂牵梦绕。在上古史上,"汤武革命"是有重大意义的事件,比较起来,武王伐纣,周代殷商更具翻天覆地的意义。周公姬旦是周初的大政治家、思想家,周初"封建诸侯""制礼作乐"主要是周公的功劳。周公所制定的一整套完备的社会、政治、礼仪制度,在中华文明发展史上闪耀着灿烂的光辉。仅从文化思想上看,从"殷人尚鬼"(迷信天命鬼神)到周初的"敬德保民",是一个巨大的进步。周公认为,民心的向背,也就是天命之所在,所谓"天视自我民视,天听自我民听"(武王伐纣誓词《泰誓》之语,转引自《孟子·万章上》)。而民心的向背,又取决于统治者的德行,有德者就能得民心、受天命、为天子。这就是周公一贯持有的天命随德行转移的观念。周公留下的思想资料比较集中地保存在《尚书》中的《大诰》《康诰》《酒诰》《梓材》《召诰》《洛诰》《多士》《无逸》《多方》《立政》诸篇中。总之,周公的礼治思想,敬天、明德、保民思想,对孔子有极大的影响,周公和儒家有着重要的渊源关系。唐代韩愈在《原道》中说:"斯吾所谓道也……尧以是传之舜,舜以是传之禹,禹以是传之汤,汤以是传之文武周公,文武周公传之孔子,孔子传之孟轲……。"这就是后世儒家所说的"道统"。孔子也把承续周代礼乐文化当作自己的历史责任,并为之献出了毕生精力。

在日常生活中,孔子深具仁者风度。"子食于有丧者之侧,未尝饱也","子于是日哭,则不歌",对他人之不幸,他给予真诚的同情。"子钓而不纲,弋不射宿",爱心及于鸟兽虫鱼,今天看来,又完全符合环保原则。

至于"温而厉,威而不猛,恭而安",则是中庸思想在孔子性格上的生动体现。

泰伯篇第八

共二十一章

8.1 子曰:"泰伯[1],其可谓至德也已矣。三以天下让[2],民无得而称焉。"

【注释】[1]泰伯:即太伯,周族祖先古公亶父的长子。古公有三子:太伯、仲雍、季历。季历有子名昌(即周文王)。古公想传位给季历,再传给姬昌,于是,太伯、仲雍逃到南方句吴,成为吴国的始祖,而让季历继承了王位。后来王位再传给姬昌,周族势力大大扩张,三分天下有其二。其子姬发(即周武王)最终伐纣灭商,建立了周王朝。 [2]三:数次,多次。

【译文】孔子说:"泰伯可以说是品德最为崇高的了,他几次把天下让给季历,民众简直找不到恰当的话语来称颂他。"

【点评】"礼"主别(区别尊卑上下),但礼的精神在"让"(互相谦让,使尊卑上下和谐),"让天下"是"让"的最高层次,所以孔子称泰伯的"让"为"至德"。孔子说:"能以礼让为国乎?何有!不能以礼让为国,如礼何?"(4.13)

8.2 子曰:"恭而无礼则劳[1],慎而无礼则葸[2],勇而无礼则乱[3],直而无礼则绞[4]。君子笃于亲[5],则民兴于仁;故旧不遗[6],则民不偷[7]。"

【注释】[1]劳:烦劳,疲倦。 [2]葸(xǐ):畏惧,胆怯。 [3]乱:莽撞蛮干。 [4]绞(jiǎo):急切,指尖刻伤人。 [5]笃(dǔ):指感情深厚,态度诚恳。 [6]故旧:故交,老朋友。 [7]偷:淡薄,不厚道。

【译文】孔子说:"恭顺却不懂礼就会劳倦,谨慎却不懂礼就会畏怯,勇敢却不懂礼就会莽撞,直率却不懂礼就会说话尖刻。君子如果对亲人厚道,民众就会归附于仁。君子如果不忘故旧,民众就不会淡薄无情。"

【点评】以礼修身,才不致偏离正道;以礼治国,才能使民风淳厚。

8.3 曾子有疾[1],召门弟子曰:"启予足[2],启予手!《诗》云[3]:'战战兢兢[4],如临深渊,如履薄冰[5]。'而今而后[6],吾知免夫!小子[7]!"

【注释】[1]曾子:即曾参,字子舆。 [2]启:开。"启予足"指掀开衾被看看我的脚。古人认为,身体受之父母,不敢毁伤,是对父母尽孝的意思。 [3]《诗》:指《诗经·小雅·小旻》。 [4]战战兢兢:畏惧发抖,是小心谨慎的样子。 [5]履(lǚ):踩在上面。 [6]而今而后:从今以后。 [7]小子:年轻人,是长辈对晚辈的称呼,这里指弟子们。

【译文】曾子生了病,把弟子们召集到跟前来,说:"掀开被子看看我的脚,掀开被子看看我的手!《诗经》上说:'小心谨慎啊,就好像走到深渊的旁边,就好像踩在薄冰的上面。'从今以后,我才知道自己是可以免掉刑戮(不至于毁伤身体)了!弟子们!"

【点评】《孝经》说:"身体发肤,受之父母,不敢毁伤,孝之始也。"今天,珍爱生命,遵纪守法,也是一种社会责任。

8.4 曾子有疾,孟敬子问之[1]。曾子言曰:"鸟之将死,其鸣也哀;人之将死,其言也善。君子所贵乎道者三:动容貌[2],斯远暴慢矣[3];正颜色[4],斯近信矣;出辞气[5],斯远鄙倍矣[6]。笾豆之事[7],则有司存[8]。"

【注释】[1]孟敬子:鲁国大夫仲孙捷,"敬"是谥号。　[2]动:变动。动容貌,指变换容貌,表现出庄重严肃。　[3]暴慢:粗暴和怠慢。　[4]颜色:脸色。　[5]辞气:言辞气度。　[6]鄙:鄙陋粗野。倍:同"背",指错误、违理。　[7]笾(biān)豆:古代祭祀和宴会时用的礼器。笾,用竹制,盛果脯等;豆,用木、铜或陶制,盛有汁的食物。　[8]有司:指职有专司的官吏。

【译文】曾子生了病,孟敬子来探望慰问他。曾子说:"鸟快要死的时候,它的鸣叫是悲哀的。人快要死的时候,他说的话是充满善意的。居上位的君子所看重的原则有三条:表露出庄重严肃的容貌,这样就可以远离别人的粗暴和怠慢了;端正自己的脸色,这样就可以使人感到诚实可信了;注意自己说话的言辞和气度,这样就可以避免鄙陋和违理了。至于祭祀礼仪方面的细节,自有分管的人员照料。"

【点评】荀子说:"赠人以言,重于金石珠玉;观人以言,美于黼黻文章;听人以言,乐于钟鼓琴瑟;故君子之于言无厌。"(《荀子·非相》)《礼记·冠义》说:"礼义之始,在于正容体、齐颜色、顺辞令。"《礼记·表记》说:"是故君子貌足畏也,色足惮也,言足信也。"

8.5 曾子曰:"以能问于不能,以多问于寡;有若无,实若虚,犯而不校[1]。昔者吾友尝从事于斯矣[2]。"

【注释】[1]校(jiào):计较。　[2]尝:曾经。

【译文】曾子说:"自己有才能却能向没有才能的人请教,自己学问多却能向学问少的人请教;有才能却像没有才能的样子,学识充实却像学识空虚的样子,别人冒犯自己也不去计较。从前我的一位朋友便这样做了。"

【点评】虚心求教,不耻下问,才能不断进步。古人说:"满招损,谦受益,时(是)乃天道。"(《伪古文尚书·大禹谟》)印度诗人泰戈尔说:"当我们是大为谦卑的时候,便是我们最近于伟大的时候。"(《飞鸟集》)

8.6 曾子曰:"可以托六尺之孤[1],可以寄百里之命[2],临大节而不可夺也[3]:君子人与[4]? 君子人也。"

【注释】[1]托孤:以遗孤相托,指人将死时,把未成年的孩儿托人照管。 六尺:古代尺短,六尺是一般未成年儿童的身高。 [2]百里:指地方百里的一个诸侯国。 命:命运,前途。 [3]大节:指生死存亡的紧要关头。 [4]与:同"欤"。

【译文】曾子说:"可以向他托付幼小的孤儿,可以向他寄托国家的命运前途,他在面临生死存亡的紧要关头也不动摇屈服:这样的人是君子吗? 是君子啊!"

【点评】临危受命,守节不移,这是儒家崇尚的道德操守,也是"君子"应有的品格。

8.7 曾子曰:"士不可以不弘毅[1],任重而道远。 仁以为己任,不亦重乎? 死而后已[2],不亦远乎?"

【注释】[1]弘毅:志向远大,意志坚强。 [2]已:止。

【译文】曾子说:"读书人不可以没有远大抱负和坚强意志,因为他负担沉重而路途遥远。他把施行仁德于天下作为自己的使命,负担不是很沉重吗? 他奋力而行,到死才停止脚步,路途不是很遥远吗?"

【点评】"任重道远""死而后已",表明儒家有强烈的历史使命感和高度的社会责任感,以及至死不渝的献身精神。

8.8 子曰:"兴于《诗》[1],立于礼[2],成于乐[3]。"

【注释】[1]兴:感发意志。 [2]立:指在社会上立足。 [3]乐(yuè):音乐。

【译文】孔子说:"在《诗》里感发意志、振奋精神,在礼上规范行为,使自己立足于社会,在音乐中使自己的道德修养最终完成。"

【点评】儒家认为,音乐表现了天地万物的和谐,并能陶冶性情、净化心灵,音乐的境界是社会人生的最高境界,象征着人的道德修养的最终完成。苏联凯洛夫说:"感情有着极大的鼓舞力量,因此,它是一切道德行为的重要前提。"(《教育学》)

8.9 子曰:"民可使由之[1],不可使知之[2]。"

【注释】[1]由:随顺,听从。 [2]不可:不能够,无法。

【译文】孔子说:"民众可以让他们跟着我们走,却不能够让他们了解为什么要这样走。"

【点评】由于受教育的程度低,民众对政治措施不一定会完全了解,这往往给古代先知先觉者的启蒙工作带来困难,故孔子有此感叹。先秦时代,也有人说过类似的话。商鞅说:"民不可与虑始,而可与乐成。"(见《史记·商君列传》)西门豹说:"民可以乐成,不可与虑始。"(见《史记·滑稽列传》)韩非子说:"民智之不可用,犹婴儿之心也。……婴儿子不知犯其所小苦,致其所大利也。"(见《韩非子·显学》)但孔子并未放松"开发民智"的努力。他主张"富而后教"(13.9),"道之以德,齐之以礼"(2.3)。

8.10 子曰:"好勇疾贫[1],乱也。人而不仁,疾之已甚[2],乱也。"

【注释】[1]疾:厌恶,憎恨。 [2]已:太,过。甚:超过。

【译文】孔子说:"喜欢逞勇但又厌恶自己的贫困,这是一种祸乱(因这种人容易制造祸乱)。人如果不仁,人们痛恨他太过分,也是一种祸乱(因为这样做也容易引发祸乱)。"

【点评】两种祸乱,都不可轻忽。对后者,更要注意处理的方式和技巧。

8.11 子曰:"如有周公之才之美,使骄且吝[1],其余不足观也已。"

【注释】[1]使:假使,如果。 吝(lìn):吝啬,贪鄙。

【译文】孔子说:"如果有人具有周公那样美的才能,但假使他骄傲而又贪鄙,其余方面也就不值得一看了。"

【点评】统治者不能有才无德,而应当德才兼备。统治者首要的德,是谦虚而不骄横,惠民而不吝啬。

8.12 子曰:"三年学,不至于谷[1],不易得也。"

【注释】〔1〕谷：小米。由于古代用小米作为官吏的俸禄，因而又指做官吃俸禄。

【译文】孔子说："读了三年书，心中从未存有做官吃俸禄的念头，是很难得的。"

【点评】孔子主张"学而优则仕"（19.13），但重点在"优"（学得好且有余力），而且出仕又是为了行道，如果学未成而急于出仕，求取俸禄，反而会误国害民。康有为说："盖学者之大患，在志于利禄。一有此心，即终身务外欲速，其志趣卑污，德心不广，举念皆温饱，萦情皆富贵，成就抑可知矣。而人情多为禄而学，此圣人所由叹也。"（《论语注》）

8.13 子曰："笃信好学，守死善道〔1〕。危邦不入，乱邦不居。天下有道则见〔2〕，无道则隐。邦有道，贫且贱焉，耻也；邦无道，富且贵焉，耻也。"

【注释】〔1〕善道：美好的理想。 〔2〕见：同"现"，指从政做官。

【译文】孔子说："坚信善道，努力学习善道，誓死固守善道。不进入存在危险的国家，不留居发生动乱的国家。天下太平便出来做官，天下不太平就隐退。国家政治清明，自己却贫贱，是可耻的；国家政治黑暗，自己却富贵，也是可耻的。"

【点评】"天下有道则见，无道则隐"，是孔子的政治态度和处世原则。后来孟子也说："穷则独善其身，达则兼善天下。"（《孟子·尽心上》）

8.14 子曰："不在其位，不谋其政〔1〕。"

【注释】〔1〕谋：计议，谋划。

【译文】孔子说:"不处在这个职位上,便不参与计议谋划与这个职位有关的事务。"

【点评】"不在其位,不谋其政"是一种谨慎的处世态度。今天,人民成了国家的主人,人人都可参政议政,孔子的这种态度就显得过于拘谨了。

8.15 子曰:"师挚之始[1],《关雎》之乱[2],洋洋乎盈耳哉[3]!"

【注释】[1]师挚:鲁国的乐师,名挚。师即太师,乐官名。 始:开始。古代奏乐,开始部分叫作"升歌",一般由太师演奏。 [2]《关雎》:《诗经·国风·周南》中的一篇。 乱:乐章结尾部分。 [3]洋洋:盛大充盈的样子。 盈:满。

【译文】孔子说:"乐曲从师挚开始演奏升歌,到结尾演奏《关雎》的乐章,乐声回荡,满耳都是音乐啊!"

【点评】孔子认为"《关雎》乐而不淫,哀而不伤"(3.20),有中和之美。

8.16 子曰:"狂而不直,侗而不愿[1],悾悾而不信[2],吾不知之矣。"

【注释】[1]侗(tóng):幼稚无知的样子。 愿:诚朴老实。 [2]悾悾(kōng):诚恳的样子。

【译文】孔子说:"狂放但不正直,幼稚但不老实,貌似诚恳但不讲信用,这种人我真不知道为什么会这样。"

【点评】有的人表里不一,因此我们看人不能只看表面。

8.17 子曰:"学如不及,犹恐失之[1]。"

【注释】[1] 犹:还(hái),又。

【译文】孔子说:"求学好像追逐什么一样生怕追不上,追上了又生怕失掉它。"

【点评】东晋诗人陶渊明说:"盛年不重来,一日难再晨。及时当勉励,岁月不待人。"(《杂诗》)英国哲学家斯宾塞说:"必须记住我们学习的时间是有限的。时间有限,不只由于人生短促,更由于人事纷繁。我们应该力求把我们所有的时间用去做最有益的事情。"(《教育论》)

8.18 子曰:"巍巍乎[1],舜禹之有天下也[2],而不与焉[3]。"

【注释】[1] 巍巍:高大的样子。句中形容词作谓语,提到了主语之前。[2] 禹:即夏禹,古代传说中治水的英雄,后来受舜禅让成为夏代开国君主。相传禹死前,曾打算把天子之位让给伯益。 [3] 与(yù):参与,指参与其中,享受富贵。

【译文】孔子说:"真伟大啊,舜和禹拥有天下,但他们并不在天子之位上享受富贵。"

【点评】孔子认为,在上位的统治者应当为国为民努力做奉献,而不是为满足一己之私去谋取个人的富贵享受。老子说:"是以圣人处无为之事,行不言之教。万物作而弗始,生而弗有,为而弗恃,功成而弗居。夫唯弗居,是以不去。"(《老子》二章)

8.19 子曰:"大哉尧之为君也! 巍巍乎! 唯天为大,唯尧则之[1]。 荡荡乎[2]! 民无能名焉。 巍巍乎其有成功也。 焕乎其有文章[3]。"

【注释】[1]则:效法。　[2]荡荡:宽广浩荡的样子。　[3]焕:鲜明、光亮的样子。　文章:指礼乐制度极有文采。

【译文】孔子说:"真伟大啊! 尧成为天下的君主。真高大啊,只有天最高大,只有尧效法天。他的恩德宽广浩荡啊! 民众无法找到恰当的词语来称颂他。真崇高啊! 他有伟大的功绩。真明亮啊! 他的礼乐制度熠熠生辉。"

【点评】儒家赞颂尧舜,一是为了表达政治理想,二是为了批判现实中的暴虐之君。

8.20 舜有臣五人而天下治[1]。武王曰:"予有乱臣十人[2]。"孔子曰:"才难[3],不其然乎? 唐虞之际,于斯为盛[4]。有妇人焉,九人而已。三分天下有其二,以服事殷。周之德,其可谓至德也已矣。"

【注释】[1]五人:指禹、稷、契、皋陶、伯益。　[2]乱臣:治国之臣。"乱",这里是"治"的意思。十人:指周公旦、召公奭、太公望、毕公、荣公、太颠、闳夭、散宜生、南宫适和文母(女性)。一说,无"文母"而有"邑姜"(女性)。　[3]才难:人才难得。　[4]于:与。斯:此,代词,代周武王之时。

【译文】舜有贤臣五人,而天下大治。周武王说:"我有治国之臣十人。"孔子说:"人才真是难得啊,不是这样吗? 唐尧虞舜的时候,与周武王的时候,人才最为兴盛。但周武王十臣中,还有一位妇女,除此之外只有九人而已。周文王拥有天下三分之二,凭着这样的实力却依旧臣服于殷王朝。周朝的道德,可以说是最高的道德了。"

【点评】孔子感叹"才难",主张为政应"先有司,赦小过,举贤才"(13.2)。后来孟子也说:"尊贤使能,俊杰在位,则天下之士皆悦,而愿立于其朝矣。"(《孟子·公孙丑上》)可见,儒家所倡导的是"贤能政治"。

8.21 子曰:"禹,吾无间然矣[1]。菲饮食而致孝乎鬼神[2],恶衣服而致美乎黻冕[3],卑宫室而尽力乎沟洫[4]。禹,吾无间然矣。"

【注释】[1]间(jiàn):缝隙,空隙,引申为挑剔,指责。　[2]菲:薄,少。[3]黻(fú):祭祀时穿的礼服。　冕:帽子,这里指祭祀时戴的礼帽。　[4]沟洫(xù):水渠,这里指水利工程。

【译文】孔子说:"禹,我对他没有什么可指责的了。他饮食简易,却用丰盛的祭品祭祀以尽孝于祖先鬼神;他衣服破旧,却把祭祀用的礼服礼帽做得很华美;他住房低矮,却尽力去兴修水利工程。禹,我对他没有什么可指责的了。"

【点评】禹是中国古代最伟大的治水英雄。"禹疏九河,瀹济漯,而注诸海,决汝汉,排淮泗,而注之江,然后中国可得而食也。"(《孟子·滕文公上》)他"劳身焦思,居外十三年,过家门不敢入"(《史记·夏本纪》)。中国人永远怀念和崇敬他。

《泰伯》赏析

在政治思想上,先秦儒家有一个重要的特征,就是"法先王"。他们所崇敬的先王,是尧、舜、禹、汤、周文王、周武王,等等,但他们所描绘的先王的"盛德",却是理想化了的。

孔子赞美尧说:"唯天为大,唯尧则之",赞美舜"有臣五人而天下治",赞美禹"菲饮食""恶衣服""卑宫室"而"尽力乎沟洫",赞美舜禹"有天下也而不与焉",赞美泰伯让天下……

这一切赞语,都体现了孔子所倡导的"仁"。上述先王,即使贵为天子,也是为民而"尽力乎沟洫";即使富有天下,也并未把天下财富都视为己有,甚至还让出天子之位。这与春秋时代贪婪暴虐的各国君主、执政大臣恰成鲜明对照。孔子对"先王"的赞颂,实际上表现了对现实政治的不满,表现了对理想社会的追求。

至于"笃信好学,守死善道,危邦不入,乱邦不居。天下有道则见,无道则隐","君子笃于亲,则民兴与仁;故旧不遗,则民不偷","不在其位,不谋其政",则具体表明了孔子的政治态度。

曾子是孔子年轻弟子中的一位,比孔子小 46 岁,他活了 70 岁。本篇第三、第四章记述他在死前对孟敬子和他的弟子说的话,这被认为是《论语》中所记时间最晚的事,这时离孔子去世已有四十多年。曾子被认为是孔子的重要传人之一,是《大学》《孝经》的作者。他所说的"可以托六尺之孤,可以寄百里之命,临大节而不可夺也,君子人与?君子人也!""士不可以不弘毅,任重而道远。仁以为己任,不亦重乎?死而后已,不亦远乎?"这种"士"和"君子"的人格操守,正是孔门弟子形象的生动写照,也是后世知识分子塑造自我的范式。

子罕篇第九

共三十一章

9.1 子罕言利与命与仁[1]。

【注释】[1]罕:少。

【译文】孔子很少谈论利、命和仁。

【点评】宋代程颐说:"计利则害义,命之理微,仁之道大,皆夫子所罕言也。"(朱熹《四书集注》)一说,"与"是赞许、赞同的意思,这句话是说:孔子很少谈利,赞同天命,赞许仁。

9.2 达巷党人曰[1]:"大哉孔子!博学而无所成名。"子闻之,谓门弟子曰[2]:"吾何执[3]?执御乎[4]?执射乎[5]?吾执御矣。"

【注释】[1]达巷:地名,也是党名。 党:五百户人家聚居之地称作党。 [2]门弟子:门下弟子,及门弟子。 [3]执:掌握。 [4]御:驾车。孔子以

"六艺"教学生,"六艺"是礼、乐、射、御、书、数。御为"六艺"之一。　　〔5〕射:射箭。

【译文】达巷党有一个人说:"真伟大啊孔子!他学问广博,只是没有什么成名的专长。"孔子听到后,便对门下弟子说:"我要掌握什么专长呢?我掌握驾车技术吗?我掌握射箭技术吗?我掌握驾车的技术好了。"

【点评】孔子年少时干过许多杂活,成人后又以"六艺"教授弟子,他不但博学,而且多能。但他并不以一技之长而著称,他是以思想家、教育家的伟大而闻名于世。

9.3 子曰:"麻冕[1],礼也;今也纯[2],俭[3],吾从众。拜下[4],礼也;今拜乎上[5],泰也[6]。虽违众,吾从下。"

【注释】〔1〕麻冕:麻布织成的礼帽。　〔2〕纯:丝。　〔3〕俭:俭省。丝细,织冕易成,省工省费,所以说"俭"。　〔4〕拜下:按古礼,臣见君须先在堂下磕头(拜),然后到堂上再磕头。　〔5〕拜乎上:指没有先在堂下磕头,只在堂上磕头。　〔6〕泰:骄纵,倨傲。

【译文】孔子说:"用麻来织礼帽,这是合于古礼的;现在用丝来织,省工省钱,我听从大众的做法。臣子见国君先在堂下磕头,这是合乎古礼的,现在不先在堂下磕头而只是在堂上磕头,这太倨傲了。虽然要违反大众的做法,我还是赞成先在堂下磕头。"

【点评】孔子认为,礼的形式可以有损益,但礼的本质(敬)却不可丢掉。宋代程颐说:"君子处世,事之无害于义者,从俗可也;害于义,则不可从矣。"(朱熹《四书集注》)

9.4 子绝四[1]:毋意[2],毋必[3],毋固[4],毋我[5]。

【注释】〔1〕绝：断绝。 〔2〕毋(wú)：副词，表禁止，不要的意思。 意：同"臆"，指凭空臆测。 〔3〕必：必定，指主观武断。 〔4〕固：固执，不灵活变通。 〔5〕我：指自以为是。

【译文】孔子没有"意""必""固""我"四种毛病，他不凭空臆造，不主观武断，不固执己见，不自以为是。

【点评】孔子善于执两用中，折中守正，守中致和，这就是"中庸"的思想方法。唐代魏征说："兼听则明，偏信则暗。"(见《资治通鉴》)

9.5 子畏于匡[1]，曰："文王既没，文不在兹乎[2]？ 天之将丧斯文也，后死者不得与于斯文也[3]。 天之未丧斯文也，匡人其如予何[4]？"

【注释】〔1〕子畏于匡：孔子在匡地被拘禁。《史记·孔子世家》说，孔子由卫国前往陈国，路经匡地，由于孔子与阳虎的相貌相似，匡人误以为孔子是曾经欺虐过他们的阳虎，把孔子拘禁了五天。畏，指被囚禁并产生戒惧。 〔2〕文：显示在外的文章、文采，这里指以礼乐制度为中心的文化传统。 兹：此。 〔3〕后死者：孔子自指。 与(yù)：参与，在其中，指成为继承文化传统的一员。 〔4〕其：语气词，表推测。

【译文】孔子在匡被拘囚，说："周文王死了以后，周代礼乐制度等文化传统不是都在我这里吗？天如果打算消灭这些文化传统，我这个后死者就不可能掌握这些文化传统了。天如果不打算消灭这些文化传统，那匡人能把我怎么样呢？"

【点评】孔子以继承周代礼乐文化传统为己任，有强烈的历史使命感和高度的社会责任感，以及临危不惧的沉着和勇气。

9.6 太宰问于子贡曰[1]："夫子圣者与？ 何其多能也？"子

贡曰:"固天纵之将圣[2],又多能也。"子闻之,曰:"太宰知我乎! 吾少也贱,故多能鄙事[3]。 君子多乎哉? 不多也。"

【注释】[1]太宰:官名。 子贡:即端木赐,字子贡。 [2]纵:纵容,听任,这里是有意支持的意思。 [3]鄙事:卑贱的事。孔子曾做过委吏、乘田。

【译文】太宰向子贡问道:"孔老先生是一位圣人吗? 为什么他有那么多的技艺呢?"子贡说:"这本是上天支持他要让他成为圣人,又让他有许多技艺。"孔子听了后,说:"太宰了解我啊! 我年轻时贫贱,因此学会了很多卑贱的技艺。真正的君子会掌握那么多的技艺吗? 不会的。"

【点评】孔子以"吾少也贱,故多能鄙事"为幸、为荣,并不认为自己是天生的圣人。

9.7 牢曰[1]:"子云,'吾不试[2],故艺[3]。'"

【注释】[1]牢:人名,有人说是孔子弟子。 [2]试:用,指被任用。 [3]艺:技艺,才能。

【译文】牢说:"孔子说过,'我不被国家任用(只能做卑贱的事),所以学到了许多技艺。'"

【点评】这是对"吾少也贱,故多能鄙事"的进一步解释。"不试"而贱,本属不幸,但却化为强者成长(多能鄙事)的土壤。贝多芬说:"我要扼住命运的咽喉。它绝不能使我完全屈服。——噢,能把生命活上千百次真是多美!"贝多芬又说:"卓越者的一大优点是,在不利与艰难的遭遇里百折不挠。"(见《贝多芬传》)

9.8 子曰:"吾有知乎哉? 无知也。 有鄙夫问于我[1],空空如也[2]。 我叩其两端而竭焉[3]。"

【注释】〔1〕鄙夫:乡野之人。 〔2〕空空:一无所知的样子。 〔3〕叩:叩问,询问。 两端:首尾两端,多指事物的两个极端,也指事物的各个方面。 竭:尽。

【译文】孔子说:"我有知识吗?我是无知(不能先知)的啊。有一个乡下人来问我,我对他提出的问题本是一无所知的。我仔细询问这个问题首尾两端的情况及有关的方方面面,然后尽量把正确的结论告诉了他。"

【点评】这就是"执两用中"的中庸方法。《礼记·中庸》也说:"执其两端,用其中于民。"其实,"执其两端"(叩其两端)也就是进行全面调查。毛泽东说:"调查就像'十月怀胎',解决问题就像'一朝分娩'。调查就是解决问题。"(《反对本本主义》)

9.9 子曰:"凤鸟不至[1],河不出图[2],吾已矣夫!"

【注释】〔1〕凤鸟:凤凰。古代传说,凤凰是一种神鸟,是祥瑞的象征。舜时有凤来仪,文王时鸣于岐山。凤鸟出现,意味着天下太平。 〔2〕河图:古代传说,伏羲时,有龙马背驮八卦图从黄河中出来,表示圣人将出,天下太平。

【译文】孔子说:"凤凰不再飞来了,黄河中也不再有龙马背驮八卦图出来了(盼不到太平盛世),我这一辈子恐怕是完了吧!"

【点评】孔子借用传说,自伤未逢盛世,未遇明主,难以行道。

9.10 子见齐衰者[1]、冕衣裳者与瞽者[2],见之,虽少[3],必作[4];过之,必趋[5]。

【注释】〔1〕齐衰(zī cuī):古代丧服。 〔2〕衣:上衣。 裳:下衣,类似今天的裙。古代男子下身着裙。 瞽(gǔ)者:盲人。 〔3〕少(shào):年轻。

〔4〕作:站起来。　　〔5〕趋:快步走。

【译文】孔子看见穿着丧服的人、穿戴着礼帽礼服(表示庄重)的人和盲人,相见的时候,即使他们比孔子年轻,孔子也一定站起来;如果从他们身边走过,一定快走几步(以表示恭敬)。

【点评】对前两种人,是表示礼敬,对后一种人(残疾人)则是表示哀悯,表现了仁者的人道主义关怀。法国人梅里美说:"礼貌经常可以代替最高贵的感情。"(《画像》)

9.11 颜渊喟然叹曰〔1〕:"仰之弥高〔2〕,钻之弥坚〔3〕。瞻之在前,忽焉在后。夫子循循然善诱人〔4〕,博我以文,约我以礼,欲罢不能。既竭吾才,如有所立卓尔〔5〕。虽欲从之,末由也已〔6〕。"

【注释】〔1〕颜渊:即颜回,字子渊。喟(kuì):叹息。〔2〕弥(mí):愈,更加。〔3〕钻:钻研。〔4〕循循:有步骤、有次序的样子。〔5〕卓(zhuō)尔:高超出众的样子。〔6〕末(mò):无。

【译文】颜渊叹息着说:"(老师的道德学问)越仰视越觉得高,越努力钻研越觉得深。眼看它就在前面,却忽然到后面去了(很难把握住)。但他老人家善于按次序一步一步地诱导我们,用文献典籍来不断拓宽我们的知识,用礼仪规矩来约束我们的行为,让我们想停止学习都不可能。我已经用尽了我的才智,在道德学问上好像有所建树。可是我即使想继续追随他,却又找不到跟着他走的道路。"

【点评】颜渊赞美孔子的道德学问"仰之弥高,钻之弥坚",也赞美孔子教诲弟子的"循循善诱"。作为大教育家的孔子,既有深厚的学问基础,又有磁石般的人格魅力,让人无限景仰和倾慕。

9.12 子疾病,子路使门人为臣[1]。病间[2],曰:"久矣哉,由之行诈也! 无臣而为有臣。吾谁欺? 欺天乎! 且予与其死于臣之手也,无宁死于二三子之手乎[3]! 且予纵不得大葬,予死于道路乎?"

【注释】[1]子路:即仲由,字子路。 门人:门下弟子。 臣:家臣。按礼制,大夫以上才能有家臣,孔子当时大约已无官职,不应有家臣,但子路认为孔子如去世当以大夫之礼安葬,所以让门下弟子充当家臣来筹备后事。 [2]病间(jiàn):病情稍有好转,渐渐好转。 [3]无:发语词,无义。 宁:宁可,宁愿。

【译文】孔子病得很厉害,子路叫门下弟子充当家臣准备后事。后来孔子病情稍有好转,说:"仲由这种欺诈的事已有很久了吧! 我不应该有家臣竟让我有家臣。我欺骗谁? 难道我欺骗天吗? 再说我与其死在'家臣'的手中,宁可死在你们这班弟子的手里! 我死纵然不能举行大夫一般的隆重葬礼,(但有你们照顾)难道我还会死在道路上吗?"

【点评】恪守礼制,诚信不欺,是孔子做人的基本准则。朱熹说:"欺人亦是自欺,此又是自欺之甚者。"(《朱子语类》)

9.13 子贡曰[1]:"有美玉于斯,韫椟而藏诸[2]? 求善贾而沽诸[3]?"子曰:"沽之哉! 沽之哉! 我待贾者也!"

【注释】[1]子贡:即端木赐,字子贡。 [2]韫(yùn):蕴藏。 椟(dú):匣子。 诸:"之乎"的合音。 [3]贾(gǔ):商人。一说"贾"同"价",价钱。 沽(gū):买或卖。这里是卖的意思。

【译文】子贡说:"这里有一块美玉,是放在匣子里把它藏起来呢? 还是找一个识货的商人把它卖出去呢?"孔子说:"卖掉它! 卖掉它! 我正等待着一个识货的商人呢!"

【点评】"待贾而沽"是孔子的从政态度。他期盼得到明主赏识,为其所用,共同行道。

9.14 子欲居九夷[1]。或曰:"陋[2],如之何?"子曰:"君子居之,何陋之有[3]?"

【注释】[1]**九夷**:居住在东方的少数民族。 [2]**陋**:简陋,粗鄙。指礼乐制度不如中原地区,文化落后。 [3]**何陋之有**:同"有何陋","之"字无义,表示宾语提到了动词谓语的前面。

【译文】孔子打算迁到九夷地区去居住。有人说:"那地方很落后,怎么办呢?"孔子说:"君子住到那里去,还有什么落后的呢?"

【点评】君子是道德和文化的化身。君子所到之处,必能化民成俗,提高该地的道德文化水平,所以朱子说:"君子所居则化,何陋之有?"(《四书集注》)

9.15 子曰:"吾自卫反鲁[1],然后乐正[2],《雅》《颂》各得其所[3]。"

【注释】[1]**卫**:国名,姬姓,最早的都城在朝歌(今河南淇县),周代初年周武王之弟康叔受封于此。**反**:同"返"。孔子周游列国,十四年后回到鲁国。 [2]**乐**(yuè):音乐。 [3]**《雅》《颂》**:《诗经》所收的诗共305篇,按照音乐的不同,分成风、雅、颂三部分。其中雅诗105篇(含大雅31篇,小雅74篇),颂诗40篇。《诗经》的诗,当时都是可以合乐歌唱的。

【译文】孔子说:"我从卫国返回鲁国,这以后才把《诗》三百中的乐章按照音乐整理好,《雅》和《颂》都各自回到了它们应有的位置。"

【点评】孔子正乐,是为了继承礼乐文化传统,并用礼乐去教诲弟子,教化民众。

9.16 子曰:"出则事公卿[1],入则事父兄,丧事不敢不勉[2],不为酒困,何有于我哉[3]?"

【注释】[1]事:服侍。 公卿:泛指当权的国君和卿大夫。 [2]勉:尽力。 [3]何有于我:参阅(7.2)注[3]。

【译文】孔子说:"出外便侍奉公卿,进门便侍奉父兄,有丧事不敢不尽力去办,不被酒所困扰,对我来说(除了这些之外)还有什么要做的呢?"

【点评】孔子自述日常生活。"出则事公卿",是讲忠信;"入则事父兄",是讲孝悌;"丧事不敢不勉",是讲恭敬;至于"不为酒困",则是讲修德。由于酗酒乱德,周代初年曾实行禁酒。《尚书》中的《酒诰》,就是当年周公命令康叔在卫国宣布禁酒的诰词。

9.17 子在川上曰[1]:"逝者如斯夫[2]! 不舍昼夜[3]。"

【注释】[1]川:河流。 [2]逝者:消逝的时光。 斯:此,代词,代河水。 夫(fú):语气词,表感叹。 [3]舍:舍弃,止息。

【译文】孔子在河边叹息:"逝去的时光就像这河水一样啊!日夜不停地流去。"

【点评】孔子感叹光阴易逝,时不我待。东晋陶渊明《杂诗》道:"盛年不重来,一日难再晨。及时当勉励,岁月不待人。""日月掷人去,有志不获骋。念此怀悲凄,终晓不能静。"

9.18 子曰:"吾未见好德如好色者也[1]。"

【注释】[1]好(hào):爱好,喜好。

【译文】孔子说:"我没有见过喜好道德也像喜好美色那样的人。"

【点评】孔子哀叹世风日下,人们的道德观念日渐淡薄。

9.19 子曰:"譬如为山,未成一篑[1],止,吾止也。譬如平地[2],虽覆一篑[3],进,吾往也。"

【注释】[1]篑(kuì):盛土的竹器。 [2]平地:填平地面。 [3]覆:覆盖。

【译文】孔子说:"(修德进业)好比堆土成山,只差一筐土而未能堆成,忽然中止,那是因为我自己停了下来(而没有坚持到底)。又好比填平地面,虽然只是刚覆盖上一筐土,但需要继续进土,仍要靠我勇往直前坚持下去。"

【点评】"功亏一篑",是因为自己的决心和毅力不够,即使临近成功,也未能坚持到底;"功成一篑",则是因为自己有决心,有毅力,即使只是起步,也能持之以恒。老子说:"合抱之木,生于毫末;九层之台,起于累土;千里之行,始于足下。"(《老子》六十四章)

9.20 子曰:"语之而不惰者[1],其回也与[2]?"

【注释】[1]语(yù):告诉。惰:懈怠。 [2]其:语气词,表推测。 回:颜回。 与:同"欤"。

【译文】孔子说:"听我说话而从不懈怠的,大概只有颜回吧!"

【点评】孔子在这里赞扬颜回学而不厌。

9.21 子谓颜渊[1],曰:"惜乎! 吾见其进也,未见其止也。"

【注释】〔1〕颜渊:颜回,字子渊,早死。

【译文】孔子谈到颜渊,说:"可惜啊(他死得早)!我只看见他不停地前进,从未看到他停止过。"

【点评】颜渊好学,真正做到了"学如不及,犹恐失之"(8.17)。

9.22 子曰:"苗而不秀者有矣夫[1]!秀而不实者有矣夫[2]!"

【注释】〔1〕秀:指禾类植物开花。 〔2〕实:果实。

【译文】孔子说:"长了苗但不开花,这样的人是有的吧!开了花但不结果,这样的人也是有的吧!"

【点评】"苗而不秀""秀而不实",比喻小有成就,便中道而止,不能成大器。一说孔子哀叹颜回早夭。"苗而不秀"一语后来使用时意思稍有变化,指虚有其表。

9.23 子曰:"后生可畏[1],焉知来者之不如今也[2]?四十、五十而无闻焉,斯亦不足畏也已。"

【注释】〔1〕畏:敬畏,敬服。 〔2〕焉:同"何",哪里,怎样。 来者:指后生晚辈。

【译文】孔子说:"年轻人是可敬畏的,怎知后生晚辈比不上现在这一辈人呢?但到了四十岁、五十岁还是默默无闻的话,那也就不足以让人敬畏了。"

【点评】"后生可畏",因为年轻人的成就超过了前辈。"长江后浪推前浪,世上新人赶旧人",是普遍规律。但这是有条件的,就是在年轻时必须做不懈的努力。否则,"少壮不努力,老大徒伤悲"(《乐府诗集·长歌行》)。

9.24 子曰:"法语之言[1],能无从乎?改之为贵。巽与之言[2],能无说乎[3]?绎之为贵[4]。说而不绎,从而不改,吾末如之何也已矣[5]。"

【注释】[1]法语之言:以合于礼法的正道告诫他人的话。 [2]巽(xùn)与之言:恭顺赞许的话。巽,顺。与,赞许。 [3]说:同"悦"。 [4]绎(yì):抽丝,引申为探究事理。 [5]末:无。

【译文】孔子说:"用正道进行告诫的话,能够不听从吗?但要在行为中改正才是可贵的。恭顺和赞许自己的话,听了能不高兴吗?但要加以分析探究(看看是否合乎实际)才是可贵的。只是高兴而不分析,只是听从而不改正,对这种人,我真不知道该怎么办。"

【点评】"改之为贵"和"绎之为贵"可以理解为"互文见义",即听到赞扬和批评的话,都要分析是否合乎实际(绎),都要在行动中坚持好的,改正错的(改)。

9.25 子曰:"主忠信,毋友不如己者,过则勿惮改[1]。"

【注释】[1]此句重出,见《学而》(1.8)。

9.26 子曰:"三军可夺帅也[1],匹夫不可夺志也[2]。"

【注释】[1]三军:当时大的诸侯国有三军,每军12500人。 [2]匹(pǐ)夫:古代指平民中的男子,也泛指平常人。

【译文】孔子说:"一国的军队,可以战胜它,夺去它的主帅;一个普通的男子,却不能够强迫他,夺去他的意志。"

【点评】"匹夫不可夺志。"从自己方面说,要意志坚强,为了理想的实现,在任何情况下都不动摇,不屈服。从对待他人方面来说,要尊重他人之志,尊重他人的人格和尊严。美国作家海明威在《老人与海》中说:"一个人并不是生来就要给打败的,你尽可把他消灭,可就是打不败他。"孟子说:"富贵不能淫,贫贱不能移,威武不能屈,此之谓大丈夫。"(《孟子·滕文公下》)

9.27 子曰:"衣敝缊袍[1],与衣狐貉者立[2],而不耻者,其由也与[3]?'不忮不求,何用不臧[4]?'"子路终身诵之。子曰:"是道也,何足以臧?"

【注释】[1]衣(yì):穿。敝:破烂。缊(yùn):新旧混合的丝绵絮。一说,乱麻。 [2]狐貉:两种野兽,这里指以其皮毛制成的衣袍。 [3]其:语气词,表推测。由:即仲由,字子路。 [4]"不忮"两句:引自《诗经·邶风·雄雉》。忮(zhì),嫉恨。求,指贪求。何用,用何,为什么。臧(zāng),善,好。

【译文】孔子说:"穿着破旧棉袍,同穿着贵重皮裘的人站在一起而不觉得羞愧的,大概只有仲由吧?《诗经》上说:'不嫉恨别人也不贪求财富,怎么能不好起来呢?'"子路听了,一辈子都念诵这句话。孔子说:"仅仅照这句话去做,怎么能够好得起来?"

【点评】不因贫贱而自卑,不在物质生活上同人攀比,只是一心求道,这是子路受到赞扬的原因。

9.28 子曰:"岁寒[1],然后知松柏之后雕也[2]。"

【注释】[1]岁:年。岁寒,指年末冬季天气寒冷。 [2]雕:同"凋",凋零,衰萎。

【译文】孔子说:"天冷了,这才知道松柏是最后凋零的啊。"

【点评】"松柏后凋",比喻君子的品德操守卓异于常人,经受得住严酷的考验。后来人们把松、竹、梅称作岁寒三友。

9.29 子曰:"知者不惑[1],仁者不忧[2],勇者不惧。"

【注释】[1]知:同"智"。 惑:迷惑,受蒙蔽,被欺骗。 [2]忧:担忧,患得患失。

【译文】孔子说:"聪明的人不会被迷惑,有仁德的人没有忧虑,勇敢的人无所畏惧。"

【点评】朱熹说:"明足以烛理,故不惑;理足以胜私,故不忧;气足以配道义,故不惧。此学之序也。"(《四书集注》)孟子说:"我知言,我善养吾浩然之气。""其为气也,至大至刚,以直养而无害,则塞于天地之间。其为气也,配义与道;无是,馁也。是集义所生者,非义袭而取之也。行有不慊于心,则馁矣。"(《孟子·公孙丑上》)说的是同一道理。成语有"理直气壮",也可以理解为"理直"方能"气壮"。

9.30 子曰:"可与共学,未可与适道[1];可与适道,未可与立[2];可与立,未可与权[3]。"

【注释】[1]适:往,去。 道:指仁义之善道。 [2]立:指立足于社会推行善道。 [3]权:权变,指通权达变,因时(地、事)制宜。

【译文】孔子说:"可以和他一同学习的人,未必可以和他一同去领悟善道;可以和他一同去领悟善道的人,未必可以和他一同立足于社会推行善道;可以和他一同立足于社会推行善道的人,未必可以和他一同通权达变(从而建立功业)。"

【点评】儒家行道,有明确的目标,儒家为人处世,有一定的原则和标准,但儒家也讲通权达变,因时(地、事)制宜。孔子说:"君子之于天下也,无适也,无莫也,义之与比。"(4.10)。

9.31 "唐棣之华,偏其反而。岂不尔思?室是远而。"[1]子曰:"未之思也,夫何远之有[2]?"

【注释】〔1〕"唐棣"四句:是不见于《诗经》的逸诗,内容大概是表达对情人的思念。孔子引诗,可能是用它来比喻人们对仁德的追求。 唐棣(dì):一种落叶小乔木,开白色的花。 华:同"花"。 偏:同"翩"。 其:句中语气词,无义。 反:同"翻",意思是摇动。 而:语气词,无义。 不尔思:即"不思尔",在有否定词"不"的否定句中,代词宾语提到动词前。下面"未之思"句式相同。 〔2〕夫(fú):发语词。 之:助词,无义,表示宾语提到动词之前。

【译文】"唐棣树上的小花,翩翩地左右摇动。难道我不思念你吗?只是你的家太遥远了啊。"孔子说:"只是不思念罢了,(如果真的思念)有什么遥远的呢?"

【点评】《唐棣之华》是一首情诗,写一个男子思念一个女子,但又不敢去追求。孔子表示,既然苦苦思念,就去追求好了,不要担心路途遥远。儒家认为:"男女居室,人之大伦也。"(《孟子·万章上》)《诗经》中有许多情诗,但孔子说:"《诗》三百,一言以蔽之,曰:'思无邪。'"(2.2)儒家把夫妻关系看成是最重要的伦常,认为有夫妻才有父子,有父子才有君臣。当然,也有人认为,这一章是孔子用情诗来比喻追求仁德,是"仁远乎哉?我欲仁,斯仁至矣"(7.30)的意思。

《子罕》赏析

中国古代知识分子有"以天下为己任"的传统,这个传统来自孔子。

"文王既没,文不在兹乎?"孔子自认为继承了周代的礼乐文化,并决心将这种文化传下去。

孔子有强烈的从政意识。他要找到能了解自己的"明君"以便共同行道,他认为自己像一块美玉,是在"待贾而沽"。

孔子对自己的学问道德十分自信,说即使有一天居于九夷,也是"君子居之,何陋之有",相信在九夷也能传播中原的先进文化。

孔子的从政,也如他所仰慕的前代圣贤一般,目的是使天下太平。但仕途坎坷,有时不得不感叹:"凤鸟不至,河不出图,吾已矣夫!"

孔子的弟子对他的期望很高,也将他看成圣贤,说:"天纵之将圣,又多能也。"对他非常崇敬仰慕,说:"仰之弥高,钻之弥坚。"

但孔子不是天生圣人,他自己也认为自己不是天生的圣人。他说:"吾少也贱,故多能鄙事","吾不试,故艺"。少年时,由于家庭贫困,孔子常年为生活操劳,加上勤奋好学,才学到了一身本领。"出则事公卿,入则事父兄,丧事不敢不勉","过,则勿惮改","毋意,毋必,毋固,毋我",立身行事,均勤勉恭敬。他胸怀大志,坚忍不拔。"三军可夺帅也,匹夫不可夺志也","岁寒,然后知松柏之后凋也","知者不惑,仁者不忧,勇者不惧"……是他志行高洁的生动写照。

孔子对弟子也有很高的期待。"后生可畏,焉知来者之不如今也",相信后人必将超过前人。高度的社会责任感和强烈的历史使命感让他自己不敢松懈。他看到时光如流水般逝去,说道:"逝者如斯夫!不舍昼夜。"这"时不我待"的深沉感叹,使人警觉,催人奋进,激励着后人奋起去建功立业。

乡党篇第十

本为一章,今分为二十七则

10.1 孔子于乡党[1],恂恂如也[2],似不能言者。

其在宗庙朝廷[3],便便言[4],唯谨尔。

【注释】[1]乡党:乡里。周代以500家为党,以12500家为乡。 [2]恂恂(xún):恭顺的样子。 如:形容词词尾,同"然"。 [3]宗庙:祭祀祖先的处所。朝廷:君臣议事的处所。[4]便便(pián):同"辩辩",指说话明白流畅。

【译文】孔子在家乡,十分恭顺,好像不大会说话的样子。

他在宗庙里和朝廷上,说话却明白而流畅,只是小心谨慎不多讲。

10.2 朝[1],与下大夫言[1],侃侃如也[3];与上大夫言,訚訚如也[4]。君在,踧踖如也[5],与与如也[6]。

【注释】[1]朝:朝廷,这里指上朝。 [2]下大夫:官名。周代,周王室和诸侯各国,官职设卿和大夫,大夫又分上、中、下三个等级。 [3]侃侃(kǎn):说话从容不迫的样子。 [4]訚訚(yín):说话和颜悦色的样子。 [5]踧踖(cù jí):恭敬而局促不安的样子。　〔6〕与与(yú):行步舒缓仪容适度的样子。

【译文】孔子上朝的时候,同下大夫交谈,从容不迫;同上大夫交谈,和颜悦色。国君来到朝廷后,他表现得十分恭敬而略显局促不安,行步舒缓而仪容适度。

10.3 君召使摈[1],色勃如也[2],足躩如也[3]。揖所与立[4],左右手[5],衣前后[6],襜如也[7]。趋进[8],翼如也[9]。宾退,必复命曰:"宾不顾矣。"

【注释】〔1〕摈(bìn):同"傧",导引、迎接宾客。　〔2〕勃(bó):突然变色,指脸色变得庄重。　〔3〕躩(jué):脚步加快。　〔4〕揖(yī):躬身拱手行礼。〔5〕左右手:指分别向左右行拱手礼。　〔6〕衣前后:由于向左右行礼,衣裳随之前后摆动。　〔7〕襜(chān):衣裳飘动的样子。　〔8〕趋进:快步向前,是恭敬的表示。　〔9〕翼:翅。

【译文】鲁国国君召孔子去接引宾客,孔子面容便变得庄重起来,脚步也加快了。他向同他站在一起的大夫躬身行拱手礼,一会向左拱手,一会向右拱手,衣裳也随之前后飘动,飘得很好看。他快步向前,像鸟儿张开双翼。宾客走了以后,他一定回来报告国君说:"客人已经不回头了。"

10.4 入公门[1],鞠躬如也[2],如不容。

立不中门,行不履阈[3]。

过位,色勃如也,足躩如也,其言似不足者。

摄齐升堂[4],鞠躬如也,屏气似不息者[5]。

出,降一等[6],逞颜色[7],怡怡如也[8]。

没阶[9],趋进,翼如也。

复其位,踧踖如也。

【注释】[1]公门:指上朝时所经过的门。 [2]鞠躬:本义是曲身弯腰,这里是恭敬谨慎的样子。 [3]履:践,踏。 阈(yù):门槛。 [4]摄(shè):提起。 齐(zī):衣裳的下摆。 [5]屏(bǐng)气:憋住气。 [6]一等:一级台阶。 [7]逞(chěng):舒展。 [8]怡怡:心情舒畅的样子。 [9]没阶:走完台阶。

【译文】孔子走进朝廷的门,一副恭敬谨慎的样子,好像没有容身之地一般。

他站立从不站在门的中间,行走从不踩门槛。

经过国君的座位,面容便变得庄重起来,脚步也加快了,说起话来也好像中气不足。

他提起衣裳的下摆走到堂上去,也是一副恭敬谨慎的样子,憋住气,好像停止了呼吸。

等到走出来,走下一级台阶,脸色才舒展开来,一副心情舒畅的样子。

走完了台阶,他才快步前进,像鸟儿张开双翼。

他回到自己的位置,又是一副恭敬而局促不安的样子。

10.5 执圭[1],鞠躬如也,如不胜[2]。上如揖,下如授。勃如战色[3],足蹜蹜如有循[4]。

享礼[5],有容色[6]。

私觌[7],愉愉如也[8]。

【注释】[1]圭(guī):古代举行典礼时,君臣手里拿着的一种上圆下方的玉器。 [2]胜(shēng):担负得起。 [3]战:战栗,是小心畏惧以显示恭敬的样子。 [4]蹜蹜(sù):小步走路。 循:依循,沿着。 [5]享礼:使臣把礼物罗列并呈上。享,献。 [6]容色:和颜悦色。 [7]觌(dí):相见,见面。 [8]愉愉:心情愉快的样子。

【译文】孔子出使外国时手里拿着圭,一副恭敬谨慎的样子,好像拿不起这玉圭。上与心齐好像在作揖,下似授物不会拿得很低。脸色忽然变得很庄重,表现出畏惧恭谨的样子,小步行走,好像沿着一条线前行。

在呈献礼物的时候,又恢复到从前的和颜悦色。

在与外国君臣私下会见的时候,则显得轻松愉快。

10.6 君子不以绀緅饰[1],红紫不以为亵服[2]。

当暑,袗絺绤[3],必表而出之。

缁衣[4],羔裘;素衣,麑裘[5];黄衣,狐裘。

亵裘长,短右袂[6]。

必有寝衣[7],长一身有半。

狐貉之厚以居[8]。

去丧,无所不佩。

非帷裳[9],必杀之[10]。

羔裘玄冠不以吊[11]。

吉月[12],必朝服而朝。

【注释】[1]绀(gàn):深青透红的颜色。 緅(zōu):黑中透红的颜色,比绀色暗。 饰:镶边,滚边。 [2]亵(xiè)服:平时在家穿的衣服。红色近朱,朱、紫是上层人物在庄重场合所穿衣服的颜色。 [3]袗(zhěn):单衣。 絺(chī):细麻布。 绤(xì):粗麻布。 [4]缁(zī):黑色。 [5]麑(ní):小鹿。 [6]袂(mèi):衣袖。右边衣袖短是为了方便做事。 [7]寝衣:睡觉盖的小被。 [8]居:坐。 [9]帷裳:上朝或祭祀时所穿的礼服,用整幅布做成,不加剪裁,多余的布折叠并缝上。 [10]杀(shài):减少,指剪去多余的布。 [11]吊:吊丧。 [12]吉月:指"正月之吉",即正月初一。

【译文】君子不用黑中透红的绀色和緅色来做衣服的镶边,也不用浅红色和紫色来做居家所穿的衣服。

在暑天,便穿麻布做的单衣,但里面必有衬衣而把单衣穿在外面。

黑色的衣配羊裘,白色的衣配鹿裘,黄色的衣配狐裘。

家居穿的皮裘较长,但右边的袖子做得短些以方便做事。

睡觉一定有小被,长度是身高的一倍半。

用狐貉的厚皮毛做成坐垫。

丧服满了以后,什么饰物都可以佩带。

除了上朝或祭祀用整幅布做礼服外,其他衣服都要剪去多余的布。

不穿戴黑色的皮裘和黑色的帽子去吊丧。

每年正月初一,一定穿着朝服去朝见国君。

10.7 齐[1],必有明衣[2],布[3]。

齐必变食[4],居必迁坐[5]。

【注释】[1]齐:同"斋"。 [2]明衣:浴衣。 [3]布:当时还没有棉布,只有丝布和麻布。 [4]变食:改变平时的饮食,如不饮酒,不吃葱蒜鱼肉。 [5]居必迁坐:指晚上睡觉一定改换地方,不与妻妾同房。

【译文】斋戒沐浴,一定有浴衣,是用布做的。

斋戒期间,一定改变平时的饮食(不饮酒,不吃葱、蒜、鱼、肉),居住也要换地方(不与妻妾同房)。

10.8 食不厌精[1],脍不厌细[3]。

食饐而餲,鱼馁而肉败[4],不食。色恶,不食。臭恶[5],不食。失饪[6],不食。不时,不食。割不正,不食。不得其酱,不食。

肉虽多,不使胜食气[7]。

唯酒无量,不及乱[8]。

沽酒市脯不食[9]。

不撤姜食,不多食。

【注释】〔1〕厌(yàn)：嫌，憎恶。　〔2〕脍(kuài)：切细的肉。　〔3〕饐(yì)：食物腐烂变味。　餲(ài)：食物经久而变味。　〔4〕馁(něi)：腐烂。　败：腐烂。　〔5〕臭(xiù)：气味。　〔6〕饪(rèn)：烹饪。　〔7〕食气：即"食饩(xì)"，指禾米，即主食。　〔8〕乱：指酒醉后神志昏乱。　〔9〕脯(fǔ)：肉干。

【译文】粮食不嫌舂得精(越精越好)，鱼和肉不嫌切得细(越细越好)。

粮食霉烂变味，鱼和肉腐烂，都不吃。食物颜色难看，不吃。气味难闻，不吃。烹调不当，不吃。不是该吃饭的时间，不吃。不按常规割的肉，不吃。没有合适的调味酱醋，不吃。

席上的肉即使很多，吃的量也不超过主食。

只有酒不限量，但也不会喝醉以致神志昏乱。

从市场上买来的酒和肉干，不吃。

吃完了，不撤除席上的姜食，但也不多吃。

10.9 祭于公[1]，不宿肉[2]。祭肉不出三日[3]。出三日，不食之矣。

【注释】〔1〕祭于公：参加国君的祭祀典礼，国君主祭，士、大夫助祭。　〔2〕不宿肉：不把祭肉留到第二天。士、大夫助祭后，带回分到的祭肉。因牲畜宰杀时间较早，如留到第二天便易腐烂。　〔3〕祭肉：这里指家祭的祭肉。

【译文】参加国君的祭祀典礼，带回的祭肉当天就吃掉，不留到第二天。家祭的祭肉也不能超过三天。超过了三天，就不吃了。

10.10 食不语，寝不言。

【译文】吃饭的时候不同人交谈，睡下去以后不再说话。

10.11 虽疏食[1]、菜羹[2]、瓜，祭[3]，必齐如也[4]。

【注释】〔1〕疏食:糙米饭。 〔2〕菜羹:菜汤。 〔3〕祭:这里指进食之前,将食物各取出少许放在食器之间,祭最初发明饮食的人,以示不忘本。〔4〕齐:同"斋"。

【译文】即使是糙米饭、小菜汤和瓜果,也要在食前祭一祭,而且祭时十分恭敬,也像斋戒了一样。

10.12 席不正〔1〕,不坐。

【注释】〔1〕席:坐席。当时没有凳和椅,均席地而坐,即坐在铺在地面的席子上。

【译文】坐席摆放得不合规矩,就不坐。

10.13 乡人饮酒〔1〕,杖者出〔2〕,斯出矣。

【注释】〔1〕乡人饮酒:指行乡饮酒礼,即本乡之人聚会饮酒,旨在敬老尊贤。〔2〕杖者:指扶杖的老年人。

【译文】在本乡的人举行乡饮酒礼之后,要等老年人都出去了,自己才走出去。

10.14 乡人傩〔1〕,朝服而立于阼阶〔2〕。

【注释】〔1〕傩(nuó):古代风俗,常在腊月举行仪式,由巫师戴上假面跳舞,以驱逐疫鬼。 〔2〕阼(zuò)阶:大堂前东边的台阶。

【译文】在本乡的人举行傩礼以驱逐疫鬼时,穿着朝服而站立在大堂前东边的台阶上。

10.15 问人于他邦[1]，再拜而送之[2]。

【注释】[1]问:问候。　[2]再拜:拜两次。拜,弯腰拱手作揖。

【译文】托人向在别的诸侯国的朋友问好,一定向受托人拜两次然后送他启程。

10.16 康子馈药[1]，拜而受之，曰："丘未达[2]，不敢尝。"

【注释】[1]康子:即季康子季孙肥。　馈(kuì):赠送。　[2]丘:孔子自称其名,相当于第一人称代词。　达:通晓。

【译文】季康子派人送药给孔子,孔子行拜礼后接受了,但又说:"我对这种药的药性还不了解,不敢试服。"

10.17 厩焚[1]。子退朝,曰："伤人乎？"不问马。

【注释】[1]厩(jiù):马厩。

【译文】孔子家的马棚失火了。孔子退朝回到家,问道:"伤人了吗?"没有问马(损失多少)。

10.18 君赐食，必正席先尝之。君赐腥，必熟而荐之[1]。君赐生，必畜之。
　　侍食于君，君祭，先饭[2]。

【注释】[1]荐:进献,供奉。　[2]先饭:古礼,国君饭前举行祭礼时,需有人为国君先尝饭。

【译文】国君赐熟食,孔子必定摆正座位先尝一尝。国君赐生肉,孔子必定煮熟了先供奉祖宗。国君赐活物,必定好好养着它。

侍奉国君吃饭,当国君举行饭前祭祀时,必定为国君先尝饭。

10.19 疾,君视之,东首[1],加朝服,拖绅[2]。

【注释】[1]东首:头朝东。东指东阶,在居室中为尊位,国君到来均从东阶上下,所以孔子头朝东迎接国君。 [2]绅:束腰的大带。

【译文】孔子病了,国君前来探视,孔子把头朝向东阶(迎接他),并披上朝服,拖着束腰的大带。

10.20 君命召,不俟驾行矣[1]。

【注释】[1]俟(sì):等待。 驾:马车。

【译文】国君传令召唤孔子,孔子不等车辆驾好马,立刻先步行而去。

10.21 入太庙,每事问[1]。

【注释】[1]此句重出,见《八佾》(3.15)。

10.22 朋友死,无所归[1],曰:"于我殡[2]。"

【注释】[1]归:依归,依托。 [2]殡(bìn):停放灵柩或把灵柩送到墓地安葬。这里统指料理丧事。

【译文】朋友死了,没有可依托的亲属为他收殓,孔子说:"丧事交给我来办吧。"

10.23 朋友之馈^[1]，虽车马，非祭肉^[2]，不拜。

【注释】[1]馈(kuì)：赠送。　[2]祭肉：祭祀时所用的肉。按古礼，祭祀后要将祭肉分送相关的人。

【译文】朋友的赠品，即使是车马这样贵重的东西，只要不是祭肉，在接受赠品时孔子都不行拜礼。

10.24 寝不尸，居不客。

【译文】孔子睡觉时不像死尸那样直挺着四肢，孔子在家坐着时也不像见客或做客那样正襟危坐(两腿跪着，膝盖着地，臀部贴着足跟)。

10.25 见齐衰者^[1]，虽狎^[2]，必变。见冕者与瞽者，虽亵^[3]，必以貌。

凶服者式之^[4]。式负版者^[5]。

有盛馔^[6]，必变色而作^[7]。

迅雷风烈必变。

【注释】[1]齐衰(zī cuī)：古代丧服。　[2]狎(xiá)：亲近，亲密。　[3]亵(xiè)：亲近，常相见。　[4]凶服：丧服，素服。　式：同"轼"，车前横木，供扶手用。这里用作动词，指伏轼。这是一种古代礼节，即身体微向前俯，伏在横木上，以表示恭敬或同情。　[5]版：国家图籍。　[6]盛馔(zhuàn)：丰盛的菜肴。[7]作：起立。

【译文】孔子看见穿孝服的人，即使同那人平时很亲密，也一定改变面容(表示同情哀悼)。看见戴礼帽的或眼盲的人,即使同那人经常见面,也一定很有礼貌地对待他。

在车上遇见穿着丧服的人,一定伏轼以表同情。遇见背负着国家图籍的人,也一定伏轼表示恭敬。

见有丰盛的菜肴,一定改变面容并且站起来。

每逢迅雷暴风,也一定改变面容。

10.26 升车,必正立,执绥[1]。

车中,不内顾[2],不疾言,不亲指。

【注释】[1]绥(suí):登车时拉手所用的绳索。　[2]内顾:回头向里看。

【译文】孔子登车的时候,一定先端正地站好,然后抓住扶手的绳索登车。在车上,不回头向里看,不急促地说话,也不用自己的手指点。

10.27 色斯举矣,翔而后集[1]。曰:"山梁雌雉[2],时哉时哉!"子路共之[3],三嗅而作[4]。

【注释】[1]集:鸟停在树上。　[2]梁:桥。雉(zhì):野鸡。　[3]子路:即仲由,字子路。共:同"拱",执。　[4]嗅:唐代《石经》作"戞"(jiá),象声词,雉的鸣声。

【译文】(孔子在山谷中行走,看见几只野鸡)孔子脸色刚动,野鸡便飞起来,然后又停在一处。孔子说:"山梁上的雌雉啊,行止合乎时宜啊!行止合乎时宜啊!"子路抓住野鸡,又放了,它们嘎嘎地叫了几声,便飞走了。

《乡党》赏析

本篇仅1章,为方便阅读,今按文意分为27节。全篇记日常生活中的孔子。

孔子不是庙堂中供奉的偶像,而是现实中活生生的人。他的生活起居、待人接物都有着个人的显著特征,那就是恭谨、讲礼。

冬夏早晚的穿衣,必按一定的规矩。

居家进食,也很讲究。定时进餐,定量进食。"食不厌精,脍不厌细",但凡腐败的肉、烹饪不好的食物,不吃。今天看来,也很符合卫生原则。

在生活起居上,"席不正,不坐","食不语,寝不言"。

参加地方上的活动特别尊重乡中老者:"乡人饮酒,杖者出,斯出矣。"

在地方上与人交往,话不多,"似不能言者"。

在朝廷上,与同僚相处,孔子却能侃侃而谈。

上朝之时,行走站立,都恭敬严肃,彬彬有礼。

对国君,孔子表现得特别恭敬:"君赐食,必正席先尝之……","疾,君视之,东首,加朝服,拖绅","君命召,不俟驾行矣"。正如孟子所说:"孔子三月无君,则皇皇如也。"(《孟子·滕文公下》)这是孔子"事君,能致其身"(1.7)的具体表现。

有一次,孔子家中马棚发生火灾。"子退朝,曰:'伤人乎?'不问马。"表现了关怀他人的仁者胸怀。

这些,使我们看到了日常生活中的孔子。

先进篇第十一

共二十六章

11.1 子曰:"先进于礼乐[1],野人也[2];后进于礼乐,君子也[3]。如用之,则吾从先进。"

【注释】[1]先进于礼乐:指先学习礼乐然后才去做官的人。礼指礼制、礼仪,乐指音乐。礼乐,这里泛指以礼乐为中心的文化系统。 [2]野人:郊野之人,指平民百姓。 [3]君子:有地位的人。这里指卿大夫的子弟,他们往往世袭为官,然后才去学习礼乐。

【译文】孔子说:"先学习礼乐然后才去做官的人,是一般的平民百姓;先有了世袭官职然后才去学习礼乐的,是卿大夫的子弟。如果要选用人才,我主张选用先学习礼乐的人。"

【点评】孔子办教育,从平民中培养了许多从政的人才,孔子鼓励他们从政,这对于打破旧有的以世袭为特征的世卿世禄制,具有进步意义。后来,在汉语中,"先进""先达"等词语用来指前辈。

11.2 子曰:"从我于陈、蔡者[1],皆不及门也[2]。"

【注释】[1]陈、蔡:陈国和蔡国。蔡国,姬姓,都城在上蔡(今属河南)。周代初年周公平叛后封武王弟叔度之子蔡仲于此。孔子周游列国时,曾"厄于陈蔡",绝粮挨饿。 [2]不及门:指不在门下受教。

【译文】孔子说:"跟随我在陈、蔡忍饥挨饿的子弟,现在都已离去,不在我这里了。"

【点评】孔子对曾经同生死、共患难的弟子万分思念,发出深深的感叹。古罗马诗人奥维德说:"正如真金要在烈火中识别一样,友谊必须在逆境里经受考验。"(《哀怨集》)

11.3 德行:颜渊[1],闵子骞[2],冉伯牛[3],仲弓[4]。言语:宰我[5],子贡[6]。政事:冉有[7],季路[8]。文学[9]:子游[10],子夏[11]。

【注释】[1]颜渊:即颜回,字子渊。 [2]闵子骞:即闵骞,字子骞。 [3]冉伯牛:即冉耕,字伯牛。 [4]仲弓:即冉雍,字仲弓。 [5]宰我:即宰予,字子我。 [6]子贡:即端木赐,字子贡。 [7]冉有:即冉求,字子有。 [8]季路:即仲由,字子路,又称季路。 [9]文学:指《诗》《书》《易》等古代文献典籍。 [10]子游:即言偃,字子游。 [11]子夏:即卜商,字子夏。

【译文】孔子弟子中德行最优异的:颜渊、闵子骞、冉伯牛、仲弓。擅长辞令的:宰我、子贡。精通政务的:冉有、季路。熟悉文献典籍的:子游、子夏。

【点评】孔子对弟子都能"因材施教",孔子弟子也都"学有专长",显示了孔子教育的鲜明特色。

11.4 子曰:"回也非助我者也[1],于吾言无所不说[2]。"

【注释】〔1〕回:颜回。 也:句中语气词。 〔2〕说:同"悦"。

【译文】孔子说:"颜回不是对我有所帮助的人,因为他对我的话没有不喜欢的(没有提出不同的意见)。"

【点评】《礼记·学记》说:"学然后知不足,教然后知困。知不足,然后能自反也。知困,然后能自强也。故曰教学相长也。"教和学相互促进叫教学相长,教师和学生相互促进也叫教学相长。孔子希望他的弟子对他的讲学能够提出不同意见,互相切磋。

11.5 子曰:"孝哉闵子骞[1]! 人不间于其父母昆弟之言[2]。"

【注释】〔1〕闵子骞:即闵骞,字子骞。 〔2〕间(jiàn):距离,差别。这里指不同的看法,即异议。 昆弟:兄弟。

【译文】孔子说:"真孝顺啊,这个闵子骞! 别人对他的父母兄弟称赞他的话从来没有异议。"

【点评】孝悌为仁之本,闵子骞以孝著称,受到孔子赞扬。

11.6 南容三复白圭[1],孔子以其兄之子妻之[2]。

【注释】〔1〕南容:南宫适,字子容。 三复:反复诵读。 白圭:指关于白圭的诗句。《诗经·大雅·抑》说:"白圭之玷,尚可磨也。斯言之玷,不可为也。"意思是说,白圭(白玉)上的污点还可以磨掉,说话中的污点却不能抹掉(说出的话无法收回),因而说话应谨慎。 〔2〕妻(qì):这里用作动词,指把女儿(这里是指侄女)嫁给别人为妻。

【译文】南容反复诵读"白圭"的诗句,孔子便把侄女嫁给了他。

【点评】孔子赞赏"慎言笃行"("君子欲讷于言而敏于行",见 4.24),南容做到了这一点。

11.7 季康子问[1]:"弟子孰为好学?"孔子对曰:"有颜回者好学,不幸短命死矣。今也则亡[2]。"

【注释】[1]季康子:即季孙肥。 [2]亡:同"无"。

【译文】季康子问道:"在您的弟子中谁最好学?"孔子回答说:"有一个叫颜回的最好学,不幸短命死了。现在就没有这样好学的了。"

【点评】孔子对好学的颜回不幸早夭这件事,感到深深惋惜。(参阅6.3)

11.8 颜渊死[1],颜路请子之车以为之椁[2]。子曰:"才不才,亦各言其子也。鲤也死[3],有棺而无椁。吾不徒行以为之椁。以吾从大夫之后[4],不可徒行也。"

【注释】[1]颜渊:即颜回,字子渊。 [2]颜路:颜回的父亲,名无繇(yóu),字路,也是孔子弟子。 子:指孔子。 椁(guǒ):古代有身份有地位的人,死后棺材有两层,内层叫棺,外层叫椁。 [3]鲤:即孔鲤,字伯鱼,孔子的儿子,年五十(孔子时年七十)死去。 [4]以:因为。从大夫之后:跟随在大夫行列的后面,这是谦逊的说法,意思是自己仍属大夫的行列,是一个大夫。

【译文】颜渊死了,他的父亲颜路请求孔子卖掉车子来替颜渊置办外椁。孔子说:"无论有才能还是没有才能,也都算是各自的儿子吧。我的儿子孔鲤死的时候,有棺而没有椁。我不能卖了车徒步行走来为他置办外椁。因为我仍是一个大夫,是不能徒步行走的啊。"

【点评】 孔子对孔鲤和颜回有着深厚的父子情、师生情,但不愿卖车买椁以致损害礼,他坚守"礼",对颜路的要求做了理智的回答。

11.9 颜渊死。 子曰:"噫[1]! 天丧予[2]! 天丧予!"

【注释】 [1]噫(yī):感叹声。 [2]丧(sàng):丧亡。这里是使动用法,"丧予"即"使我丧亡"。

【译文】 颜渊死了,孔子说:"唉!上天要我的命啊!上天要我的命啊!"

【点评】 可以想见颜渊死时孔子是何等的悲哀。

11.10 颜渊死,子哭之恸[1]。 从者曰:"子恸矣!"曰:"有恸乎? 非夫人之为恸而谁为[2]?"

【注释】 [1]恸(tòng):大哭,十分哀痛悲伤。 [2]非夫人之为恸:是"非为夫人恸之"的倒装。夫(fú),指示代词,"这""那"的意思。之,语气词,表示宾语"夫人"提到了介词"为"的前面。 **谁为**:为谁。

【译文】 颜渊死了,孔子哭得很伤心。跟随在他身边的人说:"您太伤心了!"孔子说:"我真的太伤心了吗? 我不为这样的人伤心还为什么人伤心呢?"

【点评】 圣人真情流露之时,特别令人感动。

11.11 颜渊死,门人欲厚葬之[1]。 子曰:"不可[2]。"

门人厚葬之。子曰:"回也视予犹父也,予不得视犹子也[3]。非我也,夫二三子也。"

【注释】[1]厚葬:用价格高昂的棺材、丰富而贵重的陪葬品、隆重的仪式等安葬。　[2]不可:孔子认为颜回不宜厚葬,因为颜回家贫,贫而厚葬,既背理又违礼。　[3]犹子:如同儿子。

【译文】颜渊死了,孔子门下的弟子打算厚葬他,孔子说:"不可以。"弟子们还是厚葬了他。孔子说:"颜回啊,你看待我好像看待父亲一样,但我看待你却不能像看待儿子一样(使葬礼合于礼)。这样安葬不是我的意思,完全是这班弟子们要这样做的呀。"

【点评】孔子与颜回情同父子,师生感情尤为深厚。但即便如此,背理又违礼的事,孔子也不会去做。"犹子"是如同儿子的意思,古代也可指侄子,今天也可用于晚辈自称。

11.12 季路问事鬼神[1]。子曰:"未能事人,焉能事鬼[2]?"曰:"敢问死[3]。"曰:"未知生,焉知死?"

【注释】[1]季路:即子路,也是仲由的字。　事:侍奉,服事。　鬼神:古人迷信,认为人死后精灵不灭而为鬼神。　[2]焉:疑问代词,安,何。　[3]敢:表敬副词,无实际意义,有"大胆""冒昧"的意思。

【译文】季路问孔子应怎样服侍鬼神。孔子说:"不能服侍好活着的人,怎么还能去服侍死了的人?"季路又问:"我大胆地请问'死'是什么?"孔子说:"还没有了解'生',怎么能了解'死'呢?"

【点评】孔子对天命鬼神都采取"存而不论"的态度,也就是"敬鬼神而远之"(6.22),主张不迷信鬼神,认为人只要尽力于人事就可以了。

11.13 闵子侍侧，訚訚如也[1]；子路，行行如也[2]；冉有、子贡，侃侃如也[3]。子乐。"若由也[4]，不得其死然[5]。"

【注释】[1]訚訚(yín)：说话和颜悦色的样子。 [2]行行(hàng)：刚强的样子。 [3]侃侃(kǎn)：说话从容不迫的样子。 [4]由：仲由，字子路。 [5]不得其死：不能善终，不能正常地死去，也就是非正常死亡。后来，卫国发生争夺君位的内乱，子路深陷其中，在战乱中被杀。事见《左传·哀公十五年》。 然：语气词，同"焉"。

【译文】闵子骞侍立在孔子身边，和颜悦色非常谦恭的样子；子路，刚强而自信的样子；冉有、子贡，从容不迫神态安详的样子。孔子非常高兴。(但又担心地说：)"像仲由这样吧，恐怕不能善终啊。"

【点评】孔子见到弟子神态各异，但都是彬彬君子，所以很高兴，却也为子路而担忧，后来，果然"不幸而言中"。在卫国内乱中，子路被戈击中，帽带(缨)断了。临死时，子路说："君子也，冠不免。"于是"结缨而死"，死得很壮烈。

11.14 鲁人为长府[1]。闵子骞曰："仍旧贯[2]，如之何？何必改作？"子曰："夫人不言[3]，言必有中[4]。"

【注释】[1]鲁人：指鲁国的执政者。 为：改建，翻修。 长(cháng)府：收藏财货的库府。 [2]仍：因，依照。 贯：事。 [3]夫(fú)人：这个人。 [4]中(zhòng)：中肯。

【译文】鲁国的执政者要改建长府。闵子骞说："照着老样子就行了，怎么样？何必要改建呢？"孔子说："这个人平常不怎么说话，但一说话一定很中肯。"

【点评】改建长府，会劳民伤财，所以孔子赞成闵子骞"仍旧贯"的主张。"仍旧贯",即依照惯例,这个词语今天还在使用。

11.15 子曰:"由之瑟奚为于丘之门[1]?"门人不敬子路[2]。子曰:"由也升堂矣[3],未入于室也[4]。"

【注释】[1]瑟(sè):拨弦乐器,似琴,有25根弦,每弦一柱。 奚:何,为什么。为:动词,指弹瑟。 [2]子路:仲由,字子路。 [3]升堂:登堂。堂指正厅。孔子用入门、升堂(登堂)、入室来比喻学问或技巧由肤浅到精深,由低级到高级的不同层次、不同阶段。 [4]室:内室。人们总是先进门,再升堂,然后进入内室。

【译文】孔子说:"仲由弹瑟为什么老是到我这里来弹呢?"门下弟子因此不大看得起子路。孔子说:"仲由啊,他已经'升堂'了,只是还没有'入室'罢了。"

【点评】孔子十分关心并充分了解弟子学习的进展程度,这是"因材施教"的重要前提。"入门""登堂""入室",比喻学问、技巧三个循序渐进的阶段和程度,十分形象贴切,今天还可继续使用。

11.16 子贡问[1]:"师与商也孰贤[2]?"子曰:"师也过,商也不及。"
曰:"然则师愈与[3]?"子曰:"过犹不及。"

【注释】[1]子贡:即端木赐,字子贡。 [2]师:即颛孙师,字子张。 商:即卜商,字子夏。 孰:谁。 贤:强,胜。 [3]愈(yù):较好,胜过。 与:同"欤"。

【译文】子贡问:"颛孙师和卜商谁强一些?"孔子说:"颛孙师(性情偏激)做事往往过分,卜商(行动迟缓)做事往往跟不上。"
子贡问:"这样说来颛孙师就强一些吗?"孔子说:"过分和赶不上一样,都不好啊。"

【点评】"过"和"不及"都偏离了中道,"过犹不及",两者都不可取,这反映了孔子的中庸思想。朱熹说:"中者,不偏不倚,无过不及之名。"(《四书集注》)为了恪守中道,孔子往往对两个极端,或反对,或折中,或调和。这叫"执两用中",也就是《礼记·中庸》所说的"执其两端,用其中于民"。

11.17 季氏富于周公[1],而求也为之聚敛而附益之[2]。子曰:"非吾徒也[3]。小子鸣鼓而攻之[4],可也。"

【注释】[1]季氏:即季孙氏,鲁国最有权势的三家贵族之一。 周公:指周公旦。 [2]求:即冉求,字子有,当时是季孙氏的家臣。 聚敛(liǎn):指加重赋税来搜刮民财。据《左传》记载,鲁宣公十五年(公元前594年)鲁国"初税亩"(开始按田亩征税),鲁哀公十一年(公元前484年)季孙氏又实行田赋制度加重民众负担。当时孔子曾对冉求说:"施取其厚,事举其中,敛从其薄。"不同意冉求帮助季孙氏实行新的制度。 附益:增加。 [3]徒:指同类的人。 [4]小子:年轻人,子弟,是长辈对晚辈的称呼。 攻:指责过失。

【译文】季氏比周公还富有,但冉求还要替他搜刮民财,让他继续增加财富。孔子说:"冉求不是我们这样仁义的人,你们这班弟子可以大张旗鼓地去声讨他。"

【点评】孔子出于仁爱之心,反对对民众征收过重的赋税。其弟子有若曾对鲁哀公说:"百姓足,君孰与不足?百姓不足,君孰与足?"(12.9)后来,人们用"鸣鼓而攻之"一语,表达"口诛笔伐"的意思。

11.18 柴也愚[1],参也鲁[2],师也辟[3],由也喭[4]。

【注释】[1]柴:孔子弟子,姓高名柴,字子羔。 [2]参:即曾参,字子舆。 鲁:钝拙。 [3]师:即颛孙师,字子张。 辟(pì):偏激。 [4]由:即仲由,字子路。 喭(yàn):鲁莽。

【译文】高柴愚笨,曾参钝拙,颛孙师偏激,仲由鲁莽。

【点评】孔子对弟子的资质与个性了如指掌,并能有针对性地进行教育。

11.19 子曰:"回也其庶乎[1],屡空[2]。赐不受命[3],而货殖焉[4],亿则屡中[5]。"

【注释】[1]回:即颜回,字子渊。 庶:庶几,差不多。 [2]空:空乏,贫困。 [3]赐:即端木赐,字子贡。 不受命:指不安于命运的安排。 [4]货殖:经商,贩卖货物以增加财富。 [5]亿:同"臆",猜测,推断。 中(zhòng):适合,中肯,指猜中行情。

【译文】孔子说:"颜回的学问和德行都差不多了吧,但常常陷于贫困。端木赐不安于命运的安排,去经商做买卖,他猜测行情竟常常猜中。"

【点评】在孔子弟子中,子贡是一个成功的商人。《史记·仲尼弟子列传》说:"子贡好废举(指卖贵买贱),与时转货赀。……家累千金。"孔子说他"不受命",可见他是一个能开拓进取大胆改变自己命运的人。孔子又说他"亿则屡中",说明他有经商天才。子贡大概是中国最早的"儒商"吧。

11.20 子张问善人之道[1]。子曰:"不践迹[2],亦不入于室。"

【注释】[1]子张:即颛孙师,字子张。 善人:指善待民众、好行善政的统治者。 [2]践:踩。 迹:脚印。

【译文】子张问善人是什么样的人。孔子说:"善人不踩着前人的脚印走(而有自己的创建),但也未能'入室'(达到圣人的境界)。"

【点评】"善人"虽然独辟蹊径,但学习上未达高深境界,令人惋惜。

11.21 子曰:"论笃是与[1],君子者乎? 色庄者乎[2]?"

【注释】[1]论笃是与:同"与论笃","是"表示动词和宾语倒置。论笃(dǔ),言语笃实。与,赞许。 [2]色:脸色。

【译文】孔子说:"人们总是赞许言语笃实的人,言语笃实的人是真正的君子呢,还是仅仅在外表上显得庄重呢?"

【点评】由于"有言者不必有德"(14.4),因此"君子不以言举人"(15.23),应当"听其言而观其行"(5.10)。

11.22 子路问[1]:"闻斯行诸[2]?"子曰:"有父兄在,如之何其闻斯行之?"

冉有问[3]:"闻斯行诸?"子曰:"闻斯行之。"

公西华曰[4]:"由也问闻斯行诸,子曰'有父兄在';求也问闻斯行诸,子曰'闻斯行之'。 赤也惑,敢问。"子曰:"求也退,故进之。 由也兼人[5],故退之。"

【注释】[1]子路:即仲由,字子路。 [2]诸:"之乎"的合音。 [3]冉有:即冉求,字子有。 [4]公西华:即公西赤,字子华。 [5]兼人:一人兼有二人勇力,喜欢胜过别人,有时胆大妄为。

【译文】子路问:"听到一件事可以马上去做吗?"孔子说:"有父兄在(要先听听他们的意见),为什么一听到就马上去做呢?"冉有问:"听到一件事可以马上去做吗?"孔子说:"听到后就马上去做。"公西华说:"仲由(子路)问听到一件事可以马上去做吗,您说'有父兄在';冉求问听到一件事可以马上去做吗,您说'听到后就马上去做'。我感到困惑不解,大胆地来问问。"孔子说:"冉求平日做事迟缓退缩,所以我要鼓励他大胆去做。仲由平日好勇逞能,有时胆大妄为,所以我要抑制他一下。"

【点评】"求也退,故进之;由也兼人,故退之",是典型的因材施教的例子,同时,也是孔子运用中庸思想解决实际问题的范例。

11.23 子畏于匡[1],颜渊后[2]。子曰:"吾以女为死矣[3]。"曰:"子在,回何敢死?"

【注释】[1]子畏于匡:见(9.5)注[1]。　[2]颜渊:即颜回,字子渊。[3]女:同"汝"。

【译文】孔子在匡被拘囚,(弟子们失散后又重聚)颜渊最后才赶来。孔子说:"我以为你已经死了。"颜渊说:"您还活着,我怎么敢去死呢?"

【点评】烈火识真金,患难见真情。

11.24 季子然问[1]:"仲由、冉求可谓大臣与?"子曰:"吾以子为异之问[2],曾由与求之问[3]。所谓大臣者,以道事君,不可则止。今由与求也,可谓具臣矣[4]。"

曰:"然则从之者与[5]?"子曰:"弑父与君,亦不从也。"

【注释】[1]季子然:人名,为季氏同族的人。　[2]异之问:即"问异","之"表示动词和宾语的倒置。异,他人。　[3]曾(zēng):副词,竟,竟然。　[4]具臣:指不大称职、仅备位充数之臣。具,聊备其数。　[5]之:代词,代季孙氏,当时仲由、冉求都是季孙氏的家臣。

【译文】季子然问:"仲由、冉求可以说是大臣吗?"孔子说:"我以为您问的是别人,原来问的是仲由和冉求。所谓大臣,应当用道义来服侍国君,不能推行道义就辞职不干。现在仲由和冉求,只可算是备位充数之臣罢了。"

季子然又问:"这样说来他们会顺从季孙氏吗?"孔子说:"杀父亲和国君这样的事,他们也不会顺从的。"

【点评】可参看"季氏将伐颛臾"章(16.1)。孔子不满仲由、冉求帮助季孙氏扩张势力,但也相信他们在大节上不会失节。

11.25 子路使子羔为费宰[1]。 子曰:"贼夫人之子[2]。"

子路曰:"有民人焉,有社稷焉[3],何必读书,然后为学?"

子曰:"是故恶夫佞者[4]。"

【注释】[1]子路:即仲由,当时为季孙氏家臣。 子羔:即高柴。 费(bì):地名,季氏的封邑。 宰:长官。 [2]贼:伤害。 夫(fú):指示代词,这,那。孔子认为高柴尚未学成就去为官治民,这是害了他。 [3]社稷:祭祀土神和谷神的祭坛。 [4]恶(wù):憎恶,讨厌。 佞(nìng):有褒贬二义。褒义的"佞",是有口才、能说会道的意思;贬义的"佞",是花言巧语、谄谀逢迎的意思。这里是贬义。

【译文】子路叫子羔去做费邑的长官。孔子说:"(子羔尚未学成)你这是害了人家的子弟。"

子路说:"那地方有老百姓,又有社稷(可以在治民事神中学习),何必一定要读书,然后才算是学习呢?"

孔子说:"所以我讨厌那种花言巧语、能言善辩的人。"

【点评】子羔学业未成,而且出仕又会助长季氏势力,所以孔子反对子羔出仕。子路不理会孔子之意,强行辩解,遭到孔子痛斥。

11.26 子路、曾皙、冉有、公西华侍坐[1]。

子曰:"以吾一日长乎尔〔2〕,毋吾以也〔3〕。居则曰〔4〕:'不吾知也!'如或知尔〔5〕,则何以哉?"

子路率尔而对曰〔6〕:"千乘之国〔7〕,摄乎大国之间〔8〕,加之以师旅〔9〕,因之以饥馑〔10〕,由也为之,比及三年〔11〕,可使有勇,且知方也〔12〕。"

夫子哂之〔13〕。

"求!尔何如?"

对曰:"方六七十〔14〕,如五六十〔15〕,求也为之,比及三年,可使足民〔16〕。如其礼乐〔17〕,以俟君子〔18〕。"

"赤!尔何如?"

对曰:"非曰能之,愿学焉。宗庙之事〔19〕,如会同〔20〕,端章甫〔21〕,愿为小相焉〔22〕。"

"点!尔何如?"

鼓瑟希〔23〕,铿尔〔24〕,舍瑟而作〔25〕,对曰:"异乎三子者之撰〔26〕。"

子曰:"何伤乎〔27〕?亦各言其志也。"

曰:"莫春者〔28〕,春服既成〔29〕,冠者五六人〔30〕,童子六七人,浴乎沂〔31〕,风乎舞雩〔32〕,咏而归。"

夫子喟然叹曰〔33〕:"吾与点也〔34〕!"

三子者出,曾皙后。曾皙曰:"夫三子者之言何如?"

子曰:"亦各言其志也已矣。"

曰:"夫子何哂由也?"

曰:"为国以礼,其言不让〔35〕,是故哂之。"

"唯求则非邦也与?"

"安见方六七十如五六十而非邦也者?"

"唯赤则非邦也与?"

"宗庙会同,非诸侯而何?赤也为之小,孰能为之大?"

【注释】[1]曾皙(xī):姓曾,名点,字子皙,曾参的父亲,也是孔子弟子。公西华:即公西赤,字子华。 侍坐:陪坐。 [2]以:因为,由于。 长乎尔:年长于你们,比你们年长。 [3]毋:同"无",指没有人。 以:用。 [4]居:平时。 则:作"辄"解,常常。 [5]或:无定代词,有人。 [6]率尔:轻率匆忙的样子。 [7]千乘(shèng)之国:拥有一千辆兵车的国家,指当时中等的诸侯国。 [8]摄:逼迫,局促。 [9]师旅:古代军队以2500人为师,500人为旅,这里泛指军队。 [10]因:仍,继。 饥馑:饥饿,灾荒。 [11]比及:等到。 [12]方:道义,礼法。 [13]哂(shěn):微笑。 [14]方六七十:指国土纵横各六七十里。 [15]如:或。 [16]足民:使民众富足。 [17]如:至于。 礼乐:指礼乐教化。 [18]俟:等待。 [19]宗庙:古代国君祭祀的场所。宗庙之事指祭祀的事。 [20]如:或。会同:指诸侯会盟。 [21]端:一种用整幅布做的礼服。 章甫:一种士大夫戴的礼帽。 [22]相(xiàng):在祭祀或会盟时,担任赞礼或司仪的人。 [23]鼓:弹奏。 希:即"稀",指弹瑟之声慢慢稀疏下来。 [24]铿(kēng):曲终收拨的声音。 [25]舍:放下。 作:起立。 [26]撰:述。一本作"僎",作"诠"解,"善言"的意思。 [27]伤:妨害。 [28]莫春:即"暮春",夏历三月。 [29]春服:春天穿的衣服,指夹衣。既成:已能穿定,指不必再穿冬衣。 [30]冠(guàn)者:指成年人。古代男子二十岁成年。要束发加冠,举行冠礼。 [31]浴:洗浴。 沂(yí):水名,发源于山东邹城东北,流经曲阜南,进苏北,入黄海。 [32]风:迎风纳凉,用如动词。 舞雩(yú):当时鲁国祭天求雨的地方。 [33]喟(kuì)然:叹气的样子。 [34]与(yù):赞同。 [35]让:谦让。

【译文】子路、曾皙、冉有、公西华陪侍孔子坐着。

孔子说:"因为我比你们年长一些,没有人用我了。你们平时常常说:'没有人了解我啊!'如果有人了解你们(并加以任用),那么你们怎样做呢?"

子路直率而匆忙地回答说:"一个有一千辆兵车的中等国家,局促地处在几个大国的中间,大国常常用军队侵犯它,接着国内又常常发生饥荒,我去治理这样的国家,等到三年以后,能够使民众都有作战的勇气,而且明白道理。"

孔子微微一笑。

孔子又问:"冉求,你怎么样?"

冉求回答说："国土纵横六七十里或五六十里的小国,我去治理它,等到三年之后,能够使人民富足。至于礼乐教化的事,就只好等待贤人君子来办了。"

孔子又问："公西赤,你怎么样?"

公西赤回答说："不是说我能胜任它,但我愿意边做边学。宗庙祭祀的事情或者诸侯会盟的事情,我愿意穿着礼服,戴着礼帽,做一个小司仪者。"

孔子又问："曾点,你怎么样?"

这时曾晳弹瑟的声音逐渐稀疏,"铿"的一声,他放下瑟便站了起来,回答道:"不同于三位所说的。"

孔子说："有什么妨害呢?也不过是各人说说自己的志向啊!"

曾晳便说："暮春三月,春天的衣服已能穿定了,我同五六个成年人,六七个未成年人,在沂水里洗洗澡,在舞雩台上吹吹风,然后唱着歌缓缓归去。"

孔子长叹一声道:"我赞同曾点所说的啊!"

子路、冉有、公西华三人出去了,曾晳走在最后。曾晳问道:"那三位的话怎么样?"

孔子说："也不过是各人说说自己的志向罢了。"

曾晳又问道:"您为什么要笑子路呢?"

孔子说："治理国家要用礼,可是他说话却不谦让,因此笑他。"

"难道冉求所讲的就不是国家的事吗?"

"怎么见得纵横六七十里或五六十里就不是一个国家呢?"

"难道公西赤所讲的就不是国家的事吗?"

"宗庙祭祀的事和诸侯会盟的事,不是国家的事又是什么呢?如果公西赤只是做它的小司仪者,又有谁能做它的大司仪者呢?"

【点评】孔子开创的儒家学派,政治上的主要倾向是积极入世的。他们的志向是"治国平天下",使天下太平,国家强盛,人民富足。孔子对几个弟子的回答都很满意,尤其赞扬曾晳的回答。曾晳并没有直接说出自己的志向,而是描绘一幅春景图。暮春三月,惠风和畅,舞雩台前,沂水之滨,杨柳依依,春光明媚,一群青少年结伴春游,载笑载言,且歌且咏。这是一种和平宁静富于诗意的理想境界,是太平盛世的美丽图景。近人杨树达说:"孔子与曾点者,以点之所言为太平社会之缩影也。"(《论语疏证》)曾晳不是直接阐述如何施政,而是描绘那施政的结果,显得含蓄有致,更能表现出理想和志趣的高洁,因而最受孔子赞许。

《先进》赏析

孔子不但是伟大的思想家,也是伟大的教育家。他打破了"学在官府"的旧传统,首创私人办学,让平民也能受教育。通过教育,孔子造就了大批的"士"——中国古代知识分子,其中有不少是平民出身。孔子教育和鼓励他们从政,为官治民,这在当时具有非凡的意义。

在政治制度上,周代一直实行贵族世袭制(又称世卿世禄制),贵族世代为官,执掌政权。到了春秋末年和战国时代,发生了社会大变动,在社会制度上由封建领主制过渡到封建地主制(或说从奴隶制过渡到封建制)。与这一变化相适应的是贵族世袭制被打破,逐渐过渡到官员任命制。大批平民出身但学业有成的"士"走上了仕途,为官执政。而首先培养"士"的便是孔子。

在贵族世袭制下,贵族从小便有了世袭的地位,然后才学习礼乐文化,他们是"后进于礼乐"。而众多的平民子弟,他们是先学习礼乐文化,然后才踏上仕途,他们是"先进于礼乐"。孔子明确表示:"如用之,则吾从先进。"

孔子鼓励弟子从政,《侍坐》章有精彩的描述。

从《侍坐》章看,孔子关心政局和国计民生,对自己的理想抱负有信心,对弟子循循善诱,与弟子的关系十分亲切融洽,表现出大思想家、大教育家的风度。

孔子几个弟子的形象也很鲜明。子路的率直,冉有、公西华的谦逊,曾皙的从容不迫且能独立思考,都各具特色。但更重要的是,他们的主要倾向都积极入世,比较关心国家的强盛和人民的富足。子路希望能治理好一个诸侯国,使人民勇于战斗,又明白道理,使国家由弱变强;冉有希望足民;曾皙则描绘了一幅优美的生活图景,表达了对和平宁静的社会生活的向往。曾皙的志趣和愿望,并不是直接说出,而是通过描绘一种和平宁静富于诗意的理想境界表达出来。他并不是直接阐明自己如何施政,而是描绘那施政的结果,因而显得特别含蓄有致,更能表现出理想和志趣的高洁。由于曾皙的回答更符合孔子的志趣("老者安之,朋友信之,少者怀之",见5.16),所以受到孔子的特别赞扬。

其余各章,有不少是孔子对弟子的评论,也都表现了孔子为造就"士"如何尽心竭力,对他们又如何寄予深深的期望。孔子对每个弟子都十分了解,并且都能因材施教,显示了大教育家的本色。

颜渊篇第十二

共二十四章

12.1 颜渊问仁[1]。子曰:"克己复礼为仁[2]。一日克己复礼,天下归仁焉[3]。为仁由己,而由人乎哉?"

颜渊曰:"请问其目[4]。"子曰:"非礼勿视,非礼勿听,非礼勿言,非礼勿动。"

颜渊曰:"回虽不敏,请事斯语矣[5]。"

【注释】[1]颜渊:即颜回,字子渊。 [2]克己:克制自己,使自己不出现违礼的言行。 复礼:回到礼上来,使自己的言行合于礼。 [3]归:归附,趋向。一说,是"称许"的意思。 [4]目:细目。 [5]事:从事,实行。

【译文】颜渊问什么是仁。孔子说:"克制自己,使自己的一切言行都合于礼这就是仁。一旦做到了克制自己而且一切言行都合于礼,天下都会趋向仁了。做到仁要完全靠自己,难道要靠别人吗?"

颜渊说:"请问具体的条目是什么?"孔子说:"不合于礼的东西不看,不合于礼的话不听,不合于礼的话不说,不合于礼的事不做。"

颜渊说:"我虽然迟钝,也要照着您所说的去做。"

【点评】在孔子的思想中,"仁"和"礼"是相互制约的。孔子讲"礼",是希望人们克制自己,约束自己,使视、听、言、动均合于"礼",以维护社会秩序的稳定,使民众安居乐业,"天下归仁"。"克己"是不容易的,但却是成就仁德所必需的。古希腊哲人柏拉图说:"征服自己需要更大的勇气,其胜利也是所有胜利中最光荣的胜利。"(《法律篇》)

12.2 仲弓问仁[1]。子曰:"出门如见大宾,使民如承大祭。己所不欲,勿施于人。在邦无怨[2],在家无怨[3]。"仲弓曰:"雍虽不敏,请事斯语矣。"

【注释】[1]仲弓:即冉雍,字仲弓。 [2]在邦:指在诸侯之邦任职。 [3]在家:指在卿大夫家任职。

【译文】仲弓问什么是仁。孔子说:"离开家门外出任职就像会见贵宾(那样的庄重),役使民众就好像承办盛大祭典(那样的严肃)。自己所不想要的东西,不要强加在别人身上。在国君那里任职没有怨恨,在卿大夫家任职也没有怨恨。"仲弓说:"我虽然迟钝,也要照着您所说的去做。"

【点评】孔子在这里揭示了"仁"的两个要点,一是对待职事要"敬",不能玩忽职守;一是对待他人要"恕",也就是"己所不欲,勿施于人"。

12.3 司马牛问仁[1]。子曰:"仁者,其言也讱[2]。"
曰:"其言也讱,斯谓之仁已乎?"子曰:"为之难,言之得无讱乎?"

【注释】[1]司马牛:孔子弟子,姓司马,名耕,字子牛。 [2]讱(rèn):言语迟钝的样子,实际上是指出言谨慎。《史记·仲尼弟子列传》说司马牛"多言而躁",可见孔子的教诲有很强的针对性。

【译文】司马牛问什么是仁。孔子说:"有仁德的人,他的言语迟钝。"

司马牛说:"言语迟钝,这就叫作仁了吗?"孔子说:"做起来很难,说起来能够不迟钝吗?"

【点评】孔子说:"君子欲讷于言而敏于行。"(4.24)"君子耻其言而过其行。"(14.27)孔子告诫司马牛出言谨慎,并鼓励他多去实践。王阳明说:"知是行的主意,行是知的功夫。知是行之始,行是知之成。"(《传习录》)法国哲学家伏尔泰说:"人生来是为行动的,就像火光总是向上腾,石头总是往下落。对人来说,一无行动,也就等于他并不存在。"(《哲学通信集》)

12.4 司马牛问君子。子曰:"君子不忧不惧。"曰:"不忧不惧,斯谓之君子已乎?"子曰:"内省不疚[1],夫何忧何惧?"

【注释】[1]内省(xǐng):检查自己。 疚(jiù):指自责过失而感到愧疚,内心不安。

【译文】司马牛问什么是君子。孔子说:"君子不忧愁,不恐惧。"司马牛说:"不忧愁,不恐惧,这样就可以叫作君子了吗?"孔子说:"检查自己的言行而问心无愧,还有什么忧愁和恐惧呢?"

【点评】孔子说:"仁者不忧。"(9.29)君子有仁爱之心,不做损人利己的事,"内省不疚",问心无愧,所以不忧不惧。

12.5 司马牛忧曰:"人皆有兄弟,我独亡[1]。"子夏曰[2]:"商闻之矣:死生有命,富贵在天。君子敬而无失,与人恭而有礼,四海之内,皆兄弟也。君子何患乎无兄弟也?"

【注释】[1]亡:同"无"。司马牛之兄桓魋作乱行将败亡,故司马牛忧叹自己无兄弟可依靠。 [2]子夏:即卜商,字子夏。

【译文】司马牛忧愁地说:"别人都有兄弟,唯独我没有。"子夏说:"我听说过这样的话:死生有命运主宰,富贵由上天安排。君子只要做事严肃认真而没有过失,对待别人谦恭而讲礼,那么普天之下的人,都会是你的兄弟。君子何必担心没有兄弟呢?"

【点评】"死生有命,富贵在天"是儒家对"死生富贵"的看法。"莫之为而为者,天也;莫之致而至者,命也。"(《孟子·万章上》)是儒家对"天命"的理解。儒家认为,人的死生富贵都不是本人所能完全主宰的,人只应"尽人事"而"听天命"。这是一种现实的、通达的态度,这就是儒家的天命观(可参看《为政》2.4 注〔3〕)。"四海之内,皆兄弟也",是说到处都有志同道合、亲如兄弟的朋友,这句话千百年来传遍中外,给人以极大的安慰和鼓舞。

12.6 子张问明〔1〕。 子曰:"浸润之谮〔2〕,肤受之愬〔3〕,不行焉,可谓明也已矣。 浸润之谮,肤受之愬,不行焉,可谓远也已矣。"

【注释】〔1〕子张:即颛孙师,子张。 明:明察,不被蒙蔽。 〔2〕浸润之谮(zèn):指像水一样慢慢浸润过来使人不易察觉的谗言。谮,进谗言,讲坏话。〔3〕肤受之愬(sù):指像火像利物一样突然袭来使人产生切肤之痛的毁谤。愬,告诉,这里是诬告,毁谤的意思。

【译文】子张问怎样才算是明察。孔子说:"慢慢浸润过来使人不易察觉的谗言,突然袭来使人产生切肤之痛的毁谤,在你这里都行不通,就可以说是明察了。慢慢浸润过来使人不易察觉的谗言,突然袭来使人产生切肤之痛的毁谤,在你这里都行不通,就可以说是不被蒙蔽而看得远了。"

【点评】"明"(看得明白,看得深远)在某种意义上说就是不被蒙蔽。古今多少人为"人言"所蒙蔽,所以不被蒙蔽必须"知言"。这是生活常识,也是政治智慧。荀子有《解蔽》,可以参看。

12.7 子贡问政[1]。子曰:"足食。足兵[2],民信之矣。"

子贡曰:"必不得已而去,于斯三者何先?"曰:"去兵。"

子贡曰:"必不得已而去,于斯二者何先?"曰:"去食。自古皆有死,民无信不立。"

【注释】[1]子贡:即端木赐,字子贡。 [2]兵:兵器,军械。

【译文】子贡问应怎样管理政务治理国家。孔子说:"使粮食充足,使军械充足,使民众信任执政者。"

子贡说:"如果迫不得已而去掉一项,在这三项中应先去掉哪一项呢?"孔子说:"去掉'足兵'。"

子贡说:"如果迫不得已而去掉一项,在余下的这两项中又应先去掉哪一项呢?"孔子说:"去掉'足食'。自古以来谁都难免一死(粮食不足不是最可怕的),如果民众对执政者缺乏信任,国家就立不起来了。"

【点评】儒家重视"足食""足兵",也就是富国强兵,但更重视取信于民。孔子说:"人而无信,不知其可也。"(2.22)"信则人任焉。"(17.6)

12.8 棘子成曰[1]:"君子质而已矣[2],何以文为[3]?"子贡曰:"惜乎[4],夫子之说君子也,驷不及舌[5]。文犹质也,质犹文也。虎豹之鞹犹犬羊之鞹[6]。"

【注释】[1]棘(jí)子成:卫国大夫。 [2]质:本质,指内在的道德修养。 [3]文:文采,文饰,指外在的礼仪节文。 为:语气词,表疑问。 [4]惜乎:是下面"夫子之说君子"的谓语,提到了主语之前。 [5]驷:套着四匹马的车,也指同拉一辆车的四匹马。 [6]鞹(kuò):去毛的兽皮。

【译文】棘子成说:"君子只要本质好就可以了,为什么还要那些礼仪节文来做文饰呢?"子贡说:"真可惜啊,先生竟这样来谈论君子!四匹马拉的车也追不上你所说的话(说了错话已无法追回)。文采也好像本质一样,正如本质也好像文采一样(都很重要,不能割裂分离)。如果除去表面的毛,那么虎豹的皮也像是犬羊的皮,二者没有什么区别。"

【点评】儒家主张文质并重。作为君子,内在的仁德固然重要,外在的礼仪节文行为举止也不可轻忽。"文质彬彬,然后君子。"(6.18)"驷不及舌",是"一言既出,驷马难追"的意思。

12.9 哀公问于有若曰[1]:"年饥[2],用不足,如之何?"

有若对曰:"盍彻乎[3]?"

曰:"二,吾犹不足,如之何其彻也?"

对曰:"百姓足,君孰与不足[4]?百姓不足,君孰与足?"

【注释】[1]哀公:鲁国国君。 有若:孔子弟子,字子有。 [2]年饥:年成不好,歉收,出现灾荒。 [3]盍(hé):何不。 彻:指国家从农民的田亩收获中抽取十分之一的赋税。 [4]孰与:等于说"何如","怎么样",常用于反诘语气,并含有比较的意味。

【译文】鲁哀公向有若问道:"年成不好,国家用度不够,应当怎么办呢?"

有若回答说:"为什么不实行抽取十分之一赋税的'彻'法呢?"

鲁哀公说:"抽取十分之二我尚且觉得不够,怎么能实行只抽取十分之一的'彻'法呢?"

有若回答说:"如果百姓的用度够了,您的用度怎么会不够呢?如果百姓的用度不够,您的用度又怎么会够呢?"

【点评】孔子反对过重的赋税,主张减轻民众的负担。有若所说"百姓足,君孰与不足;百姓不足,君孰与足",符合孔子一贯的思想。

12.10 子张问崇德辨惑[1]。子曰:"主忠信,徙义[2],崇德也。爱之欲其生,恶之欲其死。既欲其生,又欲其死,是惑也。'诚不以富,亦祇以异。'[3]"

【注释】[1]子张:即颛孙师,字子张。 惑:迷惑,指被人蒙蔽或受爱憎好恶情感左右,不能理智地对人和事做出正确的判断。 [2]徙:迁移。徙义,向义靠拢,唯义是从。 [3]"诚不以富"两句:是《诗经·小雅·我行其野》中的句子,宋人程颐说是错简。原诗以弃妇口吻指责前夫:"确实不是新妇比我富有,正是你变了心。" 诚:确实。 祇(zhī):适,恰巧。孔门引诗,常"断章取义",这里引这两句诗,只不过是暗喻客观对象其实前后没有什么不同,只是你的主观情感在作怪罢了。

【译文】子张问怎样才能提高品德修养,辨别是否受了迷惑。孔子说:"言行都以忠心和诚信为宗旨,唯义是从,这就可以提高品德修养。对一个人,爱起他来就希望他长生,恨起他来就希望他马上死去。既希望他长生,又希望他马上死去,这就是受自己主观情感的迷惑。《诗》上说:'确实不是新妇比我富有,正是你变了心。'(你的情感变了,怎能不受迷惑呢?)"

【点评】"崇德"是以忠信为本,唯义是从,自觉修养道德;"辨惑"是不为感情左右,不感情用事,要理智地分辨是非善恶。"爱之欲其生,恶之欲其死"便是感情用事。

12.11 齐景公问政于孔子[1]。孔子对曰:"君君[2],臣臣,父父,子子。"公曰:"善哉!信如君不君[3],臣不臣,父不父,子不子,虽有粟[4],吾得而食诸[5]?"

【注释】[1]齐景公:齐国国君,名杵臼(chǔ jiù),公元前547—公元前490年在位。当时"礼坏乐崩",王权旁落,"礼乐征伐自诸侯出","陪臣执国命",旧的统治秩序大乱。公元前517年,鲁国发生动乱,鲁昭公受到三家贵族围攻,被迫逃往齐国。次年孔子也来到齐国。这时齐国大夫田恒的势力也十分强大,威胁到了齐景公。　〔2〕君君:国君要像国君的样子(谨守为君之道)。第二个"君"字用作动词。下面句式相同。　〔3〕信:诚,确实。　〔4〕粟(sù):小米,也泛指谷类粮食。　〔5〕诸:"之乎"的合音。

【译文】齐景公向孔子问怎样管理政务治理国家。孔子回答说:"国君要像国君的样子,臣要像臣的样子,父要像父的样子,子要像子的样子。"齐景公说:"说得太好了!确实是这样,如果国君不像国君的样子,臣不像臣的样子,父不像父的样子,子不像子的样子,即使有粮食,我能吃得着吗?"

【点评】这是孔子的"正名"主张(参看13.3)。孔子要求"君君,臣臣,父父,子子",一是为了维护现存的秩序,避免社会动乱;二是强调君与臣,父与子双方都负有责任,都应依"礼"而行。"父子有亲,君臣有义",是儒家所倡导的人伦。

12.12 子曰:"片言可以折狱者〔1〕,其由也与〔2〕?"子路无宿诺〔3〕。

【注释】〔1〕片言:片言只语。　折狱:断案,对案子做出判决。这句话意思是说,由于子路性情急躁,反应敏捷,办事明快,作风果断,未等原告和被告两边申诉完毕,便可对案子做出决断。　〔2〕由:即仲由,字子路。　〔3〕无宿诺:没有把诺言留过夜,意思是对人承诺了什么便立即去做,从不拖延。

【译文】孔子说:"仅凭片语只言便可以断案的,大概只有仲由吧!"子路从不拖延对人承许的诺言,总是立即去做。

【点评】"片言折狱""无宿诺",说明子路断案和实践诺言都很迅速,反映了他的直率和急躁的性格,也反映了他过人的才干。

12.13 子曰:"听讼〔1〕,吾犹人也。必也使无讼乎〔2〕!"

【注释】〔1〕听讼:审理案件。 讼:诉讼,打官司。孔子曾为鲁国大司寇,管司法,审理过案件。 〔2〕也:句中语气词,无义,只起疏宕语气的作用。 无讼:没有诉讼,没有纠纷,大家和睦相处。

【译文】孔子说:"审理案件,我也同别人一样,没有什么不同。要说不同,我只希望一定要大家没有诉讼,人人和睦相处才好。"

【点评】"必使无讼"反映了孔子崇高的政治理想和仁慈宽厚的胸怀。

12.14 子张问政[1]。 子曰:"居之无倦[2],行之以忠。"

【注释】〔1〕子张:即颛孙师,字子张。 〔2〕居:居于其位,指任职。

【译文】子张问怎样管理政务。孔子说:"居位任职不要疲倦懈怠,推行政务要忠诚尽心。"

【点评】勤于政事和忠于职守是从政者基本的道德修养。

12.15 子曰:"博学于文,约之以礼,亦可以弗畔矣夫。"[1]

【注释】[1]此章重出,见《雍也》(6.27)。

12.16 子曰:"君子成人之美,不成人之恶。 小人反是。"

【译文】孔子说:"君子成全别人的好事,不成全别人的坏事。小人却反其道而行。"

【点评】"成人之美",也就是"与人为善"(《孟子·公孙丑上》),属于"己欲立而立人,己欲达而达人"的"恕"道。

12.17 季康子问政于孔子[1]。孔子对曰:"政者,正也。子帅以正[2],孰敢不正?"

【注释】[1]季康子:季孙肥。 [2]帅:率先,带头。

【译文】季康子向孔子问怎样为政。孔子回答说:"'政'这个字的意思就是'正'。您率先端正自己,还有谁敢不端正呢?"

【点评】正人先正己,治国先修身,这就是儒家"德治"的第一要务。宋代岳飞说:"文臣不爱钱,武臣不惜死,天下太平矣。"(《宋史·岳飞传》)

12.18 季康子患盗[1],问于孔子。孔子对曰:"苟子之不欲,虽赏之不窃。"

【注释】[1]患:忧虑。

【译文】季康子担忧盗贼太多,向孔子求教。孔子回答说:"若您不贪求富贵,即使奖励盗窃,他们也不会去盗窃。"

【点评】朱熹说:"言子不贪欲,则虽赏民使之为盗,民亦知耻而不窃。"(《四书集注》)认为民之为盗,多因统治者贪求财富,横征暴敛,民众走投无路,才铤而走险。

12.19 季康子问政于孔子曰:"如杀无道,以就有道,何如?"孔子对曰:"子为政,焉用杀[1]? 子欲善而民善矣。君子之德风,小人之德草[2]。草上之风,必偃[3]。"

【注释】[1]焉:疑问代词,哪里。　[2]君子、小人:这里是从地位上来区分,分别指统治者和被统治者。　[3]偃(yǎn):倒下。

【译文】季康子向孔子问怎样为政,说:"如果杀掉无道之人,而亲近有道之士,怎么样?"孔子回答说:"您管理政务,哪里用得着杀戮?只要您一心做善人行善政,老百姓也就会走上善道。统治者的德行好比风,老百姓的德行好比草。草上刮起了风,草必定跟着风向倒。"

【点评】"子为政,焉用杀",孔子不赞成以暴力治国。"君子之德风,小人之德草",主张以德治国,以道德教化和感化民众。

12.20 子张问[1]:"士何如斯可谓之达矣[2]?"子曰:"何哉,尔所谓达者?"子张对曰:"在邦必闻[3],在家必闻[4]。"子曰:"是闻也[5],非达也。夫达也者,质直而好义,察言而观色,虑以下人[6]。在邦必达,在家必达。夫闻也者,色取仁而行违,居之不疑。在邦必闻,在家必闻。"

【注释】[1]子张:即颛孙师,字子张。　[2]士:读书人,他们通过读书学习,学好本领,然后走上仕途。达:通达,指在仕途上顺利通行。　[3]邦:诸侯国。闻:闻名,有名声。　[4]家:卿大夫家。　[5]是:代词,此,这。　[6]下人:下于人,居人之下,是在人前表现谦恭的意思。

【译文】子张问:"读书人要怎样做才可以说是'达'呢?"孔子说:"你所说的'达'是什么意思呢?"子张回答说:"在国君那里任职必定闻名,在卿大夫家里管事必定闻名。"孔子说:"这是闻名,而不是通达。我所说的'达',是指本性正直而喜好正义,善于辨析别人言语和观察别人脸色,在思想上愿意谦恭待人。这种人在国君那里任职必定通达,在卿大夫家里管事必定通达。至于'闻',是指外表上趋向仁德而实际行动中却违背仁德,这种人竟然以仁人自居而不觉得疑惑。因而他们在国君那里任职必定闻名,在卿大夫家里管事必定闻名(不过是虚名罢了)。"

【点评】闻者,达之名;达者,闻之实。有实者必有名,有名者不必有实。宋代程颐说:"学者须是务实,不要近名。有意近名,大本已失,更学何事?"(见朱熹《四书集注》)

12.21 樊迟从游于舞雩之下[1],曰:"敢问崇德、修慝[2]、辨惑。"子曰:"善哉问! 先事后得,非崇德与? 攻其恶[3],无攻人之恶,非修慝与? 一朝之忿[4],忘其身,以及其亲[5],非惑与?"

【注释】[1]**樊迟**:即樊须,字子迟。 **游**:游逛,行走。 **舞雩**(yú):祭坛,鲁国祭天求雨的地方,在山东曲阜南面。 [2]**修慝**(tè):修治心中的邪念。 [3]**攻**:指责过失。 [4]**忿**(fèn):愤怒。 [5]**亲**:亲人,这里指双亲。

【译文】樊迟跟着孔子在舞雩台下行走,说:"请问崇德、修慝、辨惑是什么意思?"孔子说:"你问得真好啊! 先努力去做然后才考虑个人得失,不就是'崇德'(提高品德修养)吗? 批判自己的坏处,不去指责别人的坏处,不就是'修慝'(修治心中的邪念)吗? 只是出于一时的愤怒,忘记了自身的安危,甚至牵累自己的父母,不就是'惑'吗?"

【点评】子张也问过"崇德"与"辨惑"(见12.10),孔子的回答,虽然话语不同,但是实际内容一致。

12.22 樊迟问仁。子曰:"爱人。"问知[1]。子曰:"知人。"

樊迟未达[2]。子曰:"举直错诸枉[3],能使枉者直。"

樊迟退，见子夏曰[4]："乡也吾见于夫子而问知[5]，子曰'举直错诸枉，能使枉者直'，何谓也？"

子夏曰："富哉言乎！舜有天下[6]，选于众，举皋陶[7]，不仁者远矣[8]。汤有天下[9]，选于众，举伊尹[10]，不仁者远矣。"

【注释】[1]知：同"智"。 [2]达：通晓。 [3]直：指正直之人。错：同"措"，放置。诸："之于"的合音。枉：指邪恶的人。 [4]子夏：即卜商，字子夏。 [5]乡(繁体作"鄉")：即向(繁体作"嚮")，从前，刚才。 [6]舜：虞舜，传说中的圣人，受尧禅让而为天子，后来又把天子之位禅让给禹。 [7]皋陶(gāo yáo)：即皋繇，传说中舜的贤臣。 [8]远：远离(朝廷)。 [9]汤：即商汤，他因讨伐夏桀而取得天下，建立了商王朝。 [10]伊尹：商汤的贤相。

【译文】樊迟问什么是"仁"，孔子说："爱人。"又问什么是"智"，孔子说："了解人。"

樊迟还不明白。孔子说："提拔正直的人并把他们的位置放在邪恶之人的上面，就能使邪恶之人变得正直起来。"

樊迟退下去，见到了子夏，便说："刚才我见到老师，问他什么是'智'，他说，'提拔正直的人并把他们的位置放在邪恶之人的上面，就能使邪恶之人变得正直起来'，这话是什么意思呢？"

子夏说："这话的意义多么丰富啊！舜有了天下，便从众人中选拔贤臣，结果把皋陶提拔起来，不仁的人就远离朝廷了。汤有了天下，便从众人中选拔贤臣，结果把伊尹提拔起来，不仁的人也就远离朝廷了。"

【点评】孔子释"仁"为"爱人"，就是爱他人，"泛爱众"，是儒家的世界观、人生观，体现了儒家崇高的理想和博大的胸怀。孔子释"知"为"知人"，在政治上就是知人善任，任用贤才。这是儒家的政治主张，体现了儒家的政治智慧。

12.23 子贡问友[1]。子曰："忠告而善道之[2]，不可则

止，毋自辱焉。"

【注释】〔1〕子贡：即端木赐，字子贡。　〔2〕道（dǎo）：同"导"，引导。

【译文】子贡问交友之道。孔子说："对朋友要忠心地劝告他并好好地引导他，如果他不听从也就罢了，不要自取其辱。"

【点评】"以友辅德"是交友之道，但也要行之有度。

12.24 曾子曰[1]："君子以文会友，以友辅仁[2]。"

【注释】〔1〕曾子：即曾参，字子舆。　〔2〕辅：助。

【译文】曾子说："君子用文章学问来会友，通过朋友来帮助自己培养仁德。"

【点评】孔子说："同声相应，同气相求。"（《周易·乾卦·文言》）所以"君子以文会友，以友辅仁"，均因声气相投。马克思说："友谊需要用忠诚去播种，用热情去灌溉，用原则去培养，用谅解去护理。"（《马克思书信选集》）

《颜渊》赏析

周礼不仅指冠、婚、丧、祭等各种礼仪节文，而且包括了西周以来一整套典章制度、社会秩序和道德规范，其核心便是当时社会制度下普遍存在的等级关系和宗法关系。在"礼坏乐崩"的时代，孔子尊崇周礼，主张"克己复礼"，今天便有人认为，这表明孔子在政治上偏于保守。

但孔子的礼学是受他的仁学制约的，也就是说，他是在讲仁的基础上来讲礼的，因而他的礼学便别具特色。

首先，他指责当权者的许多越礼行为（详见《八佾》），主要着眼于揭露他们的贪欲暴虐。

其次,他主张"正名",主张维持"君君,臣臣,父父,子子"的现有制度和秩序,主要着眼于维护社会的稳定,力求避免战乱,使民众少受动乱之苦。

第三,在君臣上下等级关系中,他更强调在上者的责任。他说:"子帅以正,孰敢不正","苟子之不欲,虽赏之不窃","子为政,焉用杀","百姓足,君孰与不足"。可见,他提倡"礼",更多的是对贪得无厌的权贵们的约束。

在本篇中,孔子对"仁"做了最明确最朴素的解释,就是"爱人"。将"仁"用于政治,就是"足食""足兵"和使民有信,使民无讼;用于用人,就是"举直错诸枉";用于交友,就是"四海之内,皆兄弟也";用于修身,就是"克己复礼","博学于文,约之以礼"。可见,孔子的仁学同样也受到他的礼学的制约,但主要倾向则是对大众的爱心。

子路篇第十三

共三十章

13.1 子路问政[1]。子曰:"先之劳之[2]。"请益[3],曰:"无倦。"

【注释】[1]子路:即仲由,字子路。 [2]先:领先,带头,做表率。之:两个"之"都是代词,代老百姓。 [3]益:增加。

【译文】子路问怎样管理政务。孔子说:"在老百姓面前做先导,然后让他们勤奋地劳作。"子路请求再多做一些解释。孔子说:"不要疲倦懈怠。"

【点评】"先之劳之"意思与"君子信而后劳其民"(19.10)相同,均强调执政者以身作则,起表率作用,勤政爱民,取信于民。

13.2 仲弓为季氏宰[1],问政。子曰:"先有司[2],赦小过[3],举贤才。"

曰:"焉知贤才而举之[4]?"曰:"举尔所知[5];尔所不知,人其舍诸[6]?"

【注释】〔1〕仲弓：即冉雍，字仲弓。　〔2〕有司：指职有专司的官吏。　〔3〕赦(shè)：赦免。　〔4〕焉：疑问代词，怎么，如何。　〔5〕尔：你。　〔6〕其：语气词，表反诘。　舍(shě)：舍弃。　诸："之乎"的合音。

【译文】仲弓担任季孙氏家的总管，问怎样管理政务。孔子说："给下级官吏带头并引导他们去做，宽赦人家的小过失，选拔优秀的人才。"仲弓问："怎样知道谁是优秀人才从而把他提拔上来呢？"孔子说："提拔你所知道的。至于你所不知道的，别人难道会舍弃埋没他吗？"

【点评】"先有司，赦小过，举贤才"说的虽是家臣为政之道，实是治理国家普遍适用的大政方针。

13.3 子路曰："卫君待子而为政〔1〕，子将奚先〔2〕？"

子曰："必也正名乎〔3〕！"

子路曰："有是哉，子之迂也〔4〕！奚其正！"

子曰："野哉〔5〕，由也！君子于其所不知，盖阙如也〔6〕。名不正，则言不顺；言不顺，则事不成；事不成，则礼乐不兴；礼乐不兴，则刑罚不中〔7〕；刑罚不中，则民无所错手足〔8〕。故君子名之必可言也，言之必可行也。君子于其言，无所苟而已矣〔9〕。"

【注释】〔1〕卫君：卫出公辄。　〔2〕奚：疑问代词，何。　〔3〕正名：使名正，也就是使"名"与"实"相符合。　〔4〕迂：迂腐，不合时宜。　〔5〕野：粗野，粗鲁。　〔6〕阙(quē)如：同"阙疑"，有疑问的地方暂不下断语，留待以后再思考研究。阙，同"缺"。　〔7〕中(zhòng)：恰当。　〔8〕错：同"措"，安置。无所措手足：没有地方摆放手脚，意思是惊恐不安手足失措。　〔9〕苟：苟且，随便。

【译文】子路说："假如卫国的国君等着您去管理政务，您打算首先干什么？"

孔子说:"那一定是正名分(使"名"与"实"相符合)吧!"

子路说:"有这样干的吗,您太迂腐了!您去正什么呢?"

孔子说:"仲由啊,你太粗鲁了!君子对于他所不知道的,大概都采取'阙疑'(存而不论)的态度。如果名不正,说话就不顺;说话不顺,事情就办不成;事情办不成,礼乐制度就不能建立;礼乐制度不能建立,刑罚就不会得当;刑罚不得当,老百姓就会惊恐不安,手足无措。所以君子提出一个名号就一定可以说出它的实际内容,能够说出它的实际内容就一定可以去实行。君子对于他所说的话,是没有一点马虎随便的。"

【点评】孔子为政,主张首先"正名",认为"名不正则言不顺"。"正名"的核心内容是"君君,臣臣,父父,子子"(12.11),也就是按照礼制,调整好社会上各种关系,稳定社会秩序,以求社会和谐,这与他的仁学是一致的。

13.4 樊迟请学稼[1]。子曰:"吾不如老农。"请学为圃[2]。曰:"吾不如老圃。"樊迟出。

子曰:"小人哉[3],樊须也!上好礼[4],则民莫敢不敬;上好义,则民莫敢不服;上好信,则民莫敢不用情[5]。夫如是,则四方之民襁负其子而至矣[6],焉用稼?"

【注释】[1]樊迟:即樊须,字子迟。 稼(jià):种植庄稼。 [2]圃(pǔ):种植蔬菜、花果或苗木的菜园、苗圃。 [3]小人:指被统治者。 [4]上:指居上位的统治者。 [5]情:情实,真实情况。 [6]襁(qiǎng):背负小孩所用的布兜。

【译文】樊迟请教学种庄稼。孔子说:"我不如老农民。"樊迟又请教学整治园圃。孔子说:"我不如老园丁。"樊迟退了出来。孔子说:"樊迟真是一个小人啊!统治者如果喜好礼,老百姓就没有谁敢不敬重他;统治者如果喜好义,老百姓就没有谁敢不服从他;统治者如果喜好诚信,老百姓就没有谁敢不吐露实情。照着这样去做,四方的老百姓就会背负着小孩来归附,哪里用得着亲自去种庄稼呢?"

【点评】孔子办学,不是为了培养普通的体力劳动者,而是为了培养治国人才。孔子认为,这些人精通礼乐,爱好仁义,有良好的道德修养,执政以后,会使国家富强,社会安定,民众受惠,其贡献比一般体力劳动者大得多。后来,孟子与农家辩论,反对农家提出的"贤者与民并耕而食"的主张(见《孟子·滕文公上》),发挥了孔子的这一思想。其实,对历史上的"禹稷躬稼",孔子是肯定的(14.5),但在孔孟时代,要求所有的人都从事体力劳动,躬耕自食,则是荒谬的。到了现代,教育与生产劳动相结合,才成为可能。

13.5 子曰:"诵《诗》三百[1],授之以政,不达[2];使于四方,不能专对[3]。虽多,亦奚以为[4]?"

【注释】[1]《诗》三百:《诗经》共有305首诗。"三百"是举其成数。[2]达:通。 [3]专对:指出使别的诸侯国,在外交场合能独立随机应答。春秋时代,外交场合常"赋诗言志",即用《诗经》中的诗句来含蓄委婉地表达本国的意愿,当时的外交人员都必须熟悉《诗经》。专,擅。 [4]奚:疑问代词,何。以:动词,用。 为:疑问语气词。

【译文】孔子说:"诵读《诗》三百篇,把政务交给他,却办不通;叫他出使到四方诸侯国,在外交场合不能赋诗言志随机应答。即使《诗》读了很多,又有什么用呢?"

【点评】《诗》三百,是礼乐文化的体现,因而是从政者必读的教科书;春秋时代列国在外交场合,常常赋诗言志,因而又是外交人员必读书。孔子强调读《诗》应当学以致用。

13.6 子曰:"其身正[1],不令而行;其身不正,虽令不从。"

【注释】[1]其:代词,代统治者。

【译文】孔子说:"统治者自身行为端正,即使他不发布命令,事情也行得通;如果他自身行为不端正,即使发布命令,老百姓也不会听从。"

【点评】执政者必须以身作则。孔子说:"政者,正也。子帅以正,孰敢不正。"(12.17)德国哲学家康德说:"只有道德和具有道德的人格,才是有尊严的。"(《道德形而上学原理》)

13.7 子曰:"鲁卫之政,兄弟也。"

【译文】孔子说:"鲁国和卫国的政治状况,就像兄弟一样地相似。"

【点评】鲁卫两国始封者周公与康叔本是兄弟,但在孔子之时,卫出公的父亲正打算回国夺取君位,鲁国大权也落在三家手中,政治混乱,所以孔子有此感叹。

13.8 子谓卫公子荆[1],"善居室[2]。始有,曰:'苟合矣[3]。'少有,曰:'苟完矣。'富有,曰:'苟美矣。'"

【注释】[1]卫公子荆:卫国大夫,卫献公之子,名荆,字南楚。 [2]居室:指居家,安排家庭生活。 [3]苟:且,是"差不多","算是过得去"的意思。 合:足,满。

【译文】孔子谈到卫国的公子荆,说:"他善于居家度日。家里刚有了一点财产,便说:'差不多够了。'后来增加了一点财产,便说:'差不多完备了。'后来有了很多财产,便说:'差不多完美无缺了。'"

【点评】不为物累,知足常乐。老子说:"知足不辱,知止不殆,可以长久。"(《老子》四十四章)

13.9 子适卫[1],冉有仆[2]。子曰:"庶矣哉[3]!"

冉有曰:"既庶矣,又何加焉?"

曰:"富之[4]。"

曰:"既富矣,又何加焉?"

曰:"教之。"

【注释】[1]适:往,到。　[2]冉有:即冉求,字子有。　仆:驾御车马。　[3]庶:多,这里指人口众多。　[4]富:富裕,用作动词,使动用法。

【译文】孔子到卫国去,冉有替他驾车。孔子说:"卫国的人口真多啊!"

冉有说:"人口已经多起来,下一步怎么办呢?"

孔子说:"让他们富起来。"

冉有说:"如果他们已经富起来,下一步又应当怎么办呢?"

孔子说:"教育他们。"

【点评】富而后教,含义深远。首先,"富"是为了提高民众物质生活水平,"教"是为了提高民众精神生活水平,两者都是儒家的政治理想。其次,"富"是物质基础,没有它就难以施行教化,而"教"又是"富"了之后的必然趋向,所谓"君子学道则爱人,小人学道则易使也"(17.4)。

13.10 子曰:"苟有用我者[1],期月而已可也[2],三年有成。"

【注释】[1]苟:如果。　[2]期(jī)月:周月,一年十二个月,也就是一整年的意思。

【译文】孔子说:"如果有人任用我执掌政务,只要一年时间便可推行我的主张,三年便可大见成效。"

【点评】孔子此言,充满自信,但也包含不被任用的深沉感叹。

13.11 子曰:"'善人为邦百年,亦可以胜残去杀矣[1]。'诚哉是言也[2]!"

【注释】[1]胜:克制。 [2]诚:确实,真实。是"是言"的谓语,提到主语之前。

【译文】孔子说:"'善人治理国家连续一百年,也就可以克制残暴免除杀戮了。'这句话说得真对啊!"

【点评】"胜残去杀",也就是"子为政,焉用杀"(12.19)。孔子主张以德治国,通过教育,感化残暴之人,从而避免刑杀。

13.12 子曰:"如有王者[1],必世而后仁[2]。"

【注释】[1]王者:指以仁义统一天下和治理天下的贤王。 [2]世:三十年为一世。

【译文】孔子说:"如果有贤王统治天下,一定需要三十年(整整一代人的努力)然后才能实现仁政理想。"

【点评】孔子期盼王者兴起,也就是期盼以仁义统一天下的新的政治局面的出现。"必世而后仁"则说明在天下行仁政是"任重而道远"。

13.13 子曰:"苟正其身矣[1],于从政乎何有[2]? 不能正其身,如正人何[3]?"

【注释】[1]苟:如果。 [2]何有:即有何(困难)。 [3]如正人何:对正人怎么样,也就是"怎么样正人"。

【译文】孔子说:"如果端正了自身的行为,在治理政务上还会有什么困难呢? 如果不端正自身的行为,又怎么样去端正别人呢?"

【点评】其意与"其身正,不令而行;其身不正,虽令不从"(13.6)相同。

13.14 冉子退朝[1]。子曰:"何晏也[2]?"对曰:"有政。"子曰:"其事也。如有政,虽不吾以[3],吾其与闻之[4]。"

【注释】[1]冉子:即冉求,字子有。 [2]晏(yàn):迟。 [3]不吾以:即"不以吾"。在古汉语有"不""毋""未""莫"否定词的否定句中,代词宾语常提到动词之前。 以:用,动词。 [4]其:语气词,表推测。 与(yù):参与,在其中。

【译文】冉有退朝回来。孔子说:"为什么回得这么晚呢?"冉有回答说:"有大的政务。"孔子说:"大概只是具体事务吧。如果有大的政务,即使现在没有人用我(为官任职)了,我也还是能听到的。"

【点评】孔子虽然主张"不在其位,不谋其政"(8.14),但仍然关心国家大事,其入世精神和救世情怀令人感动。

13.15 定公问[1]:"一言而可以兴邦,有诸[2]?"

孔子对曰:"言不可以若是,其几也[3]。人之言曰:'为君难,为臣不易。'如知为君之难也,不几乎一言而兴邦乎?"

曰:"一言而丧邦,有诸?"

孔子对曰:"言不可以若是,其几也。人之言曰:'予无乐乎为君,唯其言而莫予违也[4]。'如其善而莫之违也,不亦善乎? 如不善而莫之违也,不几乎一言而丧邦乎?"

【注释】〔1〕定公：即鲁定公。　〔2〕诸："之乎"的合音。　〔3〕几(jī)：几乎,接近。　〔4〕莫予违：即"莫违予"。

【译文】鲁定公问："一句话就可以使国家兴盛起来,有这样的事吗?"孔子回答说："话不可以这样说,但也差不多吧。人们常说:'做国君很难,做臣子也不容易。'如果知道做国君很难(便认真地去做),不近于一句话就可以使国家兴盛起来吗?"鲁定公又问："一句话就可以使国家灭亡,有这样的事吗?"孔子回答说："话不可以这样说,但也差不多吧。人们常说:'我做国君没有什么快乐,只是我说的话没有人敢违抗。'如果说的话正确而没有人违抗,不是很好吗？如果说的话不正确也没有人敢违抗,不近于一句话就可以使国家灭亡吗?"

【点评】"一言兴邦""一言丧邦"似乎难以想象,但最高统治者的指导思想、指导方针正确与否,的确会关系国家的兴亡。诚如孔子所言,如果国君奉行"唯其言而莫予违"的方针,实行专制独裁,不是会使国家败亡吗？

13.16 叶公问政[1]。 子曰："近者说[2],远者来[3]。"

【注释】〔1〕叶公：楚国大夫沈诸梁,封于叶城,故称叶公。　〔2〕说：同"悦"。　〔3〕来：来到,指投奔,归附。

【译文】叶公问怎样管理政务。孔子说："使境内的人高兴,使境外的人来归附。"

【点评】对"远者""远人"(境外之人,外国人),孔子主张"修文德以来之"(16.1),即睦邻友好,而不是攻伐。并以仁德修身,使人信服归附。

13.17 子夏为莒父宰[1],问政。 子曰："无欲速,无见小利[2]。 欲速则不达,见小利则大事不成。"

【注释】〔1〕子夏：即卜商，字子夏。　莒(jǔ)父：鲁国的一个城邑，在今山东。〔2〕见：顾，顾及。

【译文】子夏担任莒父邑的长官，问怎样管理政务。孔子说："不要图快，不要只顾及小利。图快，反而达不到目的；只顾及小利，大事就干不成。"

【点评】"欲速则不达"，"见小利则大事不成"，既是政治智慧，也是日常生活经验。英国哲学家培根说："过于求速是做事上最大的危险之一。"(《培根论说文集》)

13.18 叶公语孔子曰[1]："吾党有直躬者[2]，其父攘羊[3]，而子证之[4]。"孔子曰："吾党之直者异于是：父为子隐，子为父隐，直在其中矣。"

【注释】〔1〕语(yù)：告诉。　〔2〕党：乡党，地方。　直躬者：以行为正直而立身的人。躬，身。　〔3〕攘(rǎng)：偷，窃。　〔4〕证：告，告发。

【译文】叶公告诉孔子说："我们那地方有一个正直的人，他父亲偷了羊，他便去告发。"孔子说："我们那地方正直的人与你们这样的做法有所不同：父亲替儿子隐瞒，儿子替父亲隐瞒，正直也就在其中了。"

【点评】"父为子隐，子为父隐"，也就是"为尊者讳"，"为亲者讳"。因为在处理与亲人有关的问题，坚守伦理秩序还是必要的，因而处理方式（如柔声以谏等等）还需要内外有别。当然，在小事上这样做是可以理解的，但在大事上却应该讲法治。

13.19 樊迟问仁[1]。子曰："居处恭，执事敬，与人忠。虽之夷狄[2]，不可弃也。"

【注释】〔1〕樊迟:即樊须,字子迟。 〔2〕之:动词,往。 夷狄:古称中原华夏族四周的民族为东夷、南蛮、西戎、北狄,也泛称夷狄。

【译文】樊迟问什么是仁。孔子说:"平时居家恭敬庄重,办起事来严肃认真,与人交往忠心诚意。即使到了四周夷狄之地,这样的品德也是不能丢弃的。"

【点评】"仁"的含义十分丰富,涵盖恭、敬、忠等内容,体现在日常生活中的各个方面。

13.20 子贡问曰〔1〕:"何如斯可谓之士矣〔2〕?"

子曰:"行己有耻〔3〕,使于四方,不辱君命〔4〕,可谓士矣。"

曰:"敢问其次。"

曰:"宗族称孝焉,乡党称弟焉〔5〕。"

曰:"敢问其次。"

曰:"言必信,行必果〔6〕,硁硁然小人哉〔7〕!抑亦可以为次矣。"

曰:"今之从政者何如?"

子曰:"噫!斗筲之人〔8〕,何足算也!"

【注释】〔1〕子贡:即端木赐,字子贡。 〔2〕士:依靠学问知识取得官职的读书人。春秋时期的"士"也是官名,位在大夫之下。 〔3〕行己:指修养自己的品德,端正待人接物的态度。 〔4〕不辱君命:不使君命被玷污,意思是能完成君命。 〔5〕乡党:家乡,本地。 弟:同"悌"。 〔6〕果:果敢,果断。 〔7〕硁硁(kēng):形容浅陋顽固,不明是非,只顾蛮干。 〔8〕斗筲(shāo)之人:指器量和见识都很狭小的人。斗是量器,筲是饭筐,两者容量都不大。

【译文】子贡问道:"怎样才能称为士呢?"

孔子说:"修养自己的品行有羞耻之心,出使到别的国家,能够不辜负国君托付的使命,就可称为士了。"

子贡说:"请问次一等的呢?"

孔子说:"宗族称赞他孝顺父母,乡里称赞他敬爱兄长。"

子贡说:"请问再次一等的呢?"

孔子说:"说话一定诚实可信,行动一定果断坚决,这是不明是非只顾蛮干的小人啊!但也可以算是再次一等的士吧。"

子贡说:"现在从政的人怎么样呢?"

孔子说:"咳!这些器量见识都很狭小的人怎么能算得上呢!"

【点评】"行己有耻"是士的首要条件。有耻就是有羞耻之心。孟子说:"羞耻之心,义之端也。"(《孟子·公孙丑上》)有羞恶之心,才能明辨是非,知道该做什么,不该做什么,才能见义勇为,甚至舍生取义。至于"言必信,行必果",如果离开了"义",就没有什么价值。孟子说:"大人者,言不必信,行不必果,惟义所在。"(《孟子·离娄下》)

13.21 子曰:"不得中行而与之[1],必也狂狷乎[2]!狂者进取,狷者有所不为也。"

【注释】[1]中行:言行合乎中庸之道的人。 与:结交。 [2]狂:狂放激进。 狷(juàn):狷介,洁身自好的人。

【译文】孔子说:"如果得不到言行合乎中庸之道的人交朋友,那一定也要结交狂放激进和洁身自好的人。狂放激进的人勇于进取,洁身自好的人有所不为(不肯同流合污去干坏事)。"

【点评】"狂狷"虽次于"中行",但"狂者进取,狷者有所不为"。孟子说:"人有不为也,而后可以有为。"(《孟子·离娄下》)

13.22 子曰:"南人有言曰:'人而无恒[1],不可以作巫医[2]。'善夫!"

"不恒其德,或承之羞。"[3]子曰:"不占而已矣[4]。"

【注释】[1]恒:恒心,恒久不变的心,固定的操守。 [2]巫医:古代用占卜、祝祷等方式兼用一些药物为人治病的人。 [3]"不恒"二句:为《周易·恒卦》"九三"爻的爻辞。 恒:常。 或:有人。 承:蒙受。 羞:羞辱。 [4]占(zhān):占卜,占问。指用火烧灼龟甲,然后观察裂纹,以预测吉凶祸福。

【译文】孔子说:"南方人有句话说:'人如果没有固定的操守,是不可以做巫医的。'这话说得多好啊!"

《易·恒卦》的爻辞说:"不能固守其德行,总有人要蒙受羞辱。"孔子说:"这话的意思是叫没有固定操守的人不必去占卜罢了。"

【点评】做人必须有高尚的道德情操,而且坚守不移。孟子说:"无恒产而有恒心者,惟士为能。……苟无恒心,放辟邪侈,无不为已。"(《孟子·梁惠王上》)

13.23 子曰:"君子和而不同[1],小人同而不和。"

【注释】[1]和、同:这是春秋时代人们常用的两个相互对待并有特定含义的概念。"和"含褒义,是调和、和谐的意思,指不同的事物或矛盾的两方面在一定条件下联结起来,呈现出新的面貌。如五味的调和才有美味,八音的和谐才有动听的音乐,不同的意见、建议折中起来才有最佳的方案,甚至生物界雌雄相配才能滋生繁衍,等等。"同"含贬义,与"和"相反,指不承认矛盾,不承认差别,无条件地同一,如社会生活中的专制,一言堂,等等。简言之,"和"指协调致和,"同"指强行同一。

【译文】孔子说:"君子总能折中不同意见以求和谐而从不压制或奉承他人,小人总是压制或奉承他人而不能折中不同意见以求和谐。"

【点评】孔子中庸思想的最大特征就是中和,"执两用中","折中致和",即对不同的事物或矛盾的双方在一定条件下给予折中、调和,以求和谐、协调和稳定。所以君子与人交往,总能相互协调,与大家和谐相处;而小人与人交往,不是压制他人,就是奉承他人,说话就只能听到一种声音。

13.24 子贡问曰[1]:"乡人皆好之[2],何如?"子曰:"未可也。"

"乡人皆恶之[3],何如?"子曰:"未可也。不如乡人之善者好之,其不善者恶之。"

【注释】[1]子贡:即端木赐,字子贡。 [2]好(hào):喜爱、喜欢。 [3]恶(wù):厌恶,讨厌。

【译文】子贡问道:"全乡的人都喜欢他,这人怎么样?"孔子说:"还不行。"子贡又问:"全乡的人都讨厌他,这人怎么样?"孔子说:"还不行。不如全乡的好人都喜欢他,全乡的坏人都讨厌他。"

【点评】人们感情上的爱憎好恶,都有各自不同的标准,也就是评价的尺度或出发点。如果不管评价标准,只是简单地"从众",很容易出现失误。所以孔子说:"众恶之,必察焉,众好之,必察焉。"(15.28)孔子重视道德标准,曾说"唯仁者能好人,能恶人"(4.3),所以认为"乡人之善者好之,其不善者恶之"的人,才是值得称道的人。

13.25 子曰:"君子易事而难说也[1]。说之不以道,不说也;及其使人也[2],器之[3]。小人难事而易说也。说之虽不以道,说也;及其使人也,求备焉[4]。"

【注释】[1]事:服事。 说:同"悦",下同。 [2]及:等到。 [3]器:材器,用作动词,是量材而用的意思。 [4]备:完备,完美无缺。

【译文】孔子说:"君子容易服事但却难于讨他欢喜。不用正当的方法去讨他欢喜,他是不会欢喜的;等到他用人的时候,却是量才而用(每人都能发挥所长)。小人难于服事却容易讨他欢喜。即使用不正当的方法去讨他欢喜,他也很欢喜;等到他用人的时候,却求全责备,百般挑剔。"

【点评】君子"易事",因为他依"道"而行,与人相处关系正当,对人量才而用;小人"难事",因为他凭个人好恶行事,与人相处关系不正当(喜欢他人巴结逢迎),用人时则求全责备。

13.26 子曰:"君子泰而不骄[1],小人骄而不泰。"

【注释】[1]泰:安详坦荡。 骄:骄纵傲慢。

【译文】孔子说:"君子安详坦荡而不骄纵傲慢,小人骄纵傲慢而不安详坦荡。"

【点评】朱熹说:"君子循理,故安舒而不矜肆;小人逞欲,故反是。"(《四书集注》)君子事理通达,所以能心气和平。

13.27 子曰:"刚、毅、木、讷近仁[1]。"

【注释】[1]木:质朴。 讷(nè):言语迟钝,指小心谨慎,不随便乱说。

【译文】孔子说:"刚强、果断、质朴、说话谨慎,近于仁德。"

【点评】"仁"的含义丰富,可以体现在人的各种美德中。

13.28 子路问曰[1]:"何如斯可谓之士矣?"子曰:"切切偲偲[2],怡怡如也[3],可谓士矣。朋友切切偲偲,兄弟怡怡。"

【注释】〔1〕子路：即仲由，字子路。　〔2〕切切：相互督责、勉励的样子。偲偲(sī)：相互切磋、督促的样子。　〔3〕怡怡：和悦的样子。

【译文】子路问道："怎么样才可以叫作士呢？"孔子说："互相勉励切磋，和睦相处，就可以叫作士了。朋友之间要互相勉励切磋，兄弟之间要和睦相处。"

【点评】"士"应当善于协调群体、处理好人际关系。

13.29 子曰："善人教民七年，亦可以即戎矣〔1〕。"

【注释】〔1〕即戎：上战场作战。即，就，走向。戎，战争。

【译文】孔子说："善人教导民众七年，也可以叫他们去打仗了。"

【点评】孔子虽称"军旅之事，未之学也"（15.1），但他是主张富国强兵的（"足食""足兵"）。

13.30 子曰："以不教民战〔1〕，是谓弃之〔2〕。"

【注释】〔1〕不教民：未经教导训练的民众。　〔2〕弃：抛弃，指让他们去送死。

【译文】孔子说："用未经教导训练的民众去作战，这就是抛弃他们，让他们去送死。"

【点评】"教民"内容，一是道义上的教化，一是技术上的训练。对于"穿上军装的民众"，也应有仁爱之心。

《子路》赏析

宋代开国功臣赵普与宋太宗赵匡义谈及《论语》时说过这样的话："昔以其半辅太祖(指赵匡胤,赵匡义之兄)定天下,今欲以其半辅陛下致太平。"这就是"半部《论语》治天下"的典故(见罗大经《鹤林玉露·乙编》第一)。清代崔述说:"昔人言以半部《论语》治天下,果能熟读此章(指"先有司,赦小过,举贤才")而力行之,即为宰相亦绰乎有余裕,岂待半部也哉!"(《考信录·论语余说》)

孔子论为政,有许多精到之见,上述"先有司,赦小过,举贤才"即是一例。

先有司,就是正人先正己,处处起模范带头作用。所谓"其身正,不令而行;其身不正,虽令不从","苟正其身矣,于从政乎何有?"

赦小过,就是责人宽,对人宽容,讲团结,不拉帮结派,所谓"君子和而不同"。昔人说,"宰相肚里好撑船",也是这个意思。

举贤才,就是让有实际才能的"士""君子"走上仕途,处于高位,这对于打破旧有的世卿世禄制意义尤其重大。在鉴别人才上,孔子主张要用那种"乡人之善者好之,其不善者恶之"的人。这表明孔子是非分明,爱憎分明,且重视民意。

除此之外,孔子还主张居上位的"行己有耻","好礼","好义","好信","无欲速,无见小利","居处恭,执事敬,与人忠"。在对待民众方面,则主张"富而后教",先使民众富起来然后施以教化。还要做到"近者说,远者来",使民众亲附。

这些,都是"仁"在"为政"上的体现。

宪问篇第十四

共四十四章

14.1 宪问耻[1]。子曰:"邦有道,谷[2];邦无道,谷,耻也。"

"克、伐、怨、欲不行焉[3],可以为仁矣?"子曰:"可以为难矣,仁则吾不知也。"

【注释】[1]宪:即原宪,字子思。 耻:耻辱,可耻的事情。 [2]谷:谷物,古代以谷物做官员的俸禄,这里是做官领取俸禄的意思。 [3]克:好胜。伐:自夸。 怨:怨恨。 欲:贪欲。

【译文】原宪问什么叫"耻"(可耻的事情)。孔子说:"国家政治清明,可以出去做官领取俸禄;但如果国家政治黑暗,也出去做官领取俸禄,这就是耻辱。"又问:"好胜、自夸、怨恨、贪欲这四种毛病都不犯,可以算是仁了吗?"孔子说:"可以算是难得了,至于是不是仁,我不知道。"

【点评】国家政治黑暗,不能匡救,也不能洁身隐退,而继续做官食禄,孔子认为可耻。修养仁德,重要的是积极行道,不仅仅是完善自我。

14.2 子曰:"士而怀居[1],不足以为士矣。"

【注释】[1]士:读书人。 怀:怀念,留恋。 居:安居,安逸的生活。

【译文】孔子说:"作为读书人,却留恋安逸的生活,就不配做一个读书人了。"

【点评】读书人"以天下为己任",应能适应艰苦的环境,并主动投身艰苦的工作,经受锻炼和考验,这样才能更好地磨炼意志,"增益其所不能"(《孟子·告子下》)。

14.3 子曰:"邦有道,危言危行[1];邦无道,危行言孙[2]。"

【注释】[1]危:端正,正直。 [2]孙(xùn):同"逊",顺。

【译文】孔子说:"国家政治清明,言语正直,行为正直;国家政治黑暗,行为正直,言语却要恭顺(以免遭祸做无谓的牺牲)。"

【点评】"邦无道"之时,"危行"是不改变原则立场,不同流合污,"言孙(逊)"则是为了避祸。这与"邦有道不废,邦无道免于刑戮"(5.2)、"邦有道则知,邦无道则愚"(5.21)意思相同。

14.4 子曰:"有德者必有言[1],有言者不必有德。仁者必有勇[2],勇者不必有仁。"

【注释】[1]有言:指有能反映其德行的好言语。 [2]有勇:指仁者为实践仁德而勇于作牺牲。

【译文】孔子说:"有道德的人一定有能反映其德行的好言语,但有好言语的人却不一定就有好的德行。仁人一定有为实践仁德而作自我牺牲的勇气,但有勇气的人却不一定就是仁人。"

【点评】现象反映本质,叫真相。现象歪曲或掩盖本质,叫假象。要善于区别真相和假象。有好言语的人有的是假象,只不过是花言巧语而已;有勇气的人有的是假象,只不过是争胜斗狠而已。

14.5 南宫适问于孔子曰[1]:"羿善射[2],奡荡舟[3],俱不得其死然。禹稷躬稼而有天下[4]。"夫子不答。

南宫适出,子曰:"君子哉若人[5]! 尚德哉若人!"

【注释】[1]南宫适(kuò):孔子弟子,字子容。 [2]羿(yì):古代传说中夏代有穷国的君主,善射箭,曾夺去夏王太康的王位,后来却被自己的家臣寒浞杀死。古代神话传说中还有一个善射的后羿,曾"上射十日"并为下民除害。 [3]奡(ào):又作"浇",寒浞之子,勇猛有力,曾杀死夏王太康之侄夏相,后来却被夏相之子少康杀死。 **荡舟**:用舟师左右冲杀。传说中奡善于陆地行舟。荡,左右冲杀的意思。 [4]禹:又称大禹,原为尧、舜之臣,受命治理洪水,备尝艰辛,极尽劳苦,十三年中三过家门而不入,终于完成了治水大业,受舜禅让,成为夏朝开国之君。 **稷**:即后稷,名弃,尧时为稷官,教民农耕,并受封于邰,称后稷,成为周族的始祖,传了十五代,至周武王,伐纣,建立了周王朝。 [5]**若人**:此人,这个人。

【译文】南宫适向孔子问道:"羿擅长射箭,奡擅长用舟师左右冲杀,但他们都不得好死。禹和稷亲身下地耕种,却得到了天下。(这意味着什么呢?)"孔子没有回答。

南宫适退了出来,孔子说:"这个人真是一个君子啊! 这个人多么崇尚道德啊!"

【点评】羿奡尚"力",凭借暴力争夺权位;禹稷尚"德",治水躬耕造福民众。儒家鄙视前者而称颂后者。

14.6 子曰:"君子而不仁者有矣夫[1],未有小人而仁者也[2]。"

【注释】[1]君子:指居上位的人。 [2]小人:指居下位的一般老百姓。

【译文】孔子说:"作为君子但却没有仁德,这样的人是有的,但从未有过作为小人却有仁德的。"

【点评】社会地位高不一定道德水平高,两者不一定成正比。至于在下位的一般老百姓,由于受社会地位和教育水平限制,不可能要求他们自发地具有完备的仁德,这就需要进行礼义道德的教化。

14.7 子曰:"爱之,能勿劳乎[1]? 忠焉[2],能勿诲乎?"

【注释】[1]劳:劳累,劳苦。 [2]忠:对人对事尽心尽力。

【译文】孔子说:"爱他,能不让他劳累吃点苦吗?忠心地待他,能不教诲他吗?"

【点评】对他人,对民众,"劳之"更有助于他们在艰苦磨炼中成长,可算"为爱也深";"诲之"更有助于他们在礼乐仁义的教化中成长,可算"为忠也大"。

14.8 子曰:"为命[1],裨谌草创之[2],世叔讨论之[3],行人子羽修饰之[4],东里子产润色之[5]。"

【注释】[1]为命:制定国家的政令,这里指草拟外交辞令。 [2]裨谌(pí

chén)：郑国大夫。　草创：起草，拟稿。　〔3〕世叔：郑国大夫游吉，字世叔。　讨：探寻，研究。　论：议论，提出意见。　〔4〕行人：外交官。　子羽：郑国大夫公孙挥，字子羽。　〔5〕东里：地名，子产所居之地。　子产：郑国大夫公孙侨，字子产，为相二十多年，是春秋时期著名政治家。

【译文】孔子说："郑国制定外交辞令是这样的，先由裨谌起草拟稿，再由世叔研究并提出意见，然后由外交官子羽修改，最后由东里子产作文字上的加工润色。"

【点评】孔子说："言之无文，行而不远。"（《左传·襄公二十五年》）文章须认真推敲，反复修改，不断润色，力臻完美，这样才能传世。

14.9 或问子产。　子曰："惠人也〔1〕。"

问子西〔2〕。　曰："彼哉！彼哉！"〔3〕

问管仲〔4〕。　曰："人也。夺伯氏骈邑三百〔5〕，饭疏食，没齿无怨言〔6〕。"

【注释】〔1〕惠：出于仁慈之心给人好处。　〔2〕子西：史籍记载，春秋时期有三个子西，一是郑国公孙夏，为子产同宗兄弟；二是楚国斗宜申，后因谋乱被杀；三是楚国公子申，曾为令尹（即宰相），与孔子同时。这里的"子西"为谁，已难于确考。　〔3〕彼哉彼哉：他呀他呀。这是当时表示轻视的用语。　〔4〕管仲：名夷吾，字仲，春秋时期齐国人，齐桓公用他为相，他助齐桓公称霸诸侯。　〔5〕伯氏：齐国大夫。　骈邑：齐国之地，为伯氏采邑，后来齐桓公把这个采邑给了管仲。　〔6〕没(mò)齿：至死，一辈子。没，终了。齿，年岁。

【译文】有人问子产是怎样的人。孔子说："是一个惠爱百姓的人。"

又问子西是怎样的人。孔子说："他呀！他呀！"

又问管仲是怎样的人。孔子说："是一个真正的人啊。他剥夺了伯氏采地骈邑三百户，使伯氏只能吃粗粮，但伯氏至死也没有怨言。"

【点评】由于子产惠爱民众,死时,孔子称他为"古之遗爱者"(《左传·昭公二十年》)。由于管仲帮助齐桓公"九合诸侯,不以兵车",孔子说"如其仁,如其仁"(14.16)。"仁"和"爱"是孔子评论他人的重要标准。

14.10 子曰:"贫而无怨难,富而无骄易。"

【译文】孔子说:"贫穷却没有怨恨,这很难;富有却不骄横傲慢,倒是容易做到。"

【点评】孔子从仁爱思想和中庸思想出发,希望社会上的贫穷者和富有者能和谐相处。子贡曾问:"贫而无谄,富而无骄,何如?"孔子说:"可也,未若贫而乐,富而好礼者也。"(1.15)

14.11 子曰:"孟公绰为赵、魏老则优[1],不可以为滕、薛大夫[2]。"

【注释】[1]孟公绰:鲁国大夫。 赵、魏:春秋后期,晋国有"六卿",即范氏、中行氏、知氏、韩氏、赵氏、魏氏,他们极有权势。 老:指卿大夫家的家臣。 优:优裕、富裕,指财力绰绰有余。 [2]滕、薛:均为当时靠近鲁国的小国。滕故城在今山东滕州,薛故城也在今山东滕州。

【译文】孔子说:"孟公绰如果担任晋国上卿赵氏、魏氏的家臣,他的才力绰绰有余,但却没有才能来担任滕国、薛国的大夫。"

【点评】用人当用其所长,各尽其才;人能尽其才则万事兴。

14.12 子路问成人[1]。子曰:"若臧武仲之知[2],公绰之不欲,卞庄子之勇[3],冉求之艺,文之以礼乐,亦可以为成人矣。"曰："今之成人者何必然？见利思义[4]，见危授命[5]，久要不忘平生之言[6]，亦可以为成人矣。"

【注释】[1]子路：即仲由，字子路。 成人：全人，指德才兼备的完人。 [2]臧(zāng)武仲：即臧孙纥，鲁国大夫，曾因故逃到齐国，但婉辞齐庄公给他的田。后庄公被杀，他免于受牵连，人称其聪明有预见。 [3]卞(biàn)庄子：鲁国大夫，封于卞，传说曾只身与老虎格斗，以勇力著称。 [4]义：正义，合理。 [5]授命：付出生命。 [6]要(yāo)：约，穷困的意思。一说"久要"即"旧约"，从前与人约定的事。 平生：平日。

【译文】子路问怎样才算是全人。孔子说："像臧武仲那样聪明，像孟公绰那样没有贪欲，像卞庄子那样勇敢，像冉求那样有才艺，再用礼乐来增加文采，也就可以算是全人了。"又说："现在的全人哪里一定要这样？见到利益就会想到自己该不该得，见到危险就能付出生命，很长时间处在穷困之中还不忘记平日的诺言，也就可以算是全人了。"

【点评】儒家重视培养"成人"（全人、完人）。其标准是智勇双全，寡欲多才，精通礼乐文化。如果不能完全做到，至少也应"见利思义，见危授命"。儒家的人才观，提升了人的价值和人格尊严。

14.13 子问公叔文子于公明贾曰[1]："信乎，夫子不言，不笑，不取乎？"

公明贾对曰："以告者过也[2]。夫子时然后言，人不厌其言；乐然后笑，人不厌其笑；义然后取，人不厌其取。"

子曰："其然？岂其然乎？"

【注释】[1]公叔文子：卫国大夫，姓姬，名拔。 公明贾(jiǎ)：卫国人，姓公明，名贾。 [2]以：代词，此。

【译文】孔子向公明贾问起公叔文子说："是真的吗？他老人家真是不言语，不笑，不获取吗？"

公明贾回答说："这是传话的人传错了。他老人家只是在应当说话的时候才说话，所以人们不讨厌他的话；高兴了才笑，所以人们不讨厌他的笑；认为是正当合理的取得才去获取，所以人们不讨厌他的取。"

孔子说："是这样吗？难道真是这样吗？"

【点评】"时然后言"，"乐然后笑"，"义然后取"，一切都循理而自然，并且合乎礼义，所以能为人所接受。

14.14 子曰："臧武仲以防求为后于鲁[1]，虽曰不要君[2]，吾不信也。"

【注释】[1]防：地名，臧武仲的封地。臧武仲在逃往齐国之前，向鲁襄公请求为臧氏立后，即允许他的子弟嗣为鲁大夫。 [2]要(yāo)：要挟。

【译文】孔子说："臧武仲逃往齐国之前，以献出封地防邑为条件，请求允许他的子弟嗣为鲁大夫，即使有人说他不是要挟国君，我还是不相信的。"

【点评】此事《左传·襄公二十三年》有记载。孔子虽赞扬臧武仲的"知"，但也批评他的所作不顺于事理，所为不合于恕道（"作不顺而施不恕"）。

14.15 子曰："晋文公谲而不正[1]，齐桓公正而不谲[2]。"

【注释】[1]晋文公：晋国国君，姓姬，名重耳，春秋"五霸"之一。 谲(jué)：诡诈，欺骗，耍手腕，玩弄权术。 [2]齐桓公：齐国国君，姓姜，名小白，春秋"五霸"之一。

【译文】孔子说："晋文公诡诈而不正派，齐桓公正派而不诡诈。"

【点评】晋文公、齐桓公都是春秋时代的霸主，都曾以周天子名义号令诸侯。但齐桓公是"尊王攘夷"，晋文公则是"挟天子以令诸侯"。

14.16 子路曰："桓公杀公子纠，召忽死之，管仲不死。"[1]曰："未仁乎[2]？"子曰："桓公九合诸侯[3]，不以兵车[4]，管仲之力也。如其仁，如其仁[5]。"

【注释】[1]"桓公"句：公子小白(即齐桓公)和公子纠都是齐襄公之弟，襄公无道，公子小白由师傅鲍叔牙侍奉逃往莒国，公子纠由师傅召忽和管仲侍奉逃往鲁国。后来襄公被杀，公子小白先回到齐国立为君(即齐桓公)，便兴兵伐鲁，逼迫鲁国杀了公子纠，召忽自杀，管仲被缚送回齐。鲍叔牙极力举荐管仲，齐桓公便任管仲为相，齐国迅速强大起来，终于成为诸侯霸主。 [2]未仁：没有仁德，指管仲未能像召忽那样为公子纠殉死。 [3]九合诸侯：多次纠合诸侯，主持盟会。 [4]不以兵车：不用武力，指停止了战争。以，用。 [5]如：用法同"乃"。

【译文】子路说："齐桓公逼迫鲁国杀死了他的哥哥公子纠，公子纠的师傅召忽也自杀了，但另一位师傅管仲却没有殉死(反而做了齐桓公的宰相)。"接着又说："管仲没有仁德吗？"孔子说："齐桓公多次纠合诸侯，主持盟会并订立盟约，不用武力就消除了战祸，这都是管仲的功劳。这就是管仲的仁德，这就是管仲的仁德。"

【点评】孔子曾指责管仲违礼(3.22)，但却赞扬他的历史功绩，并许之以"仁"。可见孔子评价历史人物，既看与"礼"有关的日常行为，也看与"民"有关的政治大节；既重个人品德，也重历史贡献。但他往往更看重后者。

14.17 子贡曰[1]："管仲非仁者与？桓公杀公子纠，不能死，又相之[2]。"子曰："管仲相桓公，霸诸侯，一匡天下[3]，民到于今受其赐。微管仲，吾其被发左衽矣[4]。岂若匹夫匹妇之为谅也[5]，自经于沟渎而莫之知也[6]？"

【注释】〔1〕子贡：即端木赐，字子贡。　〔2〕相：辅助。　〔3〕匡：匡正，纠正。　〔4〕微：无，非。　被：同"披"。　左衽(rèn)：前面的衣襟向左开。衽：衣襟。当时中原一代的华夏族着装为右衽，而周边百姓则为左衽。这些民族的经济文化相对落后于华夏族。　〔5〕匹夫匹妇：指普通老百姓。　谅：诚信，信实。　〔6〕自经：上吊自杀。经，缢死，上吊。　沟渎(dú)：沟洫，田野中的水道。

【译文】子贡说："管仲不算是仁人吗？齐桓公杀死了公子纠，他不但不能为公子纠殉死，而且还去辅佐齐桓公。"孔子说："管仲辅佐齐桓公，称霸诸侯，使天下一切都得到匡正，老百姓到今天还能受到他所赐的恩惠。如果没有管仲，我们都会披着头发、衣襟左开（沦为落后的异族了）。难道要像普通老百姓那样谨守小的诚信，在沟渠中自杀了却无人知道吗？"

【点评】孔子认为，如果当年管仲为公子纠殉死，这样的死，意义或价值不大。汉代司马迁说："人固有一死，或重于泰山，或轻于鸿毛，用之所趋异也。"（《报任安书》）

14.18 公叔文子之臣大夫僎与文子同升诸公[1]。子闻之，曰："可以为'文'矣[2]。"

【注释】〔1〕僎：人名，原为公叔文子家臣，后经公叔文子举荐，做了卫国大夫。诸：于。　公：公室，指卫国朝廷。　〔2〕文：公叔文子的谥号。据《礼记·檀弓》记载，公叔文子死后，其子戍请卫国国君赐予谥号，卫灵公给他的谥号是"贞惠文子"。

【译文】公叔文子的家臣大夫僎（由于公叔文子的推荐）与公叔文子一同登上卫国朝廷做大夫。孔子听到这种情况后，便说："公叔文子可以谥为'文'了。"

【点评】朱熹说："文者，顺理而成章之谓。"他又引洪氏所说："家臣之贱，而引之使与己并，有三善焉：知人一也，忘己二也，事君三也。"（《四书集注》）

14.19 子言卫灵公之无道也,康子曰:"夫如是,奚而不丧[1]?"孔子曰:"仲叔圉治宾客[2],祝鮀治宗庙[3],王孙贾治军旅[4]。夫如是,奚其丧?"

【注释】[1]奚而:奚为,何为,为什么。 [2]仲叔圉(yǔ):即卫国大夫孔圉,字仲叔,又称孔文子。 [3]祝鮀(tuó):卫国大夫,字子鱼。 [4]王孙贾:周灵王之孙,名贾,仕于卫,为大夫。

【译文】孔子说起卫灵公的昏庸无道,季康子说:"像他这样昏庸无道,为什么还不丧亡呢?"孔子说:"有仲叔圉接待宾客办理外交,祝鮀管理宗庙祭祀,王孙贾管理军队。像这样,怎么会丧亡呢?"

【点评】说明"用贤才"的重要,国君无道之时,可免国家丧亡,如逢有道之君,国家必将大治。

14.20 子曰:"其言之不怍[1],则为之也难。"

【注释】[1]怍(zuò):惭愧。

【译文】孔子说:"一个人说起话来大言不惭,那他做起来可就难了。"

【点评】孔子说:"君子欲讷于言而敏于行。"(4.24)"君子耻其言而过其行。"(14.27)

14.21 陈成子弑简公[1]。孔子沐浴而朝,告于哀公曰:"陈恒弑其君,请讨之。"

公曰:"告夫三子[2]。"

孔子曰:"以吾从大夫之后[3],不敢不告也。君曰'告夫三子'者。"

之三子告[4]，不可。孔子曰："以吾从大夫之后，不敢不告也。"

【注释】〔1〕陈成子：即陈恒。又称田常、田成子，齐国最有权势的大夫，公元前481年，杀死齐简公。　〔2〕三子：即季孙氏、孟孙氏、叔孙氏三家大夫，他们在鲁国最有权势，把持了鲁国朝政。　〔3〕从大夫之后：是谦虚的说法，意思是自己也忝列大夫之职，做过大夫。　〔4〕之：动词，到，往。

【译文】陈成子杀了齐简公。孔子得知后便沐浴斋戒然后上朝向鲁哀公报告说："陈恒杀掉了他的国君，请你派兵去讨伐他。"鲁哀公说："你去告诉季孙、孟孙、叔孙三位大夫吧。"

孔子说："因为我曾经做过大夫，所以不敢不来报告。君主却说'去告诉那三家大夫吧'。"

孔子到三家大夫那里去报告，他们不同意出兵。孔子又说："因为我曾经做过大夫，所以不敢不来报告。"

【点评】臣弑其君，明显违礼。但齐强鲁弱，鲁明显无力讨伐。孔子明知如此仍然提出讨伐请求，只不过想表示"一切应依礼而行"的意思而已。

14.22 子路问事君。子曰："勿欺也，而犯之[1]。"

【注释】〔1〕犯：触犯，冒犯，这里是犯颜直谏的意思。

【译文】子路问怎样服事国君。孔子说："不要欺骗他，但可以冒犯他（可以对他犯颜直谏）。"

【点评】齐国晏婴曾对齐景公说："君所谓可而有否焉，臣献其否以成其可，君所谓否而有可焉，臣献其可以去其否，是以政平而不干，民无争心。"（《左传·昭公二十年》)这也就是孔子所说的"君子和而不同"(13.23)的意思。孟子说:"唯大人为能格君心之非。"(《孟子·离娄上》)

14.23 子曰:"君子上达[1],小人下达。"

【注释】[1]达:通达,明白畅通。

【译文】孔子说:"君子通达于上(道、仁义),小人通达于下(物,财利)。"

【点评】本章有多种理解,但大体上是两种:1.含褒贬之义,道德高尚的君子循天理,通达于仁义,道德卑下的小人重物欲,通达于财利。2.无褒贬之义。由于社会地位不同,在上位的君子精通道义,被统治的小人熟悉赖以维生的技艺。

14.24 子曰:"古之学者为己[1],今之学者为人[2]。"

【注释】[1]为己:为了自己,指提高自己的道德学问。　[2]为人:为了他人,指为了在他人面前装样子,炫耀自己。

【译文】孔子说:"古代学者学习是为了提高自己的道德学问,当今学者学习却是为了在他人面前装样子。"

【点评】两种不同的学习态度,定会有不同的结果,令人深思。荀子说:"古之学者为己,今之学者为人。君子之学也以美其身,小人之学者也以为禽犊(按:比喻,好似用"禽犊"作馈赠,以取悦于人)。"(《荀子·劝学》)

14.25 蘧伯玉使人于孔子[1]。孔子与之坐而问焉,曰:"夫子何为?"对曰:"夫子欲寡其过而未能也。"

使者出。子曰:"使乎!使乎!"

【注释】〔1〕蘧(qú)伯玉：卫国大夫，姓蘧，名瑗，字伯玉。孔子在卫时曾寄居他家。据说，他是一个不断进取、与日俱新的人，所谓"蘧伯玉年五十而知四十九年非"(《淮南子·原道》)，"蘧伯玉行年六十而六十化"(《庄子·则阳》)。

【译文】蘧伯玉派一位使者来见孔子。孔子给他座位，然后向他问道："他老人家正在干什么呢？"使者回答说："他老人家想减少他的过错却未能做到。"
使者告退出去。孔子说："真是个好使者啊！真是个好使者啊！"

【点评】使者在他人面前说自己的主人"欲寡其过而未能"，极有分寸，非常得体，所以受到孔子的赞扬。

14.26 子曰："不在其位，不谋其政。"[1] 曾子曰[2]："君子思不出其位。"[3]

【注释】〔1〕"不在"两句：重出，见《泰伯》(8.14)。 〔2〕曾子：即曾参，字子舆。 〔3〕"君子"句：本句又见于《周易·艮卦·象辞》："君子以思不出其位。"

【译文】孔子说："不处在这个职位上，便不参与计议与这个职位有关的事务。"曾子说："君子所思虑的不超出自己的职位。"

【点评】参看《泰伯》(8.14)。

14.27 子曰："君子耻其言而过其行[1]。"

【注释】〔1〕耻：羞愧。这里用作动词，意动用法，即"以……为耻"。 而：用法同"之"。

【译文】孔子说："君子以说的话多于做的事(即说得多做得少)为耻。"

【点评】君子当言行一致,切忌夸夸其谈,只说不做,这与"君子欲讷于言而敏于行"(4.24)同义。恩格斯说:"判断一个人当然不是看他的声明,而是看他的行为;不是看他自称如何如何,而是看他做些什么和实际是怎么一个人。"(《德国的革命和反革命》)

14.28 子曰:"君子道者三,我无能焉:仁者不忧,知者不惑[1],勇者不惧。"子贡曰[2]:"夫子自道也[3]。"

【注释】[1]知:同"智"。　[2]子贡:即端木赐,字子贡。　[3]道:说。

【译文】孔子说:"君子之道有三条,我还不能做到:有仁德的人没有忧虑,聪明的人不会被迷惑,勇敢的人无所畏惧。"子贡说:"这三条正是他老人家对自己的表述啊。"

【点评】"仁者不忧"三句重出,可参看《子罕》9.29。

14.29 子贡方人[1]。子曰:"赐也贤乎哉[2]?夫我则不暇[3]。"

【注释】[1]方人:议论别人长短,指责讥评别人。　[2]贤:多,胜,超过。　[3]暇:空暇。

【译文】子贡喜欢议论别人短长。孔子说:"赐呀!难道你都比别人强吗?我可没有闲工夫去议论别人。"

【点评】孔子主张待人宽厚,"宽则得众"(17.6)。不赞成随便议论他人短长。

14.30 子曰:"不患人之不己知[1],患其不能也。"

【注释】〔1〕患:担忧。 不己知:即"不知己"。

【译文】孔子说:"不要担忧别人不了解自己的才能,而应该担忧自己没有才能。"

【点评】孔子说:"不患莫己知,求为可知也"(4.14),"不患人之不己知,患不知人也"(1.16),"不患无位,患所以立"(4.14),"君子病无能焉,不病人之不己知也"(15.19),都是责己严的意思,所谓"躬自厚而薄责于人"(15.15)。

14.31 子曰:"不逆诈〔1〕,不亿不信〔2〕,抑亦先觉者〔3〕,是贤乎!"

【注释】〔1〕逆:预先猜测。 〔2〕亿:同"臆",猜测。 〔3〕抑:连词,表转折,却,但。 觉:发觉,察觉。

【译文】孔子说:"不预先猜测别人的欺诈,也不臆断别人的不诚实,但对别人的欺诈和不诚实也能及早察觉,这样的人就是贤人吧!"

【点评】"不逆诈,不亿不信"是"仁","先觉"是"智",贤者仁且智。

14.32 微生亩谓孔子曰〔1〕:"丘何为是栖栖者与〔2〕? 无乃为佞乎〔3〕?"孔子曰:"非敢为佞也,疾固也〔4〕。"

【注释】〔1〕微生亩:姓微生,名亩,鲁国人。 〔2〕是:此,用作状语,"如此""这般"的意思。 栖栖(xī):四处奔波、忙碌不安的样子。 〔3〕无乃:莫非,岂不是。 佞(nìng):有口才,能说善道。 〔4〕疾:憎恨。固:固执。

【译文】微生亩对孔子说:"你为什么这样奔波忙碌呢? 难道是逞口才吗?"孔子说:"我不是敢逞口才,而是憎恨那些顽固不化的人。"

【点评】汉代包咸说:"病世固陋,欲行道以化之。"(何晏《论语集解》)孔子毕生劳碌奔波,为的是推行道义,以治国化民。

14.33 子曰:"骥不称其力[1],称其德也[2]。"

【注释】[1]骥(jì):千里马。 [2]德:品质。指马调教良好,为日行千里而能竭尽全力。

【译文】孔子说:"称千里马为骥,并不是赞美它的气力,而是赞美它的品质。"

【点评】以马为喻,说明选用人才当重"德",如目标远大,坚韧不拔,持之以恒,吃苦耐劳,等等。

14.34 或曰:"以德报怨[1],何如?"子曰:"何以报德?以直报怨,以德报德。"

【注释】[1]德:恩惠。 报:报答,回报。

【译文】有人说:"用恩惠来回报仇怨,怎么样?"孔子说:"那么用什么来回报恩惠呢? 应该用公平正直来回报仇怨,用恩惠来回报恩惠。"

【点评】老子尚弱贵柔,说"报怨以德"(《老子》六十三章)。孔子尚中,则主张"以直报怨,以德报德"。

14.35 子曰:"莫我知也夫[1]!"子贡曰:"何为其莫知子也[2]?"子曰:"不怨天,不尤人[3],下学而上达。知我者其天乎!"

【注释】〔1〕莫我知：即"莫知我"。 〔2〕何为：为何，为什么。 〔3〕尤：责怪，归咎。

【译文】孔子说："没有人了解我啊！"子贡说："为什么会没有人了解您呢？"孔子说："不埋怨天，不责怪人，向下学习普通的知识（知人事，所以不尤人），向上却懂得了精深的道理（知天命，所以不怨天），了解我的大概只有天吧！"

【点评】《周易·乾卦·象辞》说："天行健，君子以自强不息。""不怨天，不尤人"就是严于律己、自强不息的意思。孔子说："君子病无能焉，不病人之不己知也"（15.19），与此同意。

14.36 公伯寮诉子路于季孙〔1〕。子服景伯以告〔2〕，曰："夫子固有惑志于公伯寮〔3〕，吾力犹能肆诸市朝〔4〕。"

子曰："道之将行也与，命也〔5〕；道之将废也与，命也。公伯寮其如命何！"

【注释】〔1〕公伯寮：孔子弟子，字子周。 诉：进谗言，诽谤。 〔2〕子服景伯：鲁国大夫，姓子服，名何，字伯，"景"是谥号。 〔3〕夫子：指季孙。 〔4〕肆：陈列，指将罪犯处死后陈尸示众，士以下陈尸于市集，大夫以上陈尸于朝廷。 诸："之于"的合音。 〔5〕命：天命，命运，非人力可以改变。

【译文】公伯寮在季孙面前诽谤子路。子服景伯把这事告诉了孔子，并说："季孙他老人家的心志已经被公伯寮所迷惑，但我还有能力除掉公伯寮，让他陈尸街市。"

孔子说："我的主张将要大行于世吗，这是天命；我的主张将要被废弃吗，这也是天命。公伯寮能把天命怎么样呢？"

【点评】孔子在这里所说的"命"，即"天命"，指自然的定数，也就是人所不能掌控的外在环境。在天人的关系上，孔子的态度是：尽人事，听天命。可参看《为政》

(2.4)。

14.37 子曰:"贤者辟世〔1〕,其次辟地,其次辟色,其次辟言。"

子曰:"作者七人矣〔2〕。"

【注释】〔1〕辟:同"避"。 〔2〕作者:指能够这样做的人。 七人:说法不一,已难确考。东汉郑玄说,伯夷、叔齐、虞仲"辟世",荷蓧、长沮、桀溺"辟地",柳下惠、少连"辟色",荷蒉、楚狂接舆"辟言","七"当为"十"之误。可备一说。

【译文】孔子说:"贤人有的避开尘世而隐居,其次避开恶地而迁居,其次避开美色而不惑,其次避开别人的恶言而不听。"

孔子又说:"能够这样做的人已经有七位了。"

【点评】儒家虽不赞成隐者的政治态度,但也赞扬他们的洁身自好,称他们为"贤者"。

14.38 子路宿于石门〔1〕。晨门曰〔2〕:"奚自〔3〕?"子路曰:"自孔氏。"曰:"是知其不可而为之者与?"

【注释】〔1〕石门:鲁国都城曲阜外城的城门。 〔2〕晨门:早晨值班守门的人。 〔3〕奚自:即"何自",从何而来。

【译文】子路(先赶回鲁国)在曲阜外城石门住了一晚。早晨值班守门的人问道:"你从哪里来?"子路回答说:"我从孔氏那儿来。"守门人说:"他就是那位明知做不到还要坚持做下去的人吗?"

【点评】"知其不可而为之"是儒家和隐者的区别所在。两者都"知其不可",但儒家"有为",隐者"无为"。"知其不可而为之"表现了孔子强烈的历史使命感和高度的社会责任感。

14.39 子击磬于卫[1],有荷蒉而过孔氏之门者[2],曰:"有心哉,击磬乎!"既而曰[3]:"鄙哉[4]! 硁硁乎[5]! 莫己知也[6],斯己而已矣[7]。'深则厉,浅则揭。'[8]"

子曰:"果哉[9],末之难矣[10]!"

【注释】[1]磬(qìng):乐器,用玉或石制成,挂在架上,击打而发声。 [2]荷(hè):背负,扛。 蒉(kuì):草筐。 [3]既而:不久,过了一会儿。 [4]鄙(bǐ):鄙陋,浅陋。 [5]硁硁(kēng):象声词,敲击石磬的声音。 [6]莫己知:同"莫知己"。 [7]己:自己。 已:止。 [8]"深则厉"两句:出自《诗经·邶风·匏有苦叶》。厉,连衣徒步渡水。揭(qì),提起下衣渡水。荷蒉者引诗是想劝孔子"随世以行己"(见邢昺《论语注疏》)。 [9]果:果断,坚决。 [10]末:无。 难(nàn):驳诘。

【译文】孔子在卫国,一天正敲着磬,有一个背负草筐的人经过孔子门前,说:"真有忧世的深意啊,这样敲击着磬。"过了一会儿又说:"真浅陋啊,这样'硁硁'地敲击,好像在说没有人了解自己,没有人了解自己那就停下来吧。'水深就连着衣服趟过去,水浅就提起衣裳趟过去(一切都随顺世事好了)。'"

孔子说:"态度真坚决啊!我无法反驳他了。"

【点评】荷蒉的隐者主张随世沉浮,孔子则要"知其不可而为之",两者人生哲学有所不同。

14.40 子张曰[1]:"《书》云:'高宗谅阴,三年不言。'何谓也?"[2]子曰:"何必高宗,古之人皆然。君薨[3],百官总己以听于冢宰三年[4]。"

【注释】〔1〕子张:即颛孙师,字子张。 〔2〕"《书》云"数句:《书》即《尚书》。《尚书·无逸》说:高宗"乃或亮阴,三年不言"。《礼记·丧服四制》说:"高宗谅暗,三年不言。"高宗,商朝第十一代王武丁。谅阴,又作"亮阴"或"谅暗",指居丧所住之屋,即凶庐。一说,天子、诸侯居丧称"谅阴"。 **不言**:指少言,不轻言。 〔3〕**薨**(hōng):古代称诸侯之死为"薨"。 〔4〕**总己**:总摄己职,把持自己的职事。 **冢宰**:官名,相当于后世的宰相、丞相。

【译文】子张说:"《尚书》上说:'殷高宗武丁守丧住在凶庐,三年不言语。'这是什么意思呢?"孔子说:"何止是高宗,古人都是这样的。国君死了,所有官员把持住自己的职事而听命于冢宰三年。"

【点评】儒家主张守丧三年。

14.41 子曰:"上好礼,则民易使也[1]。"

【注释】〔1〕**使**:役使,使唤。

【译文】孔子说:"在上位的人如果喜好礼(事事依礼而行),民众就容易使唤了。"

【点评】礼主敬,上下相敬则相安。

14.42 子路问君子。 子曰:"修己以敬。"
曰:"如斯而已乎?"
曰:"修己以安人[1]。"
曰:"如斯而已乎?"
曰:"修己以安百姓。 修己以安百姓,尧舜其犹病诸[2]?"

【注释】〔1〕**人**:《论语》中的"人"有广狭二义,广义的"人"指一切人,狭义的

"人"与"民"相对,指士大夫以上的贵族,上层人士。　〔2〕病:担心,忧虑。　诸:"之乎"的合音。

【译文】子路问怎样才能算是一个君子。孔子说:"修养自己,使自己严肃恭敬。"

子路说:"像这样就可以了吗?"

孔子说:"修养自己,使上流社会的人士安乐。"

子路说:"像这样就可以了吗?"

孔子说:"修养自己,使所有老百姓都安乐。修养自己,使所有老百姓都安乐,尧舜大概也担心做不到吧?"

【点评】"修己以安百姓"是儒家的社会理想,也是儒家的政治路线。后来《礼记·大学》便概括为"八目":格物,致知,诚意,正心,修身,齐家,治国,平天下。

14.43 原壤夷俟[1]。子曰:"幼而不孙弟[2],长而无述焉[3],老而不死,是为贼[4]。"以杖叩其胫[5]。

【注释】〔1〕原壤:孔子的故交。据《礼记·檀弓》说,原壤母死,孔子去帮助他整治棺椁,他竟站在棺材上唱歌,行为放荡无礼。有人劝孔子同他断交,孔子没有同意。可见孔子主张"故旧不遗"。这里则是记孔子对老朋友的严厉批评。　夷:即"箕踞",一种坐姿,坐在地上,两腿呈八字形前伸,形似簸箕,古人认为这是轻慢无礼的表现。　俟(sì):等待。　〔2〕孙:同"逊"。　弟:同"悌"。　〔3〕无述:没有什么德行或功业值得称述。　〔4〕贼:残害。　〔5〕叩:敲,击。　胫(jìng):小腿。

【译文】原壤分开双腿坐在地上等待孔子。孔子(到后)说:"你年幼时不孝顺父母不友爱兄弟,长大了也没有什么德行功业可以称述,老了还不死,这就叫作害人虫。"用手杖敲击他的小腿(让他收腿)。

【点评】老友原壤无礼,引来孔子的批评。朋友间的话语,或激切,或幽默,是完全可以理解的。因此,"老而不死,是为贼"不能作为孔子的思想观点来引用,也不能用它来骂人。

14.44 阙党童子将命[1]。或问之曰:"益者与[2]?"子曰:"吾见其居于位也[3],见其与先生并行也[4]。非求益者也,欲速成者也。"

【注释】[1]阙党:即阙里,孔子的家乡。 童子:十九岁以下未成年的年轻人。 将(jiāng)命:奉命传话。 [2]益:加多,增长。 [3]居于位:坐在席位上。按照古代礼节,童子不能与大人一样有正式席位。 [4]先生:长辈。 并行:并肩而行,这也是无礼的行为。

【译文】家乡阙里有一个童子来向孔子传话。有人问孔子道:"他是想增益学问的人吗?"孔子说:"我见他坐在只有成年人才能坐的席位上,又见他与长辈并肩行走。他不是一个老老实实一心想增益学问的人,而是一个急于求成的人。"

【点评】孔子观察评价他人,印证了另一段话:"视其所以,观其所由,察其所安,人焉廋哉?人焉廋哉?"(2.10)

《宪问》赏析

本篇有孔子对人物的评论,有当时的人对孔子的评论,也有孔子平时的言论,内容主要是"从政"和"修身"。

孔子曾批评过管仲有三归,树塞门,有反坫,不知礼(3.22),但在本篇却赞扬道:"管仲相桓公,霸诸侯,一匡天下,民到于今受其赐","桓公九合诸侯,不以兵车,管仲之力也"。在这里,对管仲评价的标准不是"礼",而是"仁",是管仲给民众带来的实惠,在这里可以看到"仁爱""惠民"在孔子思想中的崇高地位。

石门守门人说孔子是"知其不可而为之者",准确道出了孔子贯穿一生的特殊性格。孔子明知理想难于实现还要为实现理想而东奔西走,不懈努力,其救世的执著,坚韧不拔的性格,鞠躬尽瘁的精神,非常感人。

孔子在平时的言谈中,说到"邦无道,谷",认为是可耻的。批判"士而怀居",认为士不应当迷恋家居之安逸生活,而应该志在四方。主张对国君"勿欺也,而犯之",认为可以对国君犯颜直谏。

孔子严于律己,说"不怨天,不尤人,下学而上达","不患人之不己知,患其不能也","君子耻其言而过其行"。还主张"修己以安百姓",认为这样做了,甚至可以达到圣人的境界。

孔子还说君子之道有三:"仁者不忧,知者不惑,勇者不惧"。他自谦说尚未做到,可他的弟子却说这是"夫子自道"。这三句话所概括的"君子"的精神境界,值得人们深思。

卫灵公篇第十五

共四十二章

15.1 卫灵公问陈于孔子[1]。孔子对曰："俎豆之事[2]，则尝闻之矣[3]；军旅之事[4]，未之学也。"明日遂行。

【注释】[1]陈：同"阵"，指作战时军队列阵、布阵。 [2]俎(zǔ)豆之事：指礼仪方面的事。俎，祭祀时用来盛放牲肉的器具。豆，用来盛放食物的器具。[3]尝：曾。 [4]军旅：军队。

【译文】卫灵公向孔子问军队布阵的事。孔子回答说："祭祀宴享等礼仪方面的事，我曾经听到过；至于军队作战方面的事，我没有学过。"第二天便走了(离开了卫国)。

【点评】卫灵公为无道之君，孔子反对侵略攻伐，所以不愿同他谈行军布阵之事。其实，孔子也主张"足食""足兵"，他所教授的"六艺"，也有"射""御"等与军事技术有关的内容，但他的政治理想与治国方略却是"为政以德""以礼让为国"，反对侵略攻伐。

15.2 在陈绝粮[1]，从者病[2]，莫能兴[3]。子路愠见曰[4]："君子亦有穷乎[5]？"子曰："君子固穷[6]，小人穷斯滥矣[7]。"

【注释】[1]在陈绝粮：孔子带着弟子周游列国之时，先后到过卫、曹、宋、郑、蔡、陈等国。在从陈返蔡途中，突逢吴国攻陈，楚国来救，在战乱中孔子一行被困，绝粮七天。　[2]病：困乏、疲惫。　[3]兴：起。　[4]子路：即仲由，字子路。　愠(yùn)：含怒，有怨气。　[5]穷：困，行不通，走投无路。　[6]固：坚守。　[7]滥：泛滥，过度，无节制。

【译文】孔子和随行弟子在陈断绝了粮食，随从的人都疲困不堪，没有人能振作起来。子路怒气冲冲地来见孔子，说："君子也有穷困的时候吗？"孔子说："君子在穷困时仍能固守自己的节操，小人穷困时就毫无节制地胡作非为了。"

【点评】疾风知劲草，烈火见真金，在艰苦危难之时，才更能看清一个人的品德和节操。"君子固穷"，人应当以此自勉。唐代王勃道："老当益壮，宁移白首之心；穷且益坚，不坠青云之志。"(《滕王阁序》)

15.3 子曰："赐也[1]，女以予为多学而识之者与[2]？"对曰："然，非与？"曰："非也，予一以贯之[3]。"

【注释】[1]赐：即端木赐，字子贡。　[2]女：同"汝"。　识(zhì)：记。　与：同"欤"。　[3]一以贯之：用一条中心线索贯穿起来。在《里仁》(4.15)中，曾子说这个中心线索就是"忠恕"。　以：用。　贯：贯穿。

【译文】孔子说："赐呀，你以为我是学得很多又都能记得住的人吗？"子贡回答说："是的，难道不是这样吗？"孔子说："不是的，我只不过是用一条中心线索(忠恕)把它们贯穿起来。"

【点评】"一以贯之"的"一",就是忠恕之道(可参看《里仁》4.15)。孔子虽然博学,但其学说自成体系,即以仁学("忠恕"为其核心内容)为中心,有明确的信仰和追求。

15.4 子曰:"由! 知德者鲜矣[1]。"

【注释】[1]德:含义有二:一是道德,指个人的美好品德;二是恩德,指给人以恩惠。 鲜(xiǎn):少。

【译文】孔子说:"仲由,懂得'德'的人很少啊。"

【点评】要了解"德"的丰富含义,并能身体力行,才算真正的"知"。德国哲学家费尔巴哈说:"道德不是别的,而只是人的真实的完全健康的本性。"(《幸福论》)

15.5 子曰:"无为而治者其舜也与[1]? 夫何为哉? 恭己正南面而已矣[2]。"

【注释】[1]无为而治:不必忙碌操劳而使天下太平。 [2]南面:面向南。按礼制,古代宫廷及君主座位在方向上都坐北朝南。

【译文】孔子说:"不必忙碌操劳就能使天下太平的人大概就是舜吧?他做了什么呢?他所做的就是使自己严肃端正地脸朝南坐在朝廷上罢了。"

【点评】老子主张"无为而治",其意是事事顺应自然。孔子主张"无为而治",则指"以礼让为国"(国事井然有序)、"修己以安百姓"(百姓接受教化),任用贤才(职事有专司),君主自己不必为杂事而忙碌操劳。

15.6 子张问行[1]。 子曰:"言忠信,行笃敬,虽蛮貊之邦[2],行矣。 言不忠信,行不笃敬,虽州里[3],行乎哉? 立则见其参于前也[4]，在舆则见其倚于衡也[5]，夫然后行。"子张书诸绅[6]。

【注释】[1]子张：即颛孙师，字子张。 行：行得通，指立身行事没有阻碍。[2]蛮：南蛮，泛指南方少数民族。 貊(mò)：北狄，泛指北方少数民族。 [3]州里：古代五家为邻，二十五家为里，五百家为党，二千五百家为州，一万二千五百家为乡。这里是"乡里，本乡本土"的意思。 [4]参(cān)：直，指高高地直立。 [5]舆(yú)：车。 倚：依靠。 衡：车辕前的横木。 [6]书：写。 诸："之于"的合音。 绅：束在衣外腰间的大带子，结束后其余部分下垂。

【译文】子张问自己立身行事怎样才能行得通。孔子说："说话忠诚守信，行为笃厚严肃，即使到了少数民族地区，也行得通。说话不忠诚守信，行为不笃厚严肃，即使在自己的乡里，能行得通吗？站着的时候就仿佛看见'言忠信，行笃敬'几个字矗立在面前，坐在车上也能仿佛看见这几个字倚靠在前面的横木上，这样做了以后就能行得通了。"子张把孔子的话写在自己的衣带上。

【点评】"言忠信，行笃敬"可为立身行事的座右铭。

15.7 子曰："直哉史鱼[1]！邦有道，如矢[2]；邦无道，如矢。君子哉蘧伯玉[3]！邦有道，则仕；邦无道，则可卷而怀之。"

【注释】[1]史鱼：卫国大夫史鳅(qiū)，字子鱼，秉性耿直，曾多次劝谏卫灵公进用贤臣，贬斥奸人，至死仍以尸谏。 [2]矢：箭。 [3]蘧伯玉：卫国大夫。

【译文】孔子说："史鱼真是正直啊！国家政治清明，他像箭一样直；国家政治黑暗，他也像箭一样直。蘧伯玉真是一个君子啊！国家政治清明他就出来做官；国家政治黑暗他就可以辞官不做，而把自己的才能抱负收藏起来。"

【点评】正直,是一种品格,任何时候都要保持。仕和隐,是一种政治态度,可根据不同情况而变化,"天下有道则见,无道则隐"(8.13)。

15.8 子曰:"可与言而不与之言,失人;不可与言而与之言,失言。知者不失人[1],亦不失言[2]。"

【注释】[1]知:同"智"。 [2]失言:指说了废话。

【译文】孔子说:"值得同他交谈却不同他交谈,就会错失人才;不值得同他交谈却同他交谈,就是说了废话。聪明的人既不错失人才,也不说废话。"

【点评】与人交谈先要"知人",否则便会"失人"或"失言"。

15.9 子曰:"志士仁人[1],无求生以害仁,有杀身以成仁[2]。"

【注释】[1]志士:有志之士,有远大志向的人。 仁人:有仁德的人,能以仁爱之心对待他人的人。 [2]杀身:牺牲自己生命。

【译文】孔子说:"志士仁人,没有因贪生怕死而损害仁德的,只有勇于牺牲自己生命来成就仁德的。"

【点评】儒家把"仁"(在天下推行仁政,在自身培养仁德)作为人生的终极追求。孔子说"杀身以成仁",孟子说"舍生而取义"(《孟子·告子上》),这两句话千百年来鼓舞了许多志士仁人为正义事业而英勇献身。

15.10 子贡问为仁[1]。子曰:"工欲善其事[2],必先利其器[3]。居是邦也,事其大夫之贤者,友其士之仁者。"

【注释】〔1〕子贡：即端木赐，字子贡。 为仁：修养仁德。 〔2〕工：工匠。善：好，完善，用作动词，使动用法。 〔3〕利：锋利，好用，用作动词，使动用法。

【译文】子贡问怎样培养仁德。孔子说："工匠要做好他们的事，一定先要准备好他们的工具。我们居住在一个国家，就要敬奉那些大夫中的贤人，结交那些士人中的仁人。"

【点评】"工欲善其事，必先利其器"，是普遍规律。就治国而言，"贤者""仁者"就是利器。

15.11 颜渊问为邦[1]。子曰："行夏之时[2]，乘殷之辂[3]，服周之冕[4]，乐则《韶》《舞》[5]。放郑声[6]，远佞人[7]。郑声淫，佞人殆[8]。"

【注释】〔1〕颜渊：即颜回，字子渊。为邦：治理国家。 〔2〕夏之时：指夏代的历法。夏历又叫阴历，农历，与农时(季节，时令)关系紧密，最有助于农业生产，所以孔子主张用夏历而不用殷历和周历。 〔3〕殷之辂(lù)：殷代的大车，因其质朴实用，所以孔子主张乘坐殷代的车。 〔4〕周之冕：周代的礼帽，因其制作讲究而华美，最合周代礼制，所以孔子主张戴周代礼帽。 〔5〕《韶》《舞》：《韶》相传为虞舜时代歌颂舜的乐曲，《武》相传为周初歌颂周武王的乐曲。〔6〕放：驱逐，排斥，舍弃。 郑声：郑国的民间音乐，曲调轻快活泼，与传统典雅的古乐不同，但孔子却认为郑声淫荡。 〔7〕远：疏远。 佞人：花言巧语谄谀逢迎的小人。

【译文】颜回问怎样治理国家。孔子说："使用夏代的历法，乘坐殷代的车子，头戴周代的礼帽，音乐就用《韶》乐和《武》乐。舍弃郑国的音乐，疏远花言巧语的小人。郑国的音乐轻靡淫荡，花言巧语的小人十分危险。"

【点评】治国要继承古代优秀文化遗产，但继承文化遗产又须先经鉴别，才能为今所用。古希腊寓言家德谟克利特说:"有教养的人的遗产,比那些无知的人的财富更有价值。"

15.12 子曰:"人无远虑,必有近忧。"

【译文】孔子说:"一个人如果没有长远的谋划,就一定会有眼前的忧患。"

【点评】"人无远虑,必有近忧",是充满智慧的人生格言。孟子说:"生于忧患而死于安乐。"(《孟子·告子下》)人应当居安思危,防微杜渐,防患于未然。古希腊寓言作家伊索说:"在景况好时不预先考虑将来的事情的人,在时节改变的时候会遇到很大的不幸。"(《伊索寓言》)

15.13 子曰:"已矣乎[1]! 吾未见好德如好色者也[2]。"

【注释】[1]已:止。 [2]好(hào):爱好,喜好。此句又见《子罕》(9.18)。

【译文】孔子说:"完了啊,我没有见过喜好道德也如同喜好美色那样的人。"

15.14 子曰:"臧文仲其窃位者与[1]? 知柳下惠之贤而不与立也[2]。"

【注释】[1]臧(zāng)文仲:鲁国大夫臧孙辰,字文仲。 窃位:窃取官位,指为官不尽责,不称职。 与:同"欤"。 [2]柳下惠:鲁国贤人,姓展,名获,字禽。"柳下"是他的居所,"惠"是他的谥号。 立:同"位"。

【译文】孔子说:"臧文仲大概是一个不尽责不称职而窃取官位的人吧!他明知柳下惠的贤能却不给他官位。"

【点评】宋代范祖禹说:"若不知贤,是不明也;知而不举,是蔽贤也。不明之罪小,蔽贤之罪大。"(见朱熹《四书集注》)故孔子指斥臧文仲为"窃位"。

15.15 子曰:"躬自厚而薄责于人[1],则远怨矣。"

【注释】[1]躬自厚:即"躬自厚责",因后面有"责"字,这里省掉了。躬自,自身。 厚:多,重。 薄:少,轻。

【译文】孔子说:"对自己责备得重而对别人则责备得轻,就可以远离别人的怨恨了。"

【点评】唐代韩愈说:"古之君子,其责己也重以周,其待人也轻以约。重以周,故不怠;轻以约,故人乐为善。"(《原毁》)责己严,责人宽,是做人的一个根本原则。

15.16 子曰:"不曰'如之何,如之何'[1]者,吾末如之何也已矣[2]。"

【注释】[1]如之何:怎么办。常说"如之何"的人,是有忧患意识并能深谋远虑的人。 [2]末:无,没有。

【译文】孔子说:"不说'怎么办,怎么办'(不能深思熟虑)的人,对他我也不知道该怎么办。"

【点评】朱熹说:"如之何如之何者,熟思而审处之辞也。"(见《四书集注》)人能深思熟虑,而不莽撞行事,便可减少过失。古希腊哲人毕达哥拉斯说:"思而后行,以免做出蠢事。因为草率的动作和言语,均是卑劣的特征。"(《金言》)

15.17 子曰:"群居终日[1],言不及义,好行小慧[2],难矣哉[3]!"

【注释】〔1〕终日：整天。　〔2〕小慧：私智，小聪明。　〔3〕难：指难于有成。

【译文】孔子说："同大伙整天聚在一起，说话从不涉及义理，又喜欢卖弄小聪明，这种人很难有成就。"

【点评】刘宝楠说："夫子言人群居，当以善道相切磋，不可以非义小慧相诱引也。"（《论语正义》）"言不及义"，难有造就，与朋友相聚，当引以为戒。孔子又说："饱食终日，无所用心，难矣哉！"（17.22）

15.18 子曰："君子义以为质〔1〕，礼以行之，孙以出之〔2〕，信以成之。君子哉！"

【注释】〔1〕义以为质：即"以义为质"。义，合宜，指思想行为符合一定的原则或标准，也就是正义、道义、义理。质，本质、原则。　〔2〕孙：同"逊"，恭顺，谦恭。出：指出言。

【译文】孔子说："君子以道义作为立身行事的根本，用礼来实行它，用恭顺的语言把它说出来，用诚实的态度使它得以完成，这就是君子啊！"

【点评】这是君子的气质和风度。孔子说："文质彬彬，然后君子。"（6.18）"礼""孙（逊）"为文，"义""信"为质。

15.19 子曰："君子病无能焉〔1〕，不病人之不己知也〔2〕。"

【注释】〔1〕病：担心。　〔2〕不己知：即"不知己"。

【译文】孔子说："君子担心自己没有才能，不担心别人不了解自己。"

【点评】这也就是"躬自厚而薄责于人"的意思,可参看《宪问》(14.30)。

15.20 子曰:"君子疾没世而名不称焉[1]。"

【注释】[1]疾:痛恨,痛心,觉得遗憾。 没(mò)世:终身,一辈子,至死。

【译文】孔子说:"君子最痛心、最遗憾的是至死名声还不能被人所称道。"

【点评】古人说:"大(太)上有立德,其次有立功,其次有立言,虽久不废,此之谓不朽。"(《左传·襄公二十四年》)所谓称名于世,也就是"三不朽"的意思。

15.21 子曰:"君子求诸己[1],小人求诸人。"

【注释】[1]求:责求,责成。 诸:"之于"的合音。"求诸己"即"求之于己",对自己责求。

【译文】孔子说:"君子只是责求自己,小人却总是责求别人。"

【点评】人要严于律己,宽以待人。俄国文学家屠格涅夫在《罗亭》中写道:"不会宽容别人的人,是不配受到别人宽容的。"

15.22 子曰:"君子矜而不争[1],群而不党[2]。"

【注释】[1]矜(jīn):矜持,庄重。 [2]党:偏私,偏袒。

【译文】孔子说:"君子庄重而不同人争执,合群而不偏私结伙。"

【点评】孔子说:"君子和而不同。"(13.23)孟子说:"天时不如地利,地利不如人和。"(《孟子·公孙丑下》)

15.23 子曰:"君子不以言举人[1],不以人废言。"

【注释】[1]以:因,根据。 言:说话,与"行"相对。 举:推举,提拔。

【译文】孔子说:"君子不因为这人发表了正确意见(而不考虑他的行为)就提拔他,也不因为这人行为上有缺点就废弃他的正确意见。"

【点评】"不以言举人"是用人之道,用人标准应是言行一致,德才兼备,防止"饰空言以进","以空言见知"。"不以人废言"是听言之道,旨在使言路广开,不致壅塞。

15.24 子贡问曰[1]:"有一言而可以终身行之者乎[2]?"子曰:"其恕乎[3]! 己所不欲[4],勿施于人[5]。"

【注释】[1]子贡:即端木赐,字子贡。 [2]一言:一个字。 [3]恕(shù):宽容,厚道,仁慈,忍让,以仁爱之心待人,能推己及人,将心比心,处处为他人着想。 [4]欲:欲望,想要。 [5]施:加,给予。

【译文】子贡问道:"有没有一个可用来终身奉行的字呢?"孔子说:"这大概是'恕'字吧! 自己所不想要的,就不要强加给别人。"

【点评】"忠恕"是孔子仁学的中心线索,"己所不欲,勿施于人"是孔子对"恕"的解释,可参看《里仁》(4.15)。苏联教育家苏霍姆林斯基说:"爱就意味着用心灵去体会别人最细致的精神需要。"(《给儿子的信》)法国作家尚福尔说:"使自己快乐也使他人快乐,别伤害自己也别伤害他人,我以为这就是伦理学的全部涵义。"(《格言与思想集》)这也就是孔子所提倡的推己及人、将心比心的"恕"道。

15.25 子曰:"吾之于人也,谁毁谁誉? 如有所誉者,其有所试矣[1]。 斯民也[2],三代之所以直道而行也[3]。"

【注释】〔1〕试：检验。 〔2〕斯：如此。 民：人，这里指用人。 〔3〕三代：夏、商、周三代。孔子认为，这三个王朝在开国之时，政治清明，社会太平。

【译文】孔子说："我对于别人，诋毁过谁？赞誉过谁？如果有所赞誉的话，那也是先进行过检验的。这样用人、对待人（无所偏私），正是夏、商、周三代能够直道而行的原因。"

【点评】"直道而行"是孔子理想的政治和做人标准。法国文学家巴尔扎克说："一个正直的人在无论什么地方都应该知道自重。"（《巴尔扎克妙语录》）

15.26 子曰："吾犹及史之阙文也[1]。有马者借人乘之[2]，今亡矣夫[3]！"

【注释】〔1〕史之阙文：史官修史，在疑惑难解之处，在史书上留下空缺的地方或存疑的文字，以待后人索解。这是一种实事求是、不主观臆断的态度。阙，阙疑，存疑。阙，同缺。 〔2〕有马者借人乘之：自己有马难驯便借给别人乘坐以调习马性，比喻史官存疑以备后人索解。 〔3〕亡：同"无"。

【译文】孔子说："我还能够在史书上看到因史官存疑而空阙的地方，就好像自己有马难驯，便借给别人乘坐以调习马性。这种实事求是的态度现在没有了啊！"

【点评】在治学上，孔子提倡"多闻阙疑"的实事求是的态度和严谨审慎的学风，可参看《为政》(2.18)。

15.27 子曰："巧言乱德[1]。小不忍[2]，则乱大谋。"

【注释】〔1〕乱：扰乱，败坏。 〔2〕忍：忍耐，忍受，容忍。

【译文】孔子说："花言巧语就会败坏道德。小的地方不能忍耐，就会败坏早已谋划好的大事。"

【点评】朱熹说:"巧言变乱是非,听之使人丧其所守。小不忍,如妇人之仁、匹夫之勇皆是。"(《四书集注》)又说:"妇人之仁,不能忍其爱也;匹夫之勇,不能忍其暴也。"(《四书或问》)"小不忍,则乱大谋",是古人政治智慧的结晶。苏轼说:"夫君子之所取者远,则必有所待;所就者大,则必有所忍。"(《贾谊论》)在日常生活中,这句警语也有普遍适用的意义。

15.28 子曰:"众恶之[1],必察焉;众好之[2],必察焉。"

【注释】[1]恶(wù):厌恶,讨厌。 [2]好(hào):喜好,爱好。

【译文】孔子说:"大家都厌恶他,一定要考察这是为什么;大家都喜欢他,也一定要考察这是为什么。"

【点评】清人刁包说:"或以独行滋多口,或以大义冒不韪,众虽恶之,所当鉴谅于形迹之外者也;或违道以干时誉,或矫情以博名高,众虽好之,所当推测于心术之微者也。"(《四书翊注》)就是说众恶之人不一定是恶人,众好之人也不一定是好人,应当深入了解实情才能做出正确的判断。还可参看《子路》(13.24)。

15.29 子曰:"人能弘道[1],非道弘人。"

【注释】[1]弘:弘扬,扩充。

【译文】孔子说:"人能扩充道(使道发扬光大),不是道能扩充人(不能借道来装点门面,抬高身价)。"

【点评】孔子说:"古之学者为己,今之学者为人。"(14.24)"为己",即修养自己,努力行道,必能使道发扬光大;"为人",即炫耀于人,此为装点门面,自然不能抬高身价。

15.30 子曰:"过而不改[1],是谓过矣。"

【注释】[1]过:过失,错误。

【译文】孔子说:"有了过错却不改正,这就真叫过错了。"

【点评】人的一生,过错难免,但重要的是,知错能改,如果文过饰非,执意不改,那就错上加错了。恩格斯说:"伟大的阶级,正如伟大的民族一样,无论从哪方面学习都不如从自己所犯错误的后果中学习来得快。"(《英国工人阶级状况》)毛泽东说:"错误常常是正确的先导。"(《改造我们的学习》)英国哲学家休谟说:"一个改正了自己错误的人,则既表示他的理解正确,又表示他的胸襟光明磊落。"(《人性论》)

15.31 子曰:"吾尝终日不食,终夜不寝,以思,无益,不如学也。"

【译文】孔子说:"我曾经整天不吃饭,整夜不睡觉,去苦苦思索,但没有益处,还不如去学习。"

【点评】孔子说:"学而不思则罔,思而不学则殆。"(2.15)荀子说:"吾尝终日而思矣,不如须臾之所学也。吾尝跂而望矣,不如登高之博见也。"(《荀子·劝学》)英国物理学家牛顿说:"如果说我看得远,那是因为我站在巨人们的肩上。"(转引自《爱因斯坦》)思而不学,学问就会流于虚而不实,浮而无根。

15.32 子曰:"君子谋道不谋食[1]。耕也,馁在其中矣[2];学也,禄在其中矣[3]。君子忧道不忧贫。"

【注释】〔1〕谋：图谋，营求。 〔2〕馁(něi)：饥饿。 〔3〕禄：俸禄，官吏所得的薪水。

【译文】孔子说："君子只谋求行道而不谋求衣食。耕种，饥饿就在耕种之中（耕田者也常常挨饿）；学习，俸禄就在学习之中（学成做官可得俸禄）。所以君子只担忧怎样学道和行道而不担忧自己的贫穷。"

【点评】君子"谋道不谋食"，"忧道不忧贫"。读书虽可做官食禄，但读书做官的目的应是行道，这才是君子的操守。

15.33 子曰："知及之[1]，仁不能守之；虽得之，必失之。知及之，仁能守之，不庄以莅之[2]，则民不敬。知及之，仁能守之，庄以莅之，动之不以礼，未善也。"

【注释】〔1〕知：同"智"。 〔2〕莅(lì)：临，到。指就位为官居民之上以治民。

【译文】孔子说："用聪明才智得到一个职位，但仁德欠缺而不能守住它；即使得到了它，也一定会失掉。用聪明才智得到一个职位，仁德合格而能保住它，但不用庄重严肃的态度来治理民众，民众也不会恭顺。用聪明才智得到一个职位，仁德合格而能保住它，也能用庄重严肃的态度来治理民众，但一切举措如果不能依礼而行，也是不够好的。"

【点评】从政治国，智、仁、庄、礼，四者必备，缺一不可。

15.34 子曰："君子不可小知而可大受也[1]，小人不可大受而可小知也。"

【注释】〔1〕小知：从小处去了解、识别。 大受：承担重任。

【译文】孔子说:"君子是不可以从小处去识别他的,但却可以承担重任。小人不可以承担重任,但却可以从小处去识别他。"

【点评】观人之法,当以大处着眼。朱熹说:"君子于细事未必可观,而材德足以任重。"(《四书集注》)又说:"一事之能否不足以尽君子之蕴,故不可小知。任天下之重而不惧,故可大受。"(见《朱子文集·答张敬夫》)

15.35 子曰:"民之于仁也,甚于水火。水火,吾见蹈而死者矣[1],未见蹈仁而死者也。"

【注释】[1]蹈(dǎo):踏,踩,投入。

【译文】孔子说:"民众对仁德的需要,比水火更迫切。水火,我看见有投入其中而死去的,但从未看见有投入仁德而死去的。"

【点评】勉励人们实践仁德,推行仁道。

15.36 子曰:"当仁[1],不让于师[2]。"

【注释】[1]当:面临,面对。 [2]让:谦让。

【译文】孔子说:"面临符合仁德的事,即使对老师也不谦让(而应争着去做)。"

【点评】"礼"讲谦让,但当"行仁"迫切之时,应以"行仁"为先。"当仁不让"已作为成语进入现代汉语中。

15.37 子曰:"君子贞而不谅[1]。"

【注释】〔1〕贞：正，指恪守正道。 谅：诚信，这里指拘泥于固守小的诚信。

【译文】孔子说："君子恪守正道而不拘泥于固守小的诚信。"

【点评】孔子所说的"谅"为不分是非、不讲原则的小信，孔子所不取。孔子说："言必信，行必果，硁硁然小人哉！"（13.20）孟子说："大人者，言不必信，行不必果，惟义所在。"（《孟子·离娄下》）

15.38 子曰："事君，敬其事而后其食〔1〕。"

【注释】〔1〕食：食禄，俸禄。

【译文】孔子说："服事国君，首先要认真严肃地办事，而把领取俸禄放在后面。"

【点评】孔子说："君子谋道不谋食。"（15.32）"先事后得，非崇德与？"（12.21）今天，我们无论从事什么职业，都应当有敬业精神。印度诗人泰戈尔说："鸟翼上系了黄金，这鸟便永不能再在天上翱翔了。"（《飞鸟集》）

15.39 子曰："有教无类〔1〕。"

【注释】〔1〕类：类别，如贫富、贵贱、智愚、善恶、亲疏、远近、国别、族别等。

【译文】孔子说："只有教育的普遍施行，而没有什么类别的区分。"

【点评】"有教无类"，使教育普及所有的人，使平民也能接受教育，是伟大的教育理念，也是孔子在教育上的伟大贡献。孟子说："君子有三乐，而王天下不与存焉。父母俱存，兄弟无故，一乐也；仰不愧于天，俯不怍于地，二乐也；得天下英才而教育之，三乐也。"（《孟子·告子下》）

15.40 子曰:"道不同[1],不相为谋[2]。"

【注释】[1]道:指政治主张、人生态度、学术观点等。 [2]谋:计议,商议。

【译文】孔子说:"道不相同,不能在一起互相商议研讨。"

【点评】"方以类聚,物以群分。"(《周易·系辞上》)人各有志,难于聚合。

15.41 子曰:"辞达而已矣[1]。"

【注释】[1]辞:言辞,文辞。

【译文】孔子说:"言辞能够表达意思就可以了。"

【点评】修辞是为了达意。但过分修饰,往往会适得其反,不可不慎。

15.42 师冕见[1],及阶,子曰:"阶也。"及席,子曰:"席也。"皆坐,子告之曰:"某在斯,某在斯。"

师冕出。子张问曰[2]:"与师言之道与[3]?"子曰:"然,固相师之道也[4]。"

【注释】[1]师冕:师,乐师。冕,这位乐师的名。古代乐师多为盲人。 [2]子张:即颛孙师,字子张。 [3]道:方法,做法。 [4]相(xiàng):辅助,扶持。

【译文】师冕来见孔子,走到台阶前,孔子便说:"这是台阶。"走到坐席前,孔子便说:"这是坐席。"都坐下后,孔子便告诉他说:"某人在这里,某人在这里。"

师冕告辞出去。子张问道:"这是与眼盲的乐师说话的方式吗?"孔子说:"是这样的,这本来就是辅助眼盲乐师的方式。"

【点评】孔子对盲人(残疾人)的同情、怜悯和扶助,富有人道主义精神,充分展现了他的仁慈宽厚之心。

《卫灵公》赏析

孔子首创私人办学,培养了大批的"士"。士成为一个独特的社会阶层,孔子不但教给他们文化知识,也塑造了他们的灵魂——君子。他们成了中国第一批有独特社会地位、有独立人格的知识分子,也是后世知识分子效法的榜样。

在本篇中孔子多次论及"君子"的品格。

"君子求诸己。""躬自厚而薄责于人。""君子病无能焉,不病人之不己知也。"意思是责己严,责人宽。

"己所不欲,勿施于人。"君子应当坚守"恕"道,终身行之。

"君子矜而不争,群而不党。"意思是君子要自尊但又要合群,要合群但又要不偏党。

"君子谋道不谋食。"君子应当有追求道义的高尚的精神境界。

"君子义以为质,礼以行之,孙以出之,信以成之。""言忠信,行笃敬。"君子应当讲礼义,并且谦恭诚信,有高尚的情操。

"君子固穷。"在穷困之时君子仍然坚持固有的操守。

"事君,敬其事而后其食。"君子对待职事,要有责任心,不要尸位素餐。

"君子疾没世而名不称焉。"君子当立功扬名。

"当仁,不让于师。"君子当努力行仁。

"志士仁人,无求生以害仁,有杀身以成仁。"君子应当努力成为志士仁人,要勇于做出牺牲,为了行仁,哪怕献出生命也在所不惜。

季氏篇第十六

共十四章

16.1 季氏将伐颛臾[1]。冉有、季路见于孔子曰[2]："季氏将有事于颛臾[3]。"

孔子曰："求！无乃尔是过与[4]？夫颛臾，昔者先王以为东蒙主[5]，且在邦域之中矣[6]，是社稷之臣也[7]。何以伐为[8]？"

冉有曰："夫子欲之[9]，吾二臣者皆不欲也。"

孔子曰："求！周任有言曰[10]：'陈力就列[11]，不能者止[12]。'危而不持，颠而不扶[13]，则将焉用彼相矣[14]？且尔言过矣。虎兕出于柙[15]，龟玉毁于椟中[16]，是谁之过与？"

冉有曰："今夫颛臾，固而近于费[17]。今不取，后世必为子孙忧。"

孔子曰："求！君子疾夫舍曰欲之而必为之辞[18]。丘也闻有国有家者[19]，不患寡而患不均，不患贫而患不安[20]。盖均无贫，和无寡，安无倾。夫如是，故远人不服，则修文德以来之[21]。既来之，则安之[22]。今由与求也，相夫子，远人不服,而不能来也;邦分崩离析,而不能守也;而谋动干戈于邦内[23]。吾恐季孙之忧,不在颛臾,而在萧墙之内也[24]。"

【注释】[1]季氏:即季孙氏,这里指季康子,名肥。 颛臾(zhuān yú):当时鲁国的一个附庸国,风姓,其地大约在今山东费县西北八十里处。 [2]冉有:即冉求,字子有。 季路:即仲由,字子路,又称季路。两人当时均为季氏家臣。 见(xiàn):谒见。 [3]有事:有战事,是进攻、讨伐的委婉说法。 [4]无乃:表委婉语气的副词,只用于反诘句中,有"岂不是""恐怕是"的意思。 尔是过:"过尔"。过,指责。尔,你。是,表示宾语提到动词之前。 与:同"欤"。 [5]东蒙:即蒙山,在今山东蒙阴县西南,与费县相接。 主:指主持祭祀的国家。 [6]邦域:本来都指封地,这里指国界、国境。 [7]社稷:指土神和谷神,也指祭祀土神、谷神的地方。古代建国必立社稷,因此用它来指代国家。这里指鲁国。 [8]何以:为什么。 为:疑问语气词。 [9]夫子:对长者、尊贵者的敬称,这里指季康子。 [10]周任:古代史官。 [11]陈力:施展才力。 就列:居位任职。 [12]不能:指自己不尽力(没有劝阻季氏)或主张行不通(季氏不听劝)。 止:指停止任职。 [13]颠:仆倒。 [14]焉用:何用。 相(xiàng):扶持盲人的人。后引申为辅助、帮助,也指助手。 [15]兕(sì):独角犀。与虎均为猛兽,喻季氏。 柙(xiá):关猛兽的笼子。 [16]龟:龟板,占卜用。 玉:玉瑞(表示爵位)和玉器(用于祭祀)。龟玉均为宝物,喻瑞臾。 椟(dú):匣子。 [17]费(bì):季氏的采邑,在今山东费县。 [18]疾:痛恨,讨厌。 舍(shě):舍弃,撇开。 辞:找借口,或用漂亮的话来掩饰。 [19]有国者:指诸侯。 有家者:指大夫。 [20]"不患寡"两句:清代俞樾在《群经平议》中说,这两句中的"寡"和"贫"二字应互易。寡,指人口稀少。安,指上下相安。 [21]修:修治,整顿。 文德:文指礼乐等教化之事,德指仁义等德治之事。 来:同"徕",招徕,使对方受感化来归附。 [22]安之:使他们安定下来。 [23]动干戈:动武,发动战争。 干,盾。戈,平头戟。 [24]萧墙:门内的屏风。古代臣进见君,至屏风而肃敬,"肃""萧"古字通,故称"萧墙"。后人把内乱叫"萧墙之祸"或"祸起萧墙"。这里暗喻季孙氏与鲁哀公的矛盾,季孙氏担心颛臾帮助鲁哀公,所以才攻打颛臾。

【译文】季孙氏将要去攻打颛臾。冉求、子路来谒见孔子,说:"季孙氏同颛臾将有战事发生。"

孔子说:"冉求!这岂不是该责备你吗?那颛臾,过去周的先王把它作为东蒙山主祭的国家,而且它已在鲁国的国境之中了,它已是我们鲁国的臣属,为什么要去攻打它呢?"

冉有说:"他老人家(指季康子)想这样干,我们两个做家臣的都不想这样。"

孔子说:"冉求!古代史官周任有句话说:'做臣子的应当施展他的才力去居位任职,不能这样做就辞官退位。'譬如盲人有危险助手却不去扶持,将跌倒了助手却不去搀扶,那么,为什么还要用那助手呢?再说你的话也讲错了。老虎、犀牛从笼里逃了出来,龟板、玉器在匣中毁坏了,这是谁的过错呢?"

冉有说:"现在那颛臾,城郭坚固而且靠近季孙氏的费邑。如果不拿过来,到了后世一定会成为子孙的祸害。"

孔子说:"冉求!君子痛恨想做但一定要另外找借口来掩饰的态度。我听说有封国的诸侯和有领地的大夫,不忧虑财富不足而忧虑财富不均,不忧虑人口稀少而忧虑上下不安。这是因为财富平均便没有所谓贫穷,境内和睦便没有人口稀少的现象,上下相安便没有倾覆的危险。像这样治理国家,远方的人还不归服,便再整治礼乐教化、仁义德治来招引他们。既招来了他们,便使他们安定下来。现在仲由与冉求,辅佐他老人家,远方的人不归服,却不能招致;国家四分五裂,却不能保全,反而暗中打算在国境之内使用兵力。我恐怕季孙氏的忧患,不在颛臾,而在宫殿大门的屏风之内啊!"

【点评】孔子主张"修文德,来远人",以求亲善和睦,反对侵略攻伐。孔子提倡"陈力就列,不能者止",指明了为官之道。孔子认为"不患贫而患不均,不患寡而患不安",提出了财富均平的社会理想。这些,对后世均有重大影响。"祸起萧墙"已作为成语进入现代汉语中。

16.2 孔子曰:"天下有道,则礼乐征伐自天子出;天下无道,则礼乐征伐自诸侯出。 自诸侯出,盖十世希不失矣[1];自大夫出,五世希不失矣;陪臣执国命[2],三世希不失矣。 天下有道,则政不在大夫。 天下有道,则庶人不议。"

【注释】〔1〕希：同"稀"，少。　〔2〕陪臣：卿、大夫的家臣。

【译文】孔子说："天下政治清明，制礼作乐和出兵征伐都由天子来决定；天下政治黑暗，制礼作乐和出兵征伐便由诸侯来决定。由诸侯来决定，这个诸侯国传了十代很少有不丧失政权的；由大夫来决定，这个大夫的家传了五代也很少有不丧失政权的；卿大夫的家臣把握国家的命运，这个家臣传了三代也很少有不丧失政权的。天下政治清明，国家政权就不会落到大夫的手里。天下政治清明，普通老百姓就不会纷纷议论朝政。"

【点评】孔子向往"天下有道"的政治局面：礼乐征伐自天子出，诸侯卿大夫各居其位，各安其职，社会秩序稳定，民众安乐，天下太平。

16.3 孔子曰："禄之去公室五世矣〔1〕，政逮于大夫四世矣〔2〕，故夫三桓之子孙微矣〔3〕。"

【注释】〔1〕**禄**：爵禄，任人为官，给予俸禄。这里指代国家政权。　**去**：离开。**公室**：指鲁国国君的朝廷。　**五世**：五代。鲁文公死后，仲孙氏东门遂立文公庶子倭为君，即鲁宣公，并把持了鲁国政权。从宣公起，又经历了成公、襄公、昭公、定公，到孔子时，为五代。　〔2〕**逮**（dài）：及，到。　**四世**：四代。鲁宣公死后，季孙行父（季文子）驱逐东门遂，为正卿，把持了鲁国政权。从季文子起，又经历了武子、平子、桓子，到孔子时，为四代。　〔3〕**三桓**：鲁国的三卿，即孟孙氏（后为仲孙氏所代）、叔孙氏、季孙氏，他们都是鲁桓公的后代，所以叫"三桓"。　**微**：衰微。鲁定公时，由于"陪臣执国命"，三桓势力曾一度被削弱。

【译文】孔子说："颁爵赐禄的大权离开鲁君朝廷（从宣公算起）已经有五代了，政权落到大夫手里（从季文子算起）也已经有四代了，所以桓公的三房子孙后代现在也衰微了。"

【点评】孔子痛心于当时的"礼坏乐崩""天下无道"，他判断鲁国"政在大夫"

的局面不会维持长久。

16.4 孔子曰:"益者三友,损者三友。 友直,友谅[1],友多闻,益矣。 友便辟[2],友善柔[3],友便佞[4],损矣。"

【注释】[1]谅:诚信。 [2]便辟(pián pì):向人讨好却存心不良,与"直"相反。 [3]善柔:善于伪装柔顺背后却说人坏话。与"谅"相反。 [4]便佞:阿谀逢迎夸夸其谈却无多大学问,与"多闻"相反。

【译文】孔子说:"有益的朋友有三种,有害的朋友也有三种。同正直的人交朋友,同诚实守信的人交朋友,同见闻广博的人交朋友,就有益了。同向人讨好却存心不良的人交朋友,同善于伪装柔顺却背后说人坏话的人交朋友,同阿谀逢迎夸夸其谈却无多大学问的人交朋友,就有害了。"

【点评】墨子说:"染于苍则苍,染于黄则黄。"(《墨子·所染》)俗话说,近朱者赤,近墨者黑。交友不可不慎。法国文学家巴尔扎克在《两个新嫁娘》中写道:"友谊与爱情一样,只有生活在能够与之自然相处,无须做作和谎言的朋友之间,你才会感到愉快。"

16.5 孔子曰:"益者三乐,损者三乐。 乐节礼乐[1],乐道人之善[2],乐多贤友,益矣。 乐骄乐[3],乐佚游[4],乐宴乐[5],损矣。"

【注释】[1]节:节制,调节。 [2]道:说。 [3]骄乐:骄矜自喜。 [4]佚(yì)游:游荡无度。佚,同"逸"。 [5]宴(yàn)乐:宴饮作乐。

【译文】孔子说:"有益的快乐有三种,有害的快乐也有三种。以得到礼乐节制为快乐,以称道别人好处为快乐,以多交贤友为快乐,就有益了。以骄矜自喜为快乐,以游荡无度为快乐,以宴饮作乐为快乐,就有害了。"

【点评】人们从日常生活中可以获得许多乐趣,但要注意乐趣的品位。

16.6 孔子曰:"侍于君子有三愆[1]:言未及之而言谓之躁,言及之而不言谓之隐,未见颜色而言谓之瞽[2]。"

【注释】[1]愆(qiān):过失,差错。 [2]颜色:脸色 瞽(gǔ):眼瞎。

【译文】孔子说:"在君子跟前侍候容易出现三种过失:还没到自己该说话的时候抢先说了叫作急躁,到了自己该说话的时候却不说叫作隐瞒,没有看到别人脸色怎样便贸然说话叫作瞎了眼。"

【点评】同人交往要慎于言,不但要注意说话的内容、措辞,也要选择说话的时机。

16.7 孔子曰:"君子有三戒[1]:少之时,血气未定[2],戒之在色;及其壮也,血气方刚[3],戒之在斗;及其老也,血气既衰,戒之在得[4]。"

【注释】[1]戒:戒备,警惕。 [2]血气:指内在的精力和表现于外的情感冲动。 定:成,成熟。 [3]刚:坚强,旺盛。 [4]得:贪得,指对名誉、地位、财货、女色等的贪求。

【译文】孔子说:"君子有三件事要警惕戒备:年轻之时,血气尚未成熟,要警惕迷恋女色;到了壮年,血气正当旺盛,要警惕争强斗狠;到了老年,血气已经衰弱,要警惕贪得无厌。"

【点评】儒家主张以礼制欲,以理节情。人生三个不同阶段(少、壮、老)的血气,有不同的特点,因而有不同的警戒的重点,值得人们深思。"血气方刚"已成为成语,进入现代汉语之中。

16.8 孔子曰:"君子有三畏[1]:畏天命[2],畏大人[3],畏圣人之言[4]。小人不知天命而不畏也,狎大人[5],侮圣人之言[6]。"

【注释】[1]畏:怕,指心存敬畏,不敢有违。 [2]天命:参阅《为政》(2.4)注[3]。 [3]大人:指处在高位上的统治者。 [4]圣人:指道德极高、智能极强、功业极大的人。孔子和儒家心目中的圣人是尧、舜、禹、汤、周文王、周武王、周公等人。 [5]狎(xiá):轻,指轻慢,不尊重。 [6]侮:轻侮,戏弄。

【译文】孔子说:"君子的敬畏有三种:敬畏天命,敬畏在高位上的大人,敬畏圣人的话。小人不懂得天命所以不敬畏它,又不尊重在高位上的大人,轻侮圣人的话。"

【点评】有所敬畏,才能有所尊崇。尊重历史,尊重传统,尊重前人,尊重规律,才能从中获益。如果一无所惧,唯我独尊,就会自以为是,甚至胡作非为。

16.9 孔子曰:"生而知之者上也,学而知之者次也;困而学之,又其次也;困而不学,民斯为下矣[1]。"

【注释】[1]斯:顺承连词,"这就"的意思。

【译文】孔子说:"生来就知道的是上等,学习了才知道的是次一等;生活中遇到困难才去学习的,又是再次一等;生活中遇到困难也不去学习的,普通民众就是这种最下等的了。"

【点评】智力的高低并不重要,重要的是学习。孔子否认自己是"生而知之"者(7.20),他一生"学而不厌"。孔子不承认有天生的"下愚",只因为不学习才成了"下愚"。

16.10 孔子曰:"君子有九思⁽¹⁾:视思明,听思聪,色思温,貌思恭,言思忠,事思敬,疑思问,忿思难⁽²⁾,见得思义⁽³⁾。"

【注释】[1]思:思考,考虑。 [2]忿:同"愤",发怒。 难(nàn):灾难,指后患。 [3]义:合宜,合理。

【译文】孔子说:"君子的考虑有九种:看时考虑是否看清楚,听时考虑是否听明白,脸色考虑是否温和,容貌考虑是否庄重谦恭,言语考虑是否忠诚老实,办事考虑是否严肃认真,有了疑问考虑如何向人询问请教,发起怒来考虑是否留下后患,见到可得之物(财货、地位、名誉等)考虑自己该不该得。"

【点评】君子在日常生活中也要注意修养完善自我,视听言动都要合于"礼",凡事都要三思而后行。"见得思义"与"见利思义"(14.12)同。

16.11 孔子曰:"见善如不及⁽¹⁾,见不善如探汤⁽²⁾。 吾见其人矣,吾闻其语矣。 隐居以求其志,行义以达其道⁽³⁾。 吾闻其语矣,未见其人也。"

【注释】[1]不及:跟不上。 [2]探汤:把手伸进沸水里。比喻面临凶险,要立即避开。汤,热水、开水。 [3]达:通达,贯彻。

【译文】孔子说:"看见善良好像跟不上而努力跟上去,看见邪恶好像把手伸进了沸水而马上避开。我见到过这种人,也听到过这种话。避世隐居而求心志的顺适,出仕行义而求主张的贯彻。我听到过这种话,但还没有见到过这种人。"

【点评】从善避恶,为个人道德行为,做起来容易;隐居求志或行义达道,为社会政治行为,做起来就比较难。

16.12 齐景公有马千驷[1]，死之日，民无德而称焉。伯夷、叔齐饿于首阳之下[2]，民到于今称之。其斯之谓与[3]！

【注释】[1]千驷:四千匹马。 驷:套着四匹马的车,也指同拉一辆车的四匹马。 [2]伯夷、叔齐:商末孤竹君的两个儿子,父死,两人都谦让不肯继位,一同逃到西伯姬昌(周文王)那里。后来姬发(周武王)起兵讨伐商纣王,他们拦住马车劝阻,不成。周王朝建立后,他们以食周粟为耻,饿死在首阳山。 [3]其斯之谓与:这句与上文承接不上。宋人程颐认为《颜渊》第十章的引诗"诚不以富,亦祇以异"应加在这句之上,但这种说法没有什么根据。

【译文】齐景公有马四千匹,他死的时候,民众从他那里找不到什么美德来称颂。伯夷、叔齐(不食周粟)饿死在首阳山下,民众到现在还称颂他们。……说的就是这个意思吧!

【点评】能否得到民众的称赞和歌颂,不是由于财富的多寡,而是由于德行的高低。英国戏剧家和诗人莎士比亚在《理查二世》中写道:"无瑕的名誉是世间最纯粹的珍宝;失去了名誉,人类不过是一些镀金的粪土,染色的泥块。"

16.13 陈亢问于伯鱼曰[1]:"子亦有异闻乎[2]?"

对曰:"未也。尝独立,鲤趋而过庭[3]。曰:'学《诗》乎?'对曰:'未也。''不学《诗》,无以言。'鲤退而学《诗》。他日,又独立,鲤趋而过庭。曰:'学礼乎?'对曰:'未也。''不学礼,无以立。'鲤退而学礼。闻斯二者。"

陈亢退而喜曰:"问一得三,闻《诗》,闻礼,又闻君子之远其子也[4]。"

【注释】[1]陈亢:孔子弟子,字子禽。 伯鱼:孔子的儿子,名鲤,字伯鱼。 [2]异闻:不同的听闻,指特别的教诲。 [3]趋:小步快行,在长辈面前应当小步快行，这才算有礼貌。　　　〔4〕远：疏远，不亲近，指没有偏爱和特别传授。

【译文】陈亢向伯鱼问道："您从您父亲那里听到过特别的教诲吗？"

伯鱼回答说："没有。有一天，父亲独自一人站在那里，我快步走过庭院。父亲问：'学过《诗》吗？'我回答说：'还没有学。'父亲说：'不学《诗》，在社会交往中就无法把话说好。'我退下去后就去学《诗》。另一天，父亲又独自一人站在那里，我快步走过庭院。父亲问：'学过礼吗？'我回答说：'还没有学。'父亲说：'不学礼，就无法在社会上立足。'我退下去后就去学礼。我所听到的就是这两句。"

陈亢回去后就高兴地说："我问一件事却得知三件事，得知学《诗》的好处，得知学礼的意义，得知君子对他的儿子并无偏爱和特别传授。"

【点评】"不学《诗》，无以言。"学《诗》有助于语言表达。（可参看《子路》13.5）"不学礼，无以立。"学礼，有助于规范自己的行为，从而更好地在社会上立足。

16.14 邦君之妻^{〔1〕}，君称之曰夫人，夫人自称曰小童，邦人称之曰君夫人^{〔2〕}，称诸异邦曰寡小君^{〔3〕}，异邦人称之亦曰君夫人。

【注释】〔1〕邦君：指诸侯国国君。　　〔2〕邦人：国人。　　〔3〕诸："之于"的合音。　异邦：别的诸侯国。

【译文】国君的妻子，国君称她为"夫人"，夫人自己谦称为"小童"，国内的人称她为"君夫人"，在别国的人面前就谦称她为"寡小君"，而别国的人称呼她也称"君夫人"。

【点评】正确使用称谓，也是讲"礼"的表现。

《季氏》赏析

春秋末年和战国时代，是社会大变动的时代，前人说是"礼坏乐崩"。周王朝大权旁落,"礼乐征伐自诸侯出",而在各诸侯国,又往往是"政逮于大夫",甚至"陪臣执国命"。孔子对此不以为然。

孔子对"礼坏乐崩"痛心疾首,是基于他的仁学。

"季氏将伐颛臾"章(16.1)对鲁国当时"政逮于大夫"的情形有具体的描述。

鲁国的执政者季孙氏为了削弱鲁国国君的势力,准备派兵去攻打鲁国的附属国颛臾,孔子弟子冉有、子路站在季孙氏一边,孔子却持反对态度,其理由有三:1.颛臾是先王封国,不可伐。2.颛臾已在鲁国封疆之内,不必伐。3.颛臾是鲁国的臣属之国,不能伐。但这均从鲁君立论,未必能阻止季孙氏的贪欲。但从孔子在谈话中表达出来的政治思想,却有深远意义。

首先,他主张对外修文德,来远人,以求亲善和睦。后来,"修文德,来远人"成了中国历代王朝对外交往的一个重要原则。

其次,他认为一个国家"不患贫而患不均,不患寡而患不安"(据清人俞樾说将"寡""贫"二字对换),提出了财富均平的社会理想,这也为后人所倾慕。

再次,他主张臣子对君主应当"陈力就列,不能者止",应当持危扶颠,匡正君主之失,也为后人指明了为臣之道。

在本篇中,还记载了孔子所说:"君子有三畏:畏天命,畏大人,畏圣人之言。小人不知天命而不畏也,狎大人,侮圣人之言。"这同样出于对"礼坏乐崩"的担忧,是希望维持现存的社会秩序,保持社会的稳定。

本篇还论及"益者三友""益者三乐""君子有三愆""君子有三戒""君子有九思"……这对人们修身立德,完善君子品格,都有重要的意义。

阳货篇第十七

共二十六章

17.1 阳货欲见孔子[1],孔子不见,归孔子豚[2]。

孔子时其亡也[3],而往拜之。遇诸涂[4]。

谓孔子曰:"来!予与尔言。"曰:"怀其宝而迷其邦[5],可谓仁乎?"曰:"不可。""好从事而亟失时[6],可谓知乎[7]?"曰:"不可。日月逝矣,岁不我与[8]。"

孔子曰:"诺[9],吾将仕矣[10]。"

【注释】[1]阳货:又叫"阳虎",季氏的家臣,在季桓子独掌鲁国朝政的时候,他掌握了季氏一家的大权,进而掌握了鲁国的政权,形成了"陪臣执国命"的局面。他想要孔子出仕,为他效力,孔子一直不答应。后来他企图除掉"三桓",未成,逃往国外。 见(xiàn)孔子:使孔子来拜见(自己)。见,使动用法。 [2]归:同"馈"(kuì),赠送。 豚(tún):小猪,这里指蒸熟了的乳猪。按照礼制,接受了长者或居上位者的礼物,必须回拜。阳货送给孔子乳猪,是想让孔子回拜,乘机劝孔子出仕。 [3]时:同"伺",窥伺,暗中打听消息。 亡:同"无",指不在家。孔子想在阳虎外出时去回拜,避免与他相见。 [4]诸:"之于"的合音。 涂:同"途",道路。 [5]宝:宝物,喻才干。 迷其邦:使国家政局迷乱。 [6]亟

(qì)：屡次。　　〔7〕知：同"智"。　　〔8〕岁不我与：即"岁不与我"，年岁不给予我，也就是年岁不等人的意思。　　〔9〕诺：答应的声音，表示同意。　　〔10〕仕：出仕，为官。孔子在阳虎当政之时，始终没有出来做官。

【译文】阳货想让孔子来拜见自己，孔子不来拜见，于是派人给孔子送去一只乳猪（想让孔子来回拜）。

孔子（不愿见阳货）便暗中打听，趁阳货不在家时，到他家去回拜。但走到半路上却遇到了阳货。

阳货对孔子说："过来！我同你说话。"孔子走过去后，阳货便说："怀藏着宝物（指才干），却听任自己的国家政局迷乱，可以说是'仁'吗？"接着又说："这是不可以的。喜欢为国家干点事，却又屡次错过时机，可以说是'智'吗？"接着又说："这是不可以的。时光一天天逝去，年岁是不等人的啊。"

孔子说："好吧，我打算出来做官。"

【点评】孔子出仕，有一定的原则。他不愿仕于阳货，正是"道不同，不相为谋"（15.40）。

17.2 子曰："性相近也〔1〕，习相远也〔2〕。"

【注释】〔1〕性：本性，性情，天资，天赋。　　〔2〕习：习染，指后天受教育，受师友的熏陶，受环境的影响，等等。

【译文】孔子说："人的本性是相近的，由于后天习染的不同便相距很远了。"

【点评】孔子只说"性相近"，未分善恶，后来孟子道"性善"，荀子言"性恶"，这是战国时代关于"人性"的大论争。孔子认为"性相近，习相远"，所以特别重视教育。墨子说："染于苍则苍，染于黄则黄，所入者变，其色亦变，五入必而已，则为五色矣。故染不不可不慎也。"（《墨子·所染篇》）"习染成性"已作为成语进入现代汉语中。

17.3 子曰:"唯上知与下愚不移[1]。"

【注释】[1]知:同"智"。 上知、下愚:孔子说过,"生而知之者上也"(16.9),可见,"上知"和"下愚"大概是指智力或资质。

【译文】孔子说:"只有上等的聪慧和下等的愚蒙是不能改变的。"

【点评】"上知"即"生而知之"者,是儒家理想中的圣人,在现实中极少。"下愚"则是"困而不学"的人(可参看《季氏》16.9)。除此之外,都可以通过学习来改善自己的智力或资质。

17.4 子之武城[1],闻弦歌之声。 夫子莞尔而笑[2],曰:"割鸡焉用牛刀[3]?"

子游对曰[4]:"昔者,偃也闻诸夫子曰[5]:'君子学道则爱人,小人学道则易使也。'"

子曰:"二三子! 偃之言是也。 前言戏之耳[6]。"

【注释】[1]之:动词,往,到。武城:鲁国的一个小城邑,当时孔子弟子言偃(字子游)任武城宰(行政长官)。 [2]莞(wǎn)尔:微笑的样子。 [3]焉:何,哪里,为什么。 [4]子游:即言偃,字子游。 [5]诸:"之于"的合音。 [6]戏:开玩笑。

【译文】孔子到了(子游任行政长官的)武城,听到弹琴唱歌的声音。孔子微笑着说:"杀鸡哪里用得着宰牛的刀呢(治理小小的地方何必大兴礼乐教化)?"

子游回答说:"从前我从老师那里听说过:'在上位的君子学了道便会惠爱百姓,老百姓学了道便容易使唤。'"

孔子说:"弟子们,言偃说的话是对的。我刚才说的话只不过是开开玩笑罢了。"

【点评】"君子学道则爱人,小人学道则易使"。儒家认为学道(学习礼乐仁义)可以沟通上下,协调群体,促进社会安定。

17.5 公山弗扰以费畔^[1],召,子欲往。 子路不说^[2],曰:"末之也已^[3],何必公山氏之之也^[4]?"

子曰:"夫召我者,而岂徒哉^[5]? 如有用我者,吾其为东周乎^[6]?"

【注释】〔1〕公山弗扰:即"公山不狃",他先是季氏家臣,后来帮助阳货在费邑反叛季氏,失败后逃往齐国。 畔:同"叛"。 〔2〕子路:即仲由,字子路。说:同"悦"。 〔3〕末:无,没有。 之:动词,往,到。 已:止。 〔4〕公山氏之之:即"之公山氏"。前一个"之"字是句中语气词,无义,只表示动宾颠倒。后一个"之"字是动词,往,到。 〔5〕徒:徒然,平白无故。 〔6〕东周:在东方(鲁国)复兴周代文武周公之道。

【译文】公山弗扰据费邑反叛季氏,召请孔子,孔子打算前往。

子路不高兴,说:"没有什么地方去也就算了,为什么一定要到公山弗扰那里去呢?"

孔子说:"那召请我的人,难道是平白无故地召请我吗?(是想用我啊!)如果有人用我,我打算在东方(鲁国)复兴周代文武周公之道。"

【点评】孔子自命为周代礼乐文化传统的继承者,为完成这一历史使命,一生劳碌奔波,并想寻找适当时机出仕。

17.6 子张问仁于孔子^[1]。 孔子曰:"能行五者于天下为仁矣^[2]。"

"请问之。"曰:"恭、宽、信、敏、惠^[3]。 恭则不侮,宽则得众,信则人任焉,敏则有功,惠则足以使人。"

【注释】〔1〕子张:即颛孙师,字子张。 〔2〕行:实行,指修养品德。 〔3〕惠:仁慈,给人以好处,使人得到实惠。

【译文】子张向孔子问怎样做才是"仁"。孔子说:"能够在天下实践五项品德就可以算是'仁'了。"

子张说:"请问哪五项呢?"孔子说:"庄重,宽厚,诚信,勤敏,慈惠。庄重就不致遭受轻侮,宽厚就会得到大众拥护,诚信才会得到别人任用,勤敏才会有事功(效率高,成就大),慈惠就足够用来使唤人。"

【点评】恭、宽、信、敏、惠五项仁德,有重大的实际功用和实践意义。

17.7 佛肸召〔1〕,子欲往。

子路曰:"昔者,由也闻诸夫子曰:'亲于其身为不善者,君子不入也。'佛肸以中牟畔〔2〕,子之往也,如之何?"

子曰:"然,有是言也。不曰坚乎,磨而不磷〔3〕;不曰白乎,涅而不缁〔4〕。吾岂匏瓜也哉〔5〕?焉能系而不食〔6〕?"

【注释】〔1〕佛肸(bì xī):晋国大夫范氏的家臣,当时任中牟宰(中牟城邑的行政长官)。晋国赵简子攻打范氏,包围了中牟,佛肸据城抵抗,并召请孔子。 〔2〕中牟:晋国城邑。 畔:同"叛"。 〔3〕磷(lìn):薄。 〔4〕涅(niè):一种矿物,用作黑色染料,这里有"染黑"的意思。 缁(zī):黑色。 〔5〕匏(páo)瓜:葫芦。 〔6〕系(xì):本义为带子,用作动词,是拴缚、系挂的意思。

【译文】佛肸召请孔子,孔子打算前往。子路说:"从前,我从老师那里听说过:'亲身做坏事的人那里,君子是不去的。'佛肸据中牟反叛,您要前往,为什么呢?"

孔子说:"是的,我说过这句话。(但是)不是说坚固的东西,怎样磨也磨不薄吗;不是说洁白的东西,怎样染也染不黑吗。我难道是匏瓜吗?哪能挂着不让人吃呢?"

【点评】"磨而不磷","涅而不缁",只要自己坚持原则,就会出淤泥而不染。

17.8 子曰:"由也[1]! 女闻六言六蔽矣乎[2]?"

对曰:"未也。"

"居[3]! 吾语女。好仁不好学,其蔽也愚。好知不好学,其蔽也荡[4]。好信不好学,其蔽也贼[5]。好直不好学,其蔽也绞[6]。好勇不好学,其蔽也乱。好刚不好学,其蔽也狂。"

【注释】[1]由:即仲由,字子路。 [2]女:同"汝",你。 六言:六个字,即下面的仁、知、信、直、勇、刚。 蔽:通"弊",弊病,弊端。 [3]居:坐。 [4]荡:摇动,浮荡。 [5]贼:害。 [6]绞(jiǎo):急切,指说话尖刻伤人。

【译文】孔子说:"仲由啊!你听说过用六个字来概括的六种品德和可能产生的六种弊病吗?"

子路回答说:"没有。"

孔子说:"坐下,我告诉你吧。喜好'仁'却不喜好学,其弊病是容易受人愚弄;喜好'智'却不喜好学,其弊病是学问浮荡无根;喜好'信'却不喜好学,其弊病是由于轻信而容易受伤害;喜好'直'却不喜好学,其弊病是说话急切尖刻容易伤人;喜好'勇'却不喜好学,其弊病是逞勇斗狠作乱闯祸;喜好'刚'却不喜好学,其弊病是争强好胜胆大妄为。"

【点评】不好学,缺乏正确的认知,美德也会变质,"六德"变成"六弊",走向了它的反面。可见,好学是修德的基础,只有不断学习,才能不断完善德行。

17.9 子曰:"小子何莫学夫《诗》[1]?《诗》,可以兴[2],可以观[3],可以群[4],可以怨[5]。迩之事父[6],远之事君;多识于鸟兽草木之名。"

【注释】〔1〕夫(fú)：指示代词，那。　〔2〕兴：起，发，指激起或兴发人们的感情。　〔3〕观：看，观察，指观察、了解人们的社会生活。　〔4〕群：合群，指了解他人，懂得同他人相处。　〔5〕怨：怨恨，指抒发心中的怨愤不平。　〔6〕迩(ěr)：近。　之：语气词，无义。

【译文】孔子说："你们这班年轻弟子为什么不去学习《诗》呢？《诗》，可以激发我们的感情，可以帮助我们观察和了解社会生活，可以帮助我们了解他人懂得同他人相处，可以用来讥刺从而抒发心中的怨愤不平。从近处说可以用来侍奉父母，从远处说可以用来服事君上，而且还可以用来多多认识鸟兽草木的名称。"

【点评】《诗》三百是周代社会生活的百科全书，也是政治道德教科书。学《诗》，可以提高道德修养，培养从政能力，还可增长知识，提高认知水平。

17.10 子谓伯鱼曰〔1〕："女为《周南》《召南》矣乎〔2〕？人而不为《周南》《召南》，其犹正墙面而立也与〔3〕！"

【注释】〔1〕伯鱼：即孔子之子孔鲤，字伯鱼。　〔2〕女：同"汝"。　为：治，学习，研习。　《周南》《召(shào)南》：《诗经》十五国风中的第一、二部分。原为地名，是周成王时周公、召公分别管辖的地区，大致相当于汉水流域的东部和西部。从这两地采集的民歌收在《诗经》里，就是《周南》和《召南》。两部分的诗共26篇，内容多为男女之间的情爱。古人认为，夫妇是"人伦之始"，所以受到重视。〔3〕正墙面而立：面正对着墙壁而站着。宋人朱熹说，这是比喻"一物无所见，一步不可行"。

【译文】孔子对伯鱼说："你研习过《周南》《召南》了吗？人如果不研习《周南》《召南》，大概就会像面对着墙壁站着一样(什么东西都看不见，一步都不能走)！"

【点评】儒家认为，"君子之道，造端乎夫妇"(《礼记·中庸》)，"男女居室，人之大伦也"(《孟子·万章上》)，所以多表现男女情爱的《周南》《召南》极受重视，被置于《诗》三百之首。

17.11 子曰:"礼云礼云[1],玉帛云乎哉[2]？乐云乐云[3],钟鼓云乎哉[4]？"

【注释】[1]礼:礼制,礼仪。 云:语气词,无义。下同。 [2]玉帛(bó):瑞玉和束帛,帛是丝织物的总称。古代举行典礼时,用玉帛作为礼物,十分贵重。 [3]乐(yuè):音乐。 [4]钟鼓:两种乐器。钟,铜制,悬挂在架上,用槌敲击而发声。

【译文】孔子说:"礼呀礼呀,难道只是指玉帛一类的礼物吗？乐呀乐呀,难道只是指钟鼓一类的乐器吗？"

【点评】儒家认为,外在的礼乐应以内在的仁义为质。礼主敬,乐主和。如果人无仁德,行礼而不敬,作乐而不和,礼乐便徒具形式。孔子说:"人而不仁,如礼何？人而不仁,如乐何？"(3.3)

17.12 子曰:"色厉而内荏[1],譬诸小人[2],其犹穿窬之盗也与[3]！"

【注释】[1]色:脸色、神色。 荏(rěn):软弱,怯懦。 [2]诸:"之于"的合音。 [3]窬(yú):洞。 与:同"欤"。

【译文】孔子说:"神色严厉但内心怯懦,这种人如果用小人来作比喻,就好像挖墙穿洞行窃的盗贼吧！"

【点评】"色厉内荏"之人,虽外示严正,但常因内怀邪恶而心虚胆怯,故为孔子所不齿。

17.13 子曰:"乡愿[1],德之贼也[2]。"

【注释】[1]乡原(yuàn):乡里中的"好好先生"。他们外表谨慎老实,但是非不分,同乎流俗,合乎污世,处处讨好。他们表里不一,似德非德,伪善欺世。原,通"愿"。愿,本义是质朴,恭谨。　[2]贼:害,败坏。

【译文】孔子说:"乡里中被称为'乡原'的好好先生,是败坏道德的人。"

【点评】孔子虽主张待人宽厚,但有原则立场,"唯仁者能好人,能恶人"(4.3),这与貌似仁厚却是非不分的好好先生"乡原"是截然不同的。对"乡原",《孟子·尽心下》有详细描述。

17.14 子曰:"道听而涂说[1],德之弃也。"

【注释】[1]涂:同途。

【译文】孔子说:"从道路上听到的传言就在道路上(未经证实而随意)传播,从道德上来说,这种习气应当抛弃。"

【点评】道听途说,最易以讹传讹,是不负责任的坏习气,应该杜绝。

17.15 子曰:"鄙夫可与事君也与哉[1]? 其未得之也[2],患得之[3]。 既得之,患失之。 苟患失之,无所不至矣[4]。"

【注释】[1]鄙夫:鄙陋之人,指见识浅薄品德低劣的人。　与事君:即"与之事君"。　也与哉:语气词连用,与,同"欤"。　[2]得:指得到官位俸禄。　[3]患得之:应当是"患不得之"。患,担心,害怕。　[4]至:极。

【译文】孔子说:"鄙陋之人难道可以同他一同为官服事国君吗?这种人在还没有得到官位俸禄的时候,生怕不能得到。得到官位俸禄之后,又生怕失去。如果生怕失去,那就无所不用其极(什么事都可做出来)了。"

【点评】患得患失之人,必定私心重,杂念多,缺乏公德心和责任感,在关键时刻,定会做出损人利己甚至误国害民的事来。

17.16 子曰:"古者民有三疾[1],今也或是之亡也[2]。古之狂也肆[3],今之狂也荡[4];古之矜也廉[5],今之矜也忿戾[6];古之愚也直,今之愚也诈而已矣。"

【注释】[1]疾:毛病。 [2]或:副词,表示不肯定,或许,大概。 是之亡:即"亡是之"。亡,同"无"。 [3]肆:放肆,肆意。 [4]荡:放荡,行为没有检束。 [5]矜:矜持,威严自重,但也难以亲近。 廉:棱角,指为人方正不可触犯。 [6]忿戾(fèn lì):忿怨乖戾,指火气大,蛮横不讲理。

【译文】孔子说:"古代的人有三种毛病(虽是毛病,但其中还有可取之处),现在的人恐怕连这三种小毛病都没有了。古代狂妄的人还能肆意直言,现在狂妄的人却放荡无度;古代矜持的人还能保持棱角为人方正,现在矜持的人却怒气冲冲蛮横不讲理;古代愚笨的人还只是单纯率直,现在愚笨的人却会弄奸使诈。"

【点评】孔子感叹人心不古,人们的道德水准下降。

17.17 子曰:"巧言令色,鲜矣仁。"[1]

【注释】[1]此章重出,见《学而》(1.3)。

17.18 子曰:"恶紫之夺朱也[1],恶郑声之乱雅乐也[2],

恶利口之覆邦家者[3]。"

【注释】[1]恶(wù):憎恶,讨厌。 紫之夺朱:紫色夺去(取代)了朱色的地位。朱是大红色,古人认为是正色。紫是红蓝混合之色,古人认为是杂色。按照礼制,不同的人在不同场合应穿不同颜色的衣服。当时有的国君好新奇,喜欢穿紫色衣服,孔子认为这是违礼的行为。 [2]郑声:郑国的民间音乐,曲调轻快活泼,与传统的典雅的古乐不同,但孔子却认为郑声淫荡。 雅乐:用于宗庙祭祀和朝会享宴的正乐。 [3]覆:倾覆,颠覆。

【译文】孔子说:"我厌恶紫色夺去(取代)了朱色的地位,厌恶郑国的乐曲扰乱了典雅的乐曲,厌恶伶牙俐齿能说善道而使国家倾覆的人。"

【点评】孔子对礼坏乐崩深感痛惜,认为混淆视听的"紫之夺朱","郑声之乱雅乐",极为可恶。对"利口之覆邦家者"则深恶痛绝。

17.19 子曰:"予欲无言。"子贡曰[1]:"子如不言,则小子何述焉[2]?"子曰:"天何言哉?四时行焉[3],百物生焉,天何言哉?"

【注释】[1]子贡:即端木赐,字子贡。 [2]小子:年轻人,晚辈,子贡自指。[3]四时:四季。

【译文】孔子说:"我想不说话了。"子贡说:"您如果不说话,那我们传述什么呢?"孔子说:"天说了什么呢?四季照常运行,百物照常生长,天说了什么呢?"

【点评】孔子鼓励弟子拓展思路,多方面地独立自主地去学习。孔子虽以"天"为喻,但也反映了他对"天"的看法,这与老子所说"天法道,道法自然"(《老子》二十五章)的"天道自然"思想相一致。

17.20 孺悲欲见孔子[1]，孔子辞以疾[2]。将命者出户[3]，取瑟而歌，使之闻之[4]。

【注释】[1]孺悲：鲁国人，曾奉鲁哀公之命向孔子学习士丧礼。　[2]辞：推辞，拒绝。　[3]将(jiāng)命者：奉命传话的人。将，奉。　[4]使之闻之：第一个"之"，代"将命者"，第二个之，代瑟声歌声。孔子故意让人知道自己未病，说有病只是借口。至于孔子为什么不见孺悲，原因不明。

【译文】孺悲想见孔子（派人来传话），孔子以有病为由拒绝见他。等到奉命传话的人走出门去，孔子却取过瑟来弹并唱起歌来，故意让传话的人听到。

【点评】不愿见面而"辞以疾"是古人的惯常做法，使用委婉的托词，以避免直接说出可能伤人的真正原因。但孔子不愿见孺悲，也许是因孺悲有过失，所以孔子故意让他知道"有病"只是托词，让他自觉反省自己的过错，这也算是一种教育的方式吧。

17.21 宰我问[1]："三年之丧[2]，期已久矣[3]。君子三年不为礼，礼必坏；三年不为乐，乐必崩。旧谷既没，新谷既升[4]，钻燧改火[5]，期可已矣[6]。"

子曰："食夫稻[7]，衣夫锦[8]，于女安乎[9]？"

曰："安。"

"女安，则为之。夫君子之居丧，食旨不甘[10]，闻乐不乐[11]，居处不安[12]，故不为也。今女安，则为之！"

宰我出。子曰："予之不仁也！子生三年，然后免于父母之怀。夫三年之丧，天下之通丧也。予也有三年之爱于其父母乎！"

【注释】[1]宰我：即宰予，字子我。　[2]三年之丧：指父母去世，子女服丧三年。　〔3〕期:时间,期限。　〔4〕升:登场。　〔5〕钻燧(suì)改火:指过了一年。古代用钻木的方法取火。燧,木燧,取火的木材,四季每季各用一种木材,第二年周而复始,称改火。　〔6〕期(jī):一周年。　〔7〕稻:稻米,为精粮,居丧守孝时不宜吃。　〔8〕锦:指丝绸衣裳,居丧守孝时不宜穿。　〔9〕女:同"汝"。　〔10〕旨:美味。　〔11〕闻乐不乐:第一个"乐"为音乐,第二个"乐"为快乐。　〔12〕居处:指平日所居住的房屋。按礼,居丧守孝时应住在草棚里,睡在草垫上。

【译文】宰我问:"父母去世子女居丧守孝三年,时间也太久了。君子三年不习礼,礼仪必然荒废;三年不演奏音乐,音乐必然生疏遗忘。旧谷已经吃完,新谷也已登场,四季取火用的木燧也已轮了一遍又要改换,居丧守孝一年也就可以了。"

孔子说:"居丧守孝时吃精细的稻米,穿华美的绸衣,对你来说心安吗?"

宰我说:"心安。"

孔子说:"你觉得心安,就这样做吧!君子居丧守孝,吃美味不觉得甘美,听音乐不觉得快乐,住在原来的好房子里不觉得安适,所以不那样做。现在你觉得心安,你就这样做吧!"

宰我出去后,孔子说:"宰予不仁啊!孩子生下三年,然后才脱离父母的怀抱。为父母居丧守孝三年,这是天下通行的丧礼,宰予是不是也有三年的爱心回报他的父母呢!"

【点评】"三年之丧"是传统礼制,孔子对它做了新的解释。李泽厚说:"孔子把'三年之丧'的传统礼制,直接归结为亲子之爱的生活情理,把'礼'的基础直接诉之于心理依靠。这就把'礼'以及'仪'从外在的规范约束解说成人心的内在要求,把原来的僵硬的强制规定,提升为生活的自觉理念,把一种宗教性神秘性的东西变而为人情日用之常。从而使伦理规范与心理欲求融为一体。这一转变在中国古代思想史上无疑具有划时代的意义。"(《孔子再评价》,载《中国社会科学》1980年第2期)"礼坏乐崩"一语最早见于《汉书·刘歆传》;后世也作"礼崩乐坏",见章炳麟《与简竹居书》。

17.22 子曰:"饱食终日[1],无所用心,难矣哉!　不有博弈者乎[2]? 为之,犹贤乎已[3]。"

【注释】[1]终日:整天。　[2]博:即六博,古代一种棋局游戏,共十二棋,黑白各六,二人对博,掷采(骰子)而行棋。　弈(yì):围棋。　[3]贤:胜,强。已:止。

【译文】孔子说:"整天吃饱了饭,什么用心尽力的事都不做,这种人难有长进啊!不是有掷采下棋的游戏吗?干干这不也比什么事都不做要强些。"

【点评】"饱食终日,无所用心"是给不好学习、不思上进的人画像,读书人应引以为戒。德国诗人歌德说:"无聊的生活等于早死。"(《伊菲革涅亚在陶里斯》)

17.23 子路曰:"君子尚勇乎?[1]"子曰:"君子义以为上[2],君子有勇而无义为乱,小人有勇而无义为盗。"

【注释】[1]尚:崇尚,尊崇。　[2]义:合宜,合理,正义。

【译文】子路说:"君子崇尚勇敢吗?"孔子说:"君子以义为最高尚。君子有勇而无义就会搞叛乱,小人有勇而无义就会做盗贼。"

【点评】孔子说,"勇而无礼则乱"(8.2),"好勇不好学,其蔽也乱"(17.8)。可见,"勇"必须以"礼""义"作指导,还要好学,明辨是非,否则就会出乱子。

17.24 子贡曰[1]:"君子亦有恶乎[2]?"子曰:"有恶:恶称人之恶者[3],恶居下流而讪上者[4],恶勇而无礼者,恶果敢而窒者[5]。"

曰:"赐也亦有恶乎?""恶徼以为知者[6],恶不孙以为勇者[7],恶讦以为直者[8]。"

【注释】〔1〕子贡：即端木赐，字子贡。　〔2〕恶(wù)：厌恶，憎恨。　〔3〕称人之恶(è)：说别人的坏处。　〔4〕居下流：处在下位。一说，"流"为衍文。讪(shàn)：讥笑，毁谤。　〔5〕窒(zhì)：窒碍，阻塞。指不通事理，固执己见。〔6〕徼(jiāo)：抄袭，窃取。　知：同"智"。　〔7〕孙：同"逊"。　〔8〕讦(jié)：攻击别人短处，揭发别人隐私。

【译文】子贡说："君子也有憎恶吗？"孔子说："有憎恶：憎恶到处去说别人坏处的人，憎恶处在下位却毁谤处在上位的人，憎恶勇敢却不懂礼节的人，憎恶敢作敢为但却不通事理固执己见的人。"

孔子又说："赐呀，你也有憎恶吗？"子贡说："我憎恶抄袭别人成果却自以为聪明的人，憎恶毫不谦逊却自以为勇敢的人，憎恶揭发别人隐私却自以为坦诚直率的人。"

【点评】仁者"爱人"，但仁者不是"乡原"。"唯仁者能好人，能恶人。"(4.3)仁者所憎恶的是道德品质恶劣的人，是不道德的行为。

17.25 子曰："唯女子与小人为难养也〔1〕，近之则不孙〔2〕，远之则怨。"

【注释】〔1〕女子：似特指婢妾一类的女人。　小人：似特指奴仆一类的下人。养：供养，指生活在一起。　〔2〕不孙：即"不逊"，不恭顺，放肆无礼。

【译文】孔子说："只有女子和小人是最难相处的，亲近他们，他们会不恭顺，疏远他们，他们又会怨恨。"

【点评】古代婢妾奴仆，由于地位低贱（人身依附他人），受教育程度又低，有的确有"近之则不孙，远之则怨"的情况。孔子提醒君子注意这种实情，好好对待他们。因此，朱熹说："君子之于臣妾，庄以莅之，慈以蓄之，则无二者之患矣。"（《四书集注》）

17.26 子曰:"年四十而见恶焉[1],其终也已[2]。"

【注释】[1]见恶:被人厌恶。见,副词,表被动。 [2]已:止。

【译文】孔子说:"一个人到了四十岁还被人厌恶,这个人的一生也就完了。"

【点评】孔子鼓励人们及早改过迁善,改恶从善,否则到了晚年,就悔之晚矣。古诗道:"百川东到海,何时复西归,少壮不努力,老大徒伤悲。"(乐府古辞《长歌行》)

《阳货》赏析

孔子是伟大的思想家。他虽然没有系统的哲学著作传世,但他的片语只言往往饱含哲理。

"天何言哉?四时行焉,百物生焉,天何言哉?"这句话表明了孔子对"天"的看法。这里的"天",相当于"自然"。孔子认为,天是无意志的,是自然而然的。在其他不同场合,孔子曾说过,"获罪于天,无所祷也"(3.13)、"天生德于予,桓魋其如予何"(7.23)、"不怨天,不尤人"(14.35)。子夏也曾说,"死生有命,富贵在天"(12.5)。这几个"天",也只是指非人力所能为的自然定数而已。后来孟子说"莫之为而为者,天也"(《孟子·万章上》),说得再清楚不过了。这种自然定数,也可以说成天道、天理或天命。总之,儒家并不认为天有意志,所以他们"不语怪、力、乱、神"(7.21),对鬼神也是"敬而远之"(6.22)。

"性相近也,习相远也。"这是孔子对"性"的看法。说"性相近也",是指所有人的天性、本性,出生时是相接近的,即使是出生于富贵人家也不会有什么特异之处。说"习相远也",是说人们后天的习染(教育和环境影响)有所不同,才导致"性"的差异。这比后来孟子讲"性善",荀子讲"性恶",更能为人所理解所接受。

"唯上知与下愚不移。""上知"大概是指"生而知之者"(16.9),这种极端聪慧的人是很少的,孔子自己就曾说过:"我非生而知之者,好古,敏以求之也。"(7.20)至于"下愚",完全是"困而不学"造成的(见《季氏》16.3),反过来说,如果能好学,也是可以改变"下愚"状况的。

"礼云礼云,玉帛云乎哉?乐云乐云,钟鼓云乎哉?"这是孔子对"礼乐"的看法。这与《八佾》所说"人而不仁,如礼何?人而不仁,如乐何"(3.3)相一致,认为"礼乐"的本质在"仁",只有"仁"心存于胸中,外在的礼乐形式才是有意义的。孔子与宰我关于"三年之丧"的对话,也说明孔子是把对父母的爱作为丧礼的本质。

公山弗扰和佛肸先后召孔子,"子欲往"。这是孔子对"从政"的态度。他从政是为了"用世",如同"匏瓜""焉能系而不食?"而"用世"又是为了实现政治理想:"如有用我者,吾其为东周乎?"

"诗可以兴,可以观,可以群,可以怨。迩之事父,远之事君;多识于鸟兽草木之名。"这是孔子对《诗》的看法,比较全面地阐述了《诗》的功能。孔子还说:"《诗》三百,一言以蔽之,曰'思无邪'。"(2.2)"《关雎》乐而不淫,哀而不伤。"(3.20)"人而不为《周南》《召南》,其犹正墙面而立也与?"(17.10)"不学诗,无以言。"(16.13)"诵《诗》三百,授之以政,不达;使于四方,不能专对;虽多,亦奚以为?"(13.5)"兴于诗,立于礼,成于乐。"(8.8)……把这些言谈联系起来,就可以系统了解孔子的诗学观。总的来说,孔子的诗学观是尚"用"的,他最注重《诗》在政治、外交以及礼乐教化中的功用。但孔子也不忽视"文"(形式、语言),他曾说:"言之无文,行而不远。"(见《左传·襄公二十五年》)又说:"情欲信,辞欲巧。"(见《礼记·表记》)他认为文艺作品应当文质均具,美善相兼,在重内容的前提下做到内容和形式的统一,他所追求的是一种中和之美。

微子篇第十八

共十一章

18.1 微子去之[1]，箕子为之奴[2]，比干谏而死[3]。孔子曰："殷有三仁焉。"

【注释】[1]微子：名启，殷纣王庶兄，封于微。纣王无道，微子屡谏不听，便离开都城，隐居荒野。周代初年，封于宋，成为宋国始祖。 去：离开。 之：代词，代殷纣王。 [2]箕(jī)子：名胥余，殷纣王叔父，封于箕。由于屡谏殷纣王不听，便披发装疯，被囚禁，降为奴。 [3]比干：殷纣王叔父，继箕子后力谏纣王，纣王大怒，把他杀死，还挖出心来看。

【译文】(纣王无道)微子离开了他，箕子做了他的奴隶，比干因力谏而被杀死。孔子说："殷代有三位仁人。"

【点评】仁的美德，是在与"恶"的斗争实践中成就起来的。仁的成就，有不同的行为方式，有不同的实践途径，但殊途同归，都能成就仁德。

18.2 柳下惠为士师[1]，三黜[2]。人曰："子未可以去乎^[3]？"曰："直道而事人，焉往而不三黜^[4]？枉道而事人，何必去父母之邦^[5]？"

【注释】〔1〕柳下惠：鲁国贤人展获，字禽。 士师：司法官，掌管刑罚、狱讼。〔2〕三黜(chù)：多次被免职。黜，贬斥，废除。 〔3〕去：离开。 〔4〕焉：何，哪里。 〔5〕父母之邦：父母所在之国，即祖国，故国。

【译文】柳下惠担任司法官，多次被免职。有人说："您不可以离开鲁国吗？"柳下惠说："如果公平正直地工作(服事国君)，到哪里不是多次被免职呢？如果不公平正直地工作(服事国君)，那又何必离开故国呢？"

【点评】柳下惠坚守"直道"，虽然多次被免职仍不改变固有的操守，这对一个士师(司法官)，尤为重要，也尤为难得。因为古代司法官常因直道而行而获"忤逆"之罪，而枉法者反而官运亨通。

18.3 齐景公待孔子曰^[1]："若季氏^[2]，则吾不能；以季孟之间待之^[3]。"曰："吾老矣，不能用也。"孔子行。

【注释】〔1〕齐景公：齐国国君，名杵臼。 待：对待。 〔2〕季氏：季孙氏，当时鲁国上卿。 〔3〕孟：孟孙氏。

【译文】齐景公在谈到怎样对待孔子时说："如果像鲁君对待季孙氏那样(用为上卿)，那我做不到；我打算用低于季孙氏但高于孟孙氏的待遇来对待他。"又说："我老了，我不能用他了。"孔子得知后便走了(离开了齐国)。

【点评】孔子希望选择有道之君而事，追求"君臣相得"，如与理想不符，只好离开。

18.4 齐人归女乐^[1]，季桓子受之^[2]，三日不朝，孔

子行。

【注释】〔1〕归:同"馈"(kuì),赠送。 女乐(yuè):歌伎,歌姬舞女。 〔2〕季桓子:季孙斯,当时任鲁国执政的上卿。孔子时任司寇。

【译文】齐国送给鲁国许多歌伎,季桓子接受了,三天不上朝过问朝政,孔子便走了(辞去司寇,离开了鲁国)。

【点评】执政者沉溺于声色,孔子大失所望,只好离开。此事发生在鲁定公十四年(公元前496年),从此,孔子开始周游列国,一去就是十余年。

18.5 楚狂接舆歌而过孔子〔1〕,曰:"凤兮凤兮〔2〕! 何德之衰? 往者不可谏〔3〕,来者犹可追〔4〕。已而已而〔5〕! 今之从政者殆而〔6〕!"

孔子下,欲与之言。趋而辟之〔7〕,不得与之言。

【注释】〔1〕接舆:楚国隐士,接舆不是真名,只因迎面碰上孔子车舆,所以称他为"接舆"。 〔2〕凤:凤凰。传说中的瑞鸟,天下有道则见,无道则隐。这里用来比喻孔子,讽刺孔子在天下无道之时不能隐居而四处奔走。 〔3〕谏:谏止,劝谏并纠正。 〔4〕追:赶得上,来得及。 〔5〕已:止。 而:语气词,无义。 〔6〕殆:危险。 〔7〕辟:同"避"。

【译文】楚国狂人接舆一面唱着歌,一面走过孔子的车前,他唱道:"凤凰呀凤凰呀! 你的品德为什么这样衰败呢? 过去的已经不能再纠正,未来的还来得及重新安排。算了吧算了吧! 现在从政的人很危险啊!"

孔子走下车来,想同他交谈。但他快步避开了,孔子未能同他谈。

【点评】"往者不可谏,来者犹可追",楚狂接舆劝孔子改弦易辙,及早隐退。但孔子的态度是"知其不可而为之"(14.38),仍然执着行道。遗憾的是,在这里,看不到双方的辩论和思想交锋。

18.6 长沮、桀溺耦而耕[1]，孔子过之，使子路问津焉[2]。

长沮曰："夫执舆者为谁[3]？"

子路曰："为孔丘。"

曰："是鲁孔丘与[4]？"

曰："是也。"

曰："是知津矣。"

问于桀溺。

桀溺曰："子为谁？"

曰："为仲由。"

曰："是鲁孔丘之徒与？"

对曰："然。"

曰："滔滔者天下皆是也[5]，而谁以易之[6]？且而与其从辟人之士也[7]，岂若从辟世之士哉[8]？"耰而不辍[9]。

子路行以告。

夫子怃然曰[10]："鸟兽不可与同群[11]，吾非斯人之徒与而谁与[12]？天下有道，丘不与易也[13]。"

【注释】〔1〕长沮（jū）、桀（jié）溺：两位隐士的名字。也有人说不是真名，是根据他们当时的样子而对他们的称呼。他们一个高大（长），一个魁梧（桀），又都站在水里，所以叫他们"长沮""桀溺"。　耦而耕：两人各拿一耜并肩而耕。　〔2〕子路：即仲由，字子路。　津：渡口。　〔3〕夫（fú）：指示代词，那个。　执舆者：在车上拿着马缰绳的人。这里指孔子。因为子路下车问路，所以孔子代他拿马缰绳。舆，车。　〔4〕与：同"欤"。　〔5〕滔滔：洪水泛滥的样子，这里比喻世道混乱。　〔6〕而：同"尔"，你。　以：同"与"。"谁与"即"与谁"。　易：改变，指改变世道，变乱为治。　〔7〕与其：与下句的"岂若"都是连词，用在抉择句中，以比较的语气,肯定后一分句的内容,相当于"与其……不如……"。　**辟人之士**:指孔子,因为孔子周游列国,遇见昏庸无道之君往往避开。辟,同"避"。　〔8〕**辟世之士**:避开整个社会的人,即隐士,如长沮、桀溺一类的人。　〔9〕**耰**(yōu):一种用来击碎土块、平整土地的农具。这里用作动词,指用耰击土。　**辍**(chuò):停止。　〔10〕**怃**(wǔ)**然**:怅然若失的样子。　〔11〕**鸟兽不可与同群**:即"不可与鸟兽同群",意思是说,不能隐居山林,与鸟兽同群。　〔12〕**斯人之徒**:指世上一般人。**与**:"跟……在一起"的意思。它的宾语("斯人之徒"和"谁")提到了它的前面。〔13〕**与**(yù):参与。　**易**:改变。

【译文】长沮、桀溺并肩耕作,孔子经过他们耕作的地方,叫子路下车向他们打听渡口。

长沮说:"那个在车上拿着马缰绳的人是谁呢?"

子路说:"是孔丘。"

长沮说:"这个人就是鲁国的孔丘吗?"

子路说:"就是他啊。"

长沮说:"他是懂得渡口的啊!"

子路又向桀溺打听渡口。

桀溺说:"您是谁?"

子路说:"我是仲由。"

桀溺说:"您是鲁国孔丘的门徒吗?"

子路回答说:"是的。"

桀溺说:"像洪水泛滥一样,天下到处都是这样纷乱啊,你同谁去改变这乱世呢?再说你与其追随避开昏庸无道之君的人(指孔子),还不如追随避开整个社会的人(指隐士)啊!"继续用耰碎土,没有停下来。

子路走回来把他们的话告诉了孔子。

孔子怅然若失地说:"对鸟兽人们是不能与它们同群共居的,我若不跟世上一般人在一起而跟谁在一起呢?天下如果走上了正道,我也就不参与这种改变世道的活动了。"

【点评】两种"士",代表两种人生态度。以长沮、桀溺为代表的"辟世之士"认为天下纷乱,于是隐居山林,力图避开现实政治。以孔子为代表的"辟人之士",虽也认为天下无道,但却希望选择有道的明君贤臣合作,目的是变革现实,求致太平。

18.7 子路从而后,遇丈人[1],以杖荷蓧[2]。

子路问曰:"子见夫子乎?"

丈人曰:"四体不勤[3],五谷不分[4]。孰为夫子?"植其杖而芸[5]。

子路拱而立[6]。

止子路宿,杀鸡为黍而食之[7],见其二子焉[8]。

明日,子路行以告。

子曰:"隐者也。"使子路反见之[9]。至,则行矣。

子路曰:"不仕无义[10]。长幼之节,不可废也;君臣之义,如之何其废之[11]?欲洁其身,而乱大伦[12]。君子之仕也,行其义也。道之不行,已知之矣。"

【注释】[1]丈人:老人。 [2]荷:用肩担负。 蓧(diào):耘田除草的农具。 [3]四体:四肢。 勤:劳动。 [4]五谷:古代称稻、麦、黍、稷、菽为五谷。 分:分辨。 [5]植:同"置",放下。 芸:同"耘",除草。 [6]拱:拱手,表示恭敬。 [7]为黍:做黍米饭。 食(sì):拿食物给别人吃。 [8]见(xiàn):同"现","使……出现"的意思。 [9]反:同"返"。 [10]义:道义,指人的行为符合一定的道德标准。 [11]如之何:为什么。 其:语气词,表疑问或反诘。 [12]大伦:根本的伦理道德。

【译文】子路随孔子外出而落到了后面,遇见一位老人,这位老人用木棍担着除草的农具。

子路问道:"您看见我的老师吗?"

老人说:"我看你这个人四肢不劳动,五谷不能分辨,谁是你的老师呢?"老人放下他的木棍而除起草来。

子路恭敬地拱手站在一旁。

老人留子路住下,杀鸡做黍米饭来款待子路,并让他的两个儿子出来见子路。

第二天,子路继续上路,(他找到孔子后)把这件事告诉了孔子。

孔子说:"这是一位隐士。"叫子路再回去见他。子路来到老人的家,老人却已离家外出了。

子路说:"不出来做官就是不讲道义。长幼间的礼节,是不能废弃的;君臣间的道义,为什么要废弃呢?他想要使自身洁净但却违反了根本的伦理道德。君子出来做官,只是为了推行他做人的道义。至于政治主张的不能推行,我们早已知道了。"

【点评】子路的话概括了儒者的人生态度:1.批评隐者废弃"君臣之义",即忘掉了对社会、国家的责任。2.申明"君子之仕"是推行道义。3."道之不行,已知之矣",但仍然"知其不可而为之"(14.38),表现了追求理想的执着和虔诚。此外荷蓧丈人所说的"四体不勤,五谷不分",是古代读书人的通病,今天的读书人当努力避免。

18.8 逸民[1]:伯夷、叔齐、虞仲、夷逸、朱张、柳下惠、少连。子曰:"不降其志,不辱其身,伯夷、叔齐与!"谓:"柳下惠、少连,降志辱身矣,言中伦[2],行中虑,其斯而已矣。"谓:"虞仲、夷逸,隐居放言,身中清,废中权[3]。我则异于是,无可无不可。"

【注释】[1]逸民:品行超逸、遁世隐居的人。一说,逸,同"佚",逸民,指遗落不用的人才。 [2]中(zhòng):符合,合于。 [3]权:权宜,权变,指权衡是非轻重以后,因事制宜,根据具体情况,采取适当对策。

【译文】古代品行超逸但避世隐居的人:伯夷、叔齐、虞仲、夷逸、朱张、柳下惠、少连。孔子说:"不降低自己的志向,不辱没自己的身份,这就是伯夷、叔齐吧!"又说:"柳下惠、少连降低自己的志向,辱没自己的身份,可是言语合于伦常,行动合于事前的深思熟虑,那也就如此而已。"又说:"虞仲、夷逸避世隐居,放肆直言,自身保持廉洁,虽被废弃却也合于他的权变。我和这些人有所不同,没有什么绝对的可以,也没有什么绝对的不可以。"

【点评】孔子对古代隐者的品行和人生态度,都有所肯定,但也声明自己与他们不同。孔子的人生态度是"无可无不可"。对此,后来孟子解释道:"可以仕则仕,可以止则止,可以久则久,可以速则速,孔子也。"(《孟子·公孙丑上》)说明孔子是"义之与比"(4.10),而且懂得权变的"圣之时者"(《孟子·万章下》)。

18.9 太师挚适齐[1],亚饭干适楚[2],三饭缭适蔡,四饭缺适秦[3],鼓方叔入于河[4],播鼗武入于汉[5],少师阳[6]、击磬襄入于海[7]。

【注释】[1]太师:乐官名,为乐师之长。 适:往,到。 [2]亚饭:按礼制,天子和诸侯吃饭时都要奏乐,"亚饭"是第二次用饭时奏乐的乐师。下面"三饭""四饭"依此类推。 楚:国名,芈(mǐ)姓,周初立国之时都城在丹阳,后迁都到郢,均属今湖北。常与中原各国争战,被称为荆蛮。 [3]秦:国名,嬴姓,都城在雍(今陕西凤翔)。 [4]河:黄河。 [5]播:摇动。 鼗(táo):长柄摇鼓,两边有小槌,摇动时可自击。 汉:汉水。 [6]少师:乐官之副职。 [7]磬(qìng):乐器,用玉或石制成,挂在架上,击打而发声。

【译文】(礼坏乐崩,乐师散去)太师挚到了齐国,亚饭乐师干到了楚国,三饭乐师缭到了蔡国,四饭乐师缺到了秦国,击鼓的方叔进入黄河地带,摇小鼓的武进入汉水地带,少师阳、击磬的襄进入海滨地带。

【点评】反映了礼坏乐崩的现实,但也表明他们将礼乐传播到了四面八方。

18.10 周公谓鲁公曰[1]:"君子不施其亲[2],不使大臣怨乎不以[3]。故旧无大故[4],则不弃也。无求备于一人。"

【注释】〔1〕周公：即姬旦，周文王之子、武王之弟，协助武王伐纣，建立周王朝，并"制礼作乐"，开创了周代的礼乐文化，是孔子最崇敬的圣人。　鲁公：即周公之子伯禽，受封于鲁，称鲁公。　〔2〕施(shǐ)：通"弛"，解脱，遗弃，这里是怠慢、疏远的意思。　〔3〕以：用。　〔4〕大故：指大的事故，变故。故，事。

【译文】周公对鲁公说："君子不怠慢疏远他的亲族，不让大臣埋怨得不到任用。故友老臣如果没出什么大的事故，就不要遗弃他们。不要对某一个人求全责备。"

【点评】这是伯禽受封时周公的训辞，告诫他重视宗法血缘关系，不遗故旧。"无求备于一人"即不求全责备，至今仍有积极的意义。

18.11 周有八士：伯达、伯适、仲突、仲忽、叔夜、叔夏、季随、季骒〔1〕。

【注释】〔1〕"伯达"等：八人生平均不详。"适"音 kuò。"骒"音 guā。

【译文】周朝有八位贤士：伯达、伯适、仲突、仲忽、叔夜、叔夏、季随、季骒。

【点评】据说"八士"生于武王、成王之时，八人均为同母先后四次所生，均为双胞胎，而且长大均为贤士。此章所记，反映了人们对贤士的重视和赞美，人们期盼更多贤士产生。

《微子》赏析

孔子及其弟子在周游列国时，曾遇到过长沮、桀溺、荷蓧丈人、楚狂接舆这一类"隐者"，有过面对面的交谈，也有过思想上的交锋。

儒者和隐者都是"士"，他们都不满黑暗的现实，但两者在生活态度上却有所不同。

长沮、桀溺等"隐者",也可称为"辟世之士",虽然躬耕自食,但却力图逃避现实。长沮议论孔子时所说"是知津矣",语含双关之意,对孔子汲汲于救世进行了讥讽;桀溺则直接劝告子路避开乱世,隐居山林。他们的生活态度,有消极的一面,但他们不愿与罪恶腐朽同流合污,或不愿违背自己的道德原则,力图保持自身品行的高洁,又有积极的一面。

以孔子为代表的"儒者",也可称为"辟人之士"。他们一贯以积极入世的精神从事政治活动。他们不愿意隐居山林与鸟兽为伍("鸟兽不可与同群"),希望选择有道的明君贤臣与之合作("辟人之士"的"辟人"就是避开昏庸暴虐之君),目的是改变现实,求致太平("天下有道")。儒者对民众比较关心("吾非斯人之徒与而谁与")。他们的政治理想和人生态度是积极的,他们为实现理想而奋斗的精神和性格也是很可贵的。

不过,儒者和隐者并没有截然不同的分界。孔子多次说过"邦有道则仕,邦无道则可卷而怀之"(15.7),"天下有道则见,无道则隐"(8.13)这一类的话,甚至还动过"道不行,乘桴浮于海"(5.7)这样的念头。孔子还赞扬过伯夷、叔齐这类"逸民"(也就是"隐者"),说他们"不降其志,不辱其身"。后来孟子说"穷则独善其身,达则兼善天下"(《孟子·尽心上》),则是儒家生活态度的完满概括。

子张篇第十九

共二十五章

19.1 子张曰[1]:"士见危致命[2],见得思义,祭思敬,丧思哀,其可已矣。"

【注释】[1]子张:即颛孙师,字子张。 [2]致命:献出生命。致,给予,送给。

【译文】子张说:"一个知书达礼的士,见到国家危难能献出自己的生命,见到有所得能考虑是否合乎道义(是否该得),祭祀时只想到要恭敬,居丧时只想到要悲哀,那也就可以了。"

【点评】在礼与义之间,应以义为重(见得思义,见利思义,见危致命,舍生取义);在礼与仁之间,应以仁为主(人而不仁,如礼何)。

19.2 子张曰:"执德不弘[1],信道不笃[2],焉能为有? 焉能为亡[3]?"

【注释】〔1〕执:持守。 弘:弘扬,发扬光大。 〔2〕笃(dǔ):诚实,忠厚,专一。 〔3〕"焉能"两句:哪里能算是有,哪里能算是无。意思是有他不算多,无他不算少,无足轻重。焉,何。亡,同"无"。

【译文】子张说:"持守仁德却不能发扬光大,崇信道义却不能诚实专一,这种人哪里能算是有?哪里能算是无?"

【点评】朱熹说:"有所得而守之太狭,则德孤;有所闻而信之不笃,则道废。"(《四书集注》)道德需要我们弘扬,信仰需要我们笃守,这样我们才能成为一个对社会有用的人,才能推动社会继续前进。

19.3 子夏之门人问交于子张[1]。子张曰:"子夏云何[2]?"

对曰:"子夏曰:'可者与之,其不可者拒之。'"

子张曰:"异乎吾所闻:君子尊贤而容众,嘉善而矜不能[3]。我之大贤与[4],于人何所不容?我之不贤与,人将拒我,如之何其拒人也?"

【注释】〔1〕子夏:即卜商,字子夏。 〔2〕云:说。 〔3〕嘉:嘉许,赞扬。矜(jīn):同情,怜悯。 〔4〕与:同"欤"。

【译文】子夏的门人向子张问怎样交朋友。子张说:"子夏说了些什么?"

子夏的门人回答说:"子夏说:'可以结交的就同他结交,不可以结交的就拒绝他。'"

子张说:"这和我所听说的不同:君子尊敬贤人又能容纳众人,赞许好人又能怜悯无能的人。如果我是十分贤能的人,对于别人为什么不能容纳呢?如果我无贤能,别人将会拒绝我,我又怎能谈得上拒绝别人呢?"

【点评】孔子说过"益者三友,损者三友"(16.4),又主张"无友不如己者"

(1.8),子夏看法同于孔子,即有选择地交友。子张则主张"尊贤而容众,嘉善而矜不能",即同所有人交友。由此可见,孔门内部,也允许不同观点存在,也有过"争鸣"。

19.4 子夏曰:"虽小道[1],必有可观者焉;致远恐泥[2],是以君子不为也。"

【注释】[1]小道:指诗书礼乐之外的学说、技艺,儒家认为他们不能直接用来治国平天下。 [2]致远:达到远大的目标。 泥(nì):拘泥,胶着,不通。

【译文】子夏说:"即使是小技艺,一定也有可取的地方,但用它们来达到远大的目标恐怕行不通,所以君子不去研习它。"

【点评】小道必有可观之处,但君子以"治国平天下"为己任,应以大道为重。

19.5 子夏曰:"日知其所亡[1],月无忘其所能[2],可谓好学也已矣。"

【注释】[1]亡:通"无"。 [2]无忘:不要忘记,指经常温习、演习。

【译文】子夏说:"每天通过学习都能知道一些过去所不知道的,每月通过复习而不忘记过去已能把握的,这可说是喜好学习了。"

【点评】孔子说:"温故而知新,可以为师矣。"(2.11)又说"学而时习之,不亦说乎。"(1.1)

19.6 子夏曰:"博学而笃志[1],切问而近思[2],仁在其中矣。"

【注释】〔1〕笃志：坚守自己的志向，意思是不因学习驳杂而改变原有的操守。〔2〕近思：多考虑当前的事情，意思是不因向他人问学而放松自己的思考。

【译文】子夏说："广博地学习，同时也要坚守自己的志向，恳切地发问，同时也要多思考当前的事情，仁德就在其中了。"

【点评】"博学""切问"固然重要，但还应辅以"笃志""近思"。对"仁"的认知固然重要，但还应重视仁德的实践。孔子说："诚之者，择善而固执之者也。博学之，审问之，慎思之，明辨之，笃行之。"（见《礼记·中庸》）

19.7 子夏曰："百工居肆以成其事[1]，君子学以致其道[2]。"

【注释】〔1〕百工：各种工匠。　肆（sì）：手工业制造场所，作坊。　〔2〕致：达到，求得。　道：指修身治国之道。

【译文】子夏说："各种工匠居住在作坊里来完成他们的工作，君子则沉浸在学问里来获得修身治国之道。"

【点评】百工通过居肆方能成其事，君子通过学习方能致其道。由于子夏重视学习，又以"文学"见长，所以在孔子死后，他便居西河授徒，几部儒家典籍都经他传授而流行于世。

19.8 子夏曰："小人之过也必文[1]。"

【注释】〔1〕文：掩饰。

【译文】子夏说："小人对于自己所犯的错误一定加以掩饰。"

【点评】"文过饰非"是小人的行径;"过,则勿惮改"(1.8)则是君子的信条。

19.9 子夏曰:"君子有三变:望之俨然[1],即之也温[2],听其言也厉[3]。"

【注释】[1]俨(yǎn)然:庄重严肃的样子。 [2]即:靠近。 [3]厉:严厉。

【译文】子夏说:"君子给人的印象会有三种变化:远远望去觉得庄重严肃,接近他时觉得温和可亲,听他说话又觉得十分严厉绝不苟且。"

【点评】君子须有内在的美质,也须有外在的恰如其分的仪容、风度和言谈举止。"文质彬彬,然后君子。"(6.18)

19.10 子夏曰:"君子信而后劳其民;未信,则以为厉己也[1]。信而后谏;未信,则以为谤己也。"

【注释】[1]厉:折磨,损害,虐待。

【译文】子夏说:"君子必须取得信任后才去役使民众;没有取得信任,民众会以为是虐待自己。必须取得信任后才去进谏;没有取得信任,君主会以为是毁谤自己。"

【点评】治民事君都应讲"信"。"民无信不立"(12.7),"信则人任焉"(17.6)。

19.11 子夏曰:"大德不逾闲[1],小德出入可也[2]。"

【注释】[1]大德:大节,指在涉及国家民族存亡安危等大事上的节操。 逾:

超越。 闲:阑干(栏杆),引申为范围。 〔2〕小德:小节,指在细小的无关大体的事上的表现。

【译文】子夏说:"在大节上不能超越界限,在小节上有点出入则是可以的。"

【点评】为人处世,待人接物,既要有原则性,又要有灵活性。

19.12 子游曰[1]:"子夏之门人小子,当洒扫应对进退[2],则可矣,抑末也[3]。本之则无[4],如之何?"

子夏闻之,曰:"噫!言游过矣!君子之道[5],孰先传焉?孰后倦焉[6]?譬诸草木[7],区以别矣。君子之道,焉可诬也[8]?有始有卒者[9],其唯圣人乎!"

【注释】〔1〕子游:即言偃,字子游。 〔2〕当:承担。应对:接待宾客时应诺酬对。进退:指日常出入之时的礼貌仪表。 〔3〕抑:连词,表转折。末:细枝末节。 〔4〕本:指有关修身治国的大学问。 〔5〕道:学说,学术。 〔6〕后倦:指后传而倦,也就是后传的意思。 〔7〕诸:"之于"的合音。 〔8〕诬:诬陷,歪曲。 〔9〕卒:终。

【译文】子游说:"子夏的门人弟子,承担洒水扫地、应对宾客的工作,以及他们进退出入的礼貌仪表,还算是可以的,但这些都是细枝末节。至于修身治国的大学问他们却没有,这怎么可以呢?"

子夏听到后说:"唉!言游错了!君子的学术,哪些应先传授?哪些应后传授?这就好比草木,都是按类别区分好了的。君子的学术,怎么可以歪曲呢?能够依序传授而又有始有终的,大概只有圣人吧!"

【点评】治国平天下为"礼"之大本,固然重要,而洒扫应对等礼仪礼貌,也不可轻忽。进德修业,一般应由浅入深,循序渐进。

19.13 子夏曰:"仕而优则学[1],学而优则仕。"

【注释】[1]仕:从政为官。 优:充裕,有余力。

【译文】子夏说:"做官做得好,还有余力,便去学习;学习学得好,还有余力,便去做官。"

【点评】学与仕结合,方能相互促进,相得益彰。朱熹说:"仕而学,则所以资其仕者益深;学而仕,则所以验其学者益广。"(《四书集注》)

19.14 子游曰:"丧致乎哀而止[1]。"

【注释】[1]致:表达。

【译文】子游说:"居丧只要表现出悲哀也就可以了。"

【点评】丧礼是外在的形式,致哀才是内容实质。应以致哀为重,不要拘泥于丧礼的奢俭与是否完备。

19.15 子游曰:"吾友张也为难能也[1],然而未仁。"

【注释】[1]张:指子张(颛孙师)。

【译文】子游说:"我的朋友子张算是难能可贵的了,然而还未达到'仁'。"

【点评】子张行事比较偏激,孔子说:"师也过"(11.16),"师也辟"(11.18),虽有过人之处,但终不合中庸之道。

19.16 曾子曰[1]:"堂堂乎张也[2],难与并为仁矣。"

【注释】[1]曾子:即曾参,字子舆。　[2]堂堂:外貌仪表壮伟的样子。

【译文】曾子说:"子张仪表堂堂,(但他只重言语形貌,)很难和他一起去实践仁德。"

【点评】孔子说:"君子义以为质,礼以行之,孙以出之,信以成之。"(15.18)又说:"文质彬彬,然后君子。"(6.18)孔子认为,一个君子,内在的美质是最重要的,内在的美质与外在的仪表应相互统一。

19.17 曾子曰:"吾闻诸夫子[1]:人未有自致者也[2],必也亲丧乎!"

【注释】[1]诸:"之于"的合音。　[2]致:尽,极,指尽情表露以达极致。

【译文】曾子说:"我从老师那里听说过:人平时不可能动情达到极致,如果有,那一定是在父母去世的时候吧!"

【点评】《孝经》说:"父子之道,天性也。"又说:"孝子之事亲也,居则致其敬,养则致其乐,丧则致其哀,祭则致其严。五者备矣,然后能事亲。"

19.18 曾子曰:"吾闻诸夫子:孟庄子之孝也[1],其他可能也;其不改父之臣与父之政,是难能也。"

【注释】[1]孟庄子:鲁国大夫仲孙速,其父即孟献子仲孙蔑。

【译文】曾子说:"我从老师那里听说过:孟庄子尽孝道,其他方面别人都能做到,只有不更换父亲的旧臣,不改变父亲的政治措施,那是别人难以做到的。"

【点评】孔子主张"三年无改于父之道"(1.11)。

19.19 孟氏使阳肤为士师[1],问于曾子。曾子曰:"上失其道,民散久矣[2]。如得其情[3],则哀矜而勿喜[4]!"

【注释】[1]阳肤:相传是曾参弟子。 士师:司法官,掌管刑罚狱讼。 [2]民散:指民心涣散。 [3]情:指真实的案情,如民众蒙冤或因贫困走投无路而犯法等。 [4]哀矜(jīn):同情怜悯。

【译文】孟孙氏任命阳肤为司法官,阳肤向曾子请教。曾子说:"在上位的人不走正道,民心早就涣散了。如果审理案子了解到民众蒙冤或因走投无路而犯法的实情,就应同情怜悯他们,千万不要因结案而沾沾自喜!"

【点评】在"上失其道"的乱世,民众犯法会有很多种原因,不可不察。

19.20 子贡曰[1]:"纣之不善[2],不如是之甚也。是以君子恶居下流[3],天下之恶皆归焉[4]。"

【注释】[1]子贡:即端木赐,字子贡。 [2]纣(zhòu):商纣王,又称帝辛,商代最后的君主。公元前1046年,周武王伐纣,他自焚而死。据《尚书》中的《泰誓》《牧誓》《武成》记载(《泰誓》《武成》虽为《伪古文尚书》中的篇章,但也保存了不少上古珍贵史料),商纣王是暴君,罪行累累。 [3]恶(wù):讨厌,憎恨。 下流:下游。比喻为人,不是时时处处行善力争上游,而是作恶多端,自甘堕落,一旦败亡便身处下流。 [4]恶(è):罪名,这里指恶名。

【译文】子贡说:"商纣王的坏处,不像现在传说的那样厉害。所以君子憎恶居于下流,那样一来,天下的恶名都集中在他身上了。"

【点评】儒家述史,往往将史实政治化、伦理化,圣君则完美无比,暴君则万恶归之。子贡对此早有察觉,实属难得。子贡说"君子恶居下流",意在鼓励人们从善,不要自甘堕落。

19.21 子贡曰:"君子之过也[1],如日月之食焉:过也,人皆见之;更也[2],人皆仰之。"

【注释】[1]过:过失,错误。　[2]更:更改,改正。

【译文】子贡说:"君子的错误,好像日食月食那样:犯错误的时候,人人都看得见;改正错误的时候,人人也都仰望着他。"

【点评】君子当诚实坦荡,勇于改过。孔子有一次"为尊者讳",受到批评,但孔子很高兴,说"丘也幸,苟有过,人必知之。"(7.31)

19.22 卫公孙朝问于子贡曰[1]:"仲尼焉学[2]?"子贡曰:"文武之道[3],未坠于地[4],在人。贤者识其大者,不贤者识其小者。莫不有文武之道焉。夫子焉不学?而亦何常师之有[5]?"

【注释】[1]公孙朝:卫国大夫。　[2]仲尼:孔子的字。　焉:疑问代词,何,哪里。　[3]文武之道:周文王、周武王之道,指周代的礼乐文化。　[4]坠于地:掉在地上,指遗弃失传。　[5]何常师之有:即"有何常师","之"表示动宾倒置。

【译文】卫国公孙朝向子贡问道:"仲尼的学问从哪里学来?"子贡说:"文武之道,并没有被遗弃,而是散在人间。贤能的人了解它的根本内容,不贤能的人只了解它的细枝末节。没有什么地方没有文武之道,我的老师何处不能学?为什么要有固定的老师做专门的传授呢?"

【点评】孔子说:"三人行,必有我师焉。择其善者而从之,其不善者而改之。"(7.22)唐代韩愈说:"圣人无常师。""道之所存,师之所存也。"(《师说》)

19.23 叔孙武叔语大夫于朝曰[1]:"子贡贤于仲尼[2]。"

子服景伯以告子贡[3]。

子贡曰:"譬之宫墙[4],赐之墙也及肩,窥见室家之好。夫子之墙数仞[5],不得其门而入,不见宗庙之美[6],百官之富[7]。得其门者或寡矣。夫子之云[8],不亦宜乎[9]!"

【注释】[1]叔孙武叔:鲁国大夫,名州仇。语(yù):告诉。 [2]贤:胜,好,强。 [3]子服景伯:鲁国大夫,名何。 [4]宫墙:房屋的围墙。秦代以前,一般人的房舍都可称"宫"。但从下文"宗庙""百官"来看,子贡是以"小国诸侯"和"大国诸侯"来做比喻的。 [5]仞(rèn):古代以八尺或七尺为一仞。 [6]宗庙:天子和诸侯祭祀祖先的地方。 [7]百官:众官员。一说,官,指朝中官员办事的处所。 [8]夫子:指叔孙武叔。云:说。 [9]宜:合宜,指叔孙武叔的错误说法与他的识见寡浅相吻合。由于识见寡浅而说错话,这很自然。

【译文】叔孙武叔在朝廷上对大夫们说:"子贡比他的老师仲尼要强一些。"

子服景伯把这话告诉了子贡。

子贡说:"拿房屋的围墙来作比喻吧,我的围墙只有肩膀那样高,站在墙外就可以看见里面房屋的美好。我的老师的围墙好像大国诸侯的宫墙有几仞高,如果找不到大门走进去,就看不到里面宗庙的美观,百官的众多。能够找到大门进去的人大概很少吧。武叔他老人家这样说(因他"不得其门而入")不是很自然的吗!"

【点评】子贡说"夫子之墙数仞",赞美孔子其学博大而精深,其人崇高而伟大。今山东曲阜南门有"仰圣门",城额上嵌清代乾隆帝手书"万仞宫墙"四个大字。

19.24 叔孙武叔毁仲尼[1]。子贡曰:"无以为也[2]!仲尼不可毁也。他人之贤者,丘陵也,犹可逾也;仲尼,日月也,无得而逾焉。人虽欲自绝[3]，其何伤于日月乎？多见其不知量也[4]。"

【注释】[1]毁:诋毁,毁谤。　[2]以:此,用作副词。　[3]自绝:自行断绝。　[4]多:只是,恰好。　不知量:不自知其分量,即不自量力。

【译文】叔孙武叔诋毁仲尼。子贡说:"不要这样做啊！仲尼是诋毁不了的。别人的贤能,好像丘陵,还可以越过去；仲尼,好像太阳和月亮,是无法超越的。有人即使想自绝于日月,那对日月又有什么损害呢？只不过表示他不自量力罢了。"

【点评】孔子是世界文化伟人,贡献至伟,历来有人欲诋毁孔子,均未能伤孔子的日月之明,只暴露出诋毁者之不自量力而已。

19.25 陈子禽谓子贡曰[1]:"子为恭也,仲尼岂贤于子乎？"

子贡曰:"君子一言以为知,一言以为不知[2],言不可不慎也。夫子之不可及也,犹天之不可阶而升也[3]。夫子之得邦家者,所谓立之斯立,道之斯行[4],绥之斯来[5],动之斯和。其生也荣,其死也哀,如之何其可及也？"

【注释】[1]陈子禽:即陈亢,字子禽。　[2]知:同"智"。　[3]阶:阶梯。[4]道:同"导"。　[5]绥:安抚。

【译文】陈子禽对子贡说:"您对仲尼是有意表现出恭敬吧,仲尼难道真的比您强吗？"

子贡说:"君子一句话就可以显示出他的聪明,一句话也可以显示出他的不聪明,所以说话不能不谨慎啊！夫子他老人家高不可及,就好像青天不能用阶梯来攀登一样。他老人家如果能在国君或卿大夫那里掌权,正如平常所说要让民众立足于社会,民众就立足于社会,引导民众向前走,民众就会跟着走,安抚民众,民众就会来归附,动员民众,民众就会来响应。他老人家活着尽享尊荣,死了会使人哀悼追思,我怎么样能够赶得上他老人家呢?"

【点评】"一言既出,驷马难追",人当慎其所言。"生荣死哀",概括了孔子的一生。孔子的伟大,可与天比高。孔子生前誉满天下,备享尊荣,死后万民哀悼,万世追思。

《子张》赏析

本篇所记,全为孔子弟子之言。

子张,即颛孙师,陈人,比孔子小48岁,对孔子十分崇敬,曾多次向孔子求教,有一次还恭谨地把孔子的话当即写在衣带上("子张书诸绅",见《卫灵公》15.6),生怕遗忘。他说,"士见危致命,见得思义",最能揭示"士"高尚人格的精髓。

子夏,即卜商,卫人,比孔子小44岁。他在孔子弟子中以"文学"见长,曾与孔子讨论过《诗》。孔子死后,居西河授徒,并为魏文侯师。《诗》《春秋》等典籍都经他传授而流行于世。他说:"博学而笃志,切问而近思,仁在其中矣。""百工居肆以成其事,君子学以致其道。""日知其所亡,月无忘其所能,可谓好学也已矣。"都是他常年教学的宝贵心得。他所说的"仕而优则学,学而优则仕",对后世的莘莘学子与从政人士,在人生观和生活态度上都有极其深远的影响。

曾参,鲁人,比孔子小46岁,事亲至孝。《韩诗外传》载:"曾子曰:'吾尝仕为吏,禄不过钟釜,尚犹欣欣而喜者,非以为多也,乐其养亲也。亲没之后,吾尝南游于楚,得尊官焉,堂高九仞……犹北向而泣涕者,非为贱也,悲不见吾亲也。'"(卷七)从本篇两则曾子所记孔子传授的孝道,可以看出曾子受孔子影响之深。后来曾子将孔子所传整理成《孝经》(可参看《史记·仲尼弟子列传》),是关于孝道的专著,从古到今,在海内外都有着广泛而深远的影响。

子贡,即端木赐,卫人,比孔子小31岁。他极有才华,在孔门中以善于言辞著称。当齐国田常欲伐鲁之时,孔子命他出使,他先后到了齐、吴、晋、越等国,经过外交努力,改变了列国局势,使鲁国转危为安,所谓"子贡一出,存鲁,乱齐,破吴,强晋而霸越。子贡一使,使势相破,十年之中,五国各有变"(《史记·仲尼弟子列传》)。

他又善经商,"家累千金"。他说:"君子恶居下流。"可见他是一个进取心强,力争上游的人。

子贡虽然才华横溢,事业有成,但对于业师孔子却十分尊崇。他说孔子无所不学,但无常师。孔子道德学问,好比数仞宫墙,"不得其门而入,不见宗庙之美,百官之富"。又说:"夫子之不可及也,犹天之不可阶而升也。""仲尼,日月也。"对孔子之伟大发出由衷的赞叹。

尧曰篇第二十

共三章

20.1 尧曰^[1]:"咨^[2]！ 尔舜！ 天之历数在尔躬^[3],允执其中^[4]。 四海困穷,天禄永终^[5]。"

舜亦以命禹^[6]。

曰:"予小子履敢用玄牡^[7],敢昭告于皇皇后帝^[8]:有罪不敢赦。 帝臣不蔽^[9],简在帝心^[10]。 朕躬有罪^[11],无以万方^[12]；万方有罪,罪在朕躬。"

周有大赉^[13],善人是富^[14]。"虽有周亲^[15],不如仁人。 百姓有过^[16],在予一人。"

谨权量^[17],审法度^[18],修废官^[19],四方之政行焉。 兴灭国,继绝世,举逸民,天下之民归心焉。

所重:民、食、丧、祭。

宽则得众,信则民任焉^[20],敏则有功,公则说^[21]。

【注释】〔1〕尧:尧和舜是传说中上古的两位圣君,实际上应是原始社会后期两位部落联盟的领袖。传说尧把君位禅让给舜,后来舜又把君位禅让给禹。"尧曰"

以下是尧在禅让君位时说的话。　〔2〕咨：象声词，表感叹，这里是赞叹声，相当于"啧啧"。　〔3〕历数：指帝王继承的次第。历，本指日月星辰等天象的运行，古人据此以定四时，制历法。古人又认为君位的传承与天象的运行相应，因而把君位传承叫"历数"。　躬：身。　〔4〕允：诚，信。　执：掌握，把持。　中：正，不偏不倚，无"过"也无"不及"。　〔5〕天禄：上天赋予的禄位。　〔6〕禹：即夏禹，古代传说中治水的英雄，后来受舜禅让成为夏代开国君主。　〔7〕予小子履：商汤自称，予，我。小子，商汤祭祀天地时自称天帝的儿子。履，商汤的名。商汤又名成汤，原为商族首领，后灭掉夏桀，建立商王朝。　玄牡(mǔ)：指黑色的公牛，祭祀时用作牺牲。牡，鸟兽的雄性。以下几句是天下大旱之时商汤在祭天求雨的仪式上说的话。　〔8〕皇皇：伟大。　后帝：天帝。后，指君主，上古天子、诸侯都称"后"，只是到了后代，才专指帝王的正妻。　〔9〕蔽：隐蔽，隐瞒。　〔10〕简：检查，引申为明白。　〔11〕朕(zhèn)：我。先秦时代，无论何人都可自称朕，从秦始皇起，成为帝王专用的自称。　〔12〕万方：万民。　〔13〕赉(lài)：赏赐，指周初封土建侯，赏赐功臣。　〔14〕是富：因此而富。是，此。　〔15〕周亲：至亲。以下四句，是周武王分封诸侯时说的话。　〔16〕百姓：指同姓和异姓所有受封的诸侯，与后来所说的"老百姓"意义有所不同。　〔17〕权：称锤，指计重量的标准。　量：指计容量的标准。　〔18〕度：指量长短的标准。　〔19〕废官：被废置不能发挥作用的官职和机构，如有官位而无人或有人而不能履行职责。　〔20〕信则民任焉：疑为衍文。　〔21〕说：同"悦"。

【译文】尧在把君位禅让给舜时说："啧啧！你这位舜！按照天命君主之位已经落在你身上，诚实地恪守中道吧！如果四海之内民众都陷入困苦贫穷之中，上天给你的禄位也就永远终止了。"

舜在把君位禅让给禹的时候也把这一番话告诉了禹。

商汤在大旱求雨的祭礼上说："我这个天帝之子履大胆地用黑色牡牛作牺牲，明白地向伟大的天帝祷告：对有罪的人我不敢私自赦免，您的臣仆的善恶我也不敢隐瞒，这些在天帝您的心里是十分明白的。我自己如果有罪，请不要牵连万方民众；万方民众如果有罪，罚罪请全罚在我一人身上。"

周初大规模地封土建侯赏赐功臣，好人因此富贵起来。周武王在分封诸侯时说："我虽然有同姓至亲，但不如有仁义之人。无论同姓或异姓诸侯，如有过失，罚过就罚我一个人。"

　　谨慎地审定度量衡计量标准,整顿修复被废弃的官职和机构,天下四方的政令便畅通无阻了。复兴已灭亡了的诸侯国,承续已断绝了的世家,提拔被遗忘了的贤人,天下民众的心就会归顺了。

　　国家所重视的是:人民、粮食、丧事、祭祀。

　　宽厚就会得到民众的拥护,诚信就会得到民众的信任,勤勉会有功绩,公正就会使民众高兴。

【点评】本章所记,为前代圣王治理天下的事迹和经验,以及儒家的政治理想和主张,如顺从天命,允执其中,亲亲任贤,修己爱民,克己复礼,兴灭继绝,宽厚诚信,勤敏公正,等等。

20.2 子张问于孔子曰[1]:"何如斯可以从政矣[2]?"

　　子曰:"尊五美,屏四恶[3],斯可以从政矣。"

　　子张曰:"何谓五美?"

　　子曰:"君子惠而不费,劳而不怨,欲而不贪[4],泰而不骄[5],威而不猛。"

　　子张曰:"何谓惠而不费?"

　　子曰:"因民之所利而利之,斯不亦惠而不费乎?择可劳而劳之,又谁怨?欲仁而得仁,又焉贪?君子无众寡,无小大,无敢慢,斯不亦泰而不骄乎?君子正其衣冠,尊其瞻视,俨然人望而畏之,斯不亦威而不猛乎?"

　　子张曰:"何谓四恶?"

　　子曰:"不教而杀谓之虐;不戒视成谓之暴;慢令致期谓之贼;犹之与人也[6],出纳之吝谓之有司[7]。"

【注释】[1]子张:即颛孙师,字子张。　[2]从政:参政,指做官管理政务。　[3]屏(bǐng):通"摒",排除,除去。　[4]欲:欲望。一说指欲行仁义。

〔5〕泰：指因处高位而舒泰矜持。 〔6〕犹之：均之。 〔7〕有司：原指职有专司的官吏，这里指管财物的库吏，他们出纳钱财往往计算精确，如果从政之人也如此斤斤计较，就谈不上惠爱民众了。

【译文】子张向孔子问道："怎样就可以从政去管理政务了呢？"

孔子说："尊崇五种美德，排除四种恶政，就可以从政了。"

子张说："什么叫五种美德？"

孔子说："君子使民众得到实惠而自己却无所耗费，让民众服劳役民众却不怨恨，自己有欲望却不贪求财货，处在高位舒泰矜持却不骄纵，庄重威严却不凶猛。"

子张说："怎样叫作使民众得到实惠而自己却无所耗费呢？"

孔子说："顺着民众能获利之处而使他们获利，这不就是使民众得到实惠而自己却无所耗费吗？选择民众可以服劳役的时机让他们服劳役，还有谁会怨恨呢？自己想得到仁德就得到了仁德，还贪求什么呢？君子无论民众多寡，势力大小，都不敢轻慢，这不就是处在高位舒泰矜持却不骄纵吗？君子衣冠整齐，目光炯炯有神，庄重严肃使人望而生畏，这不就是庄重威严却不凶猛吗？"

子张说："什么叫四种恶政？"

孔子说："对民众不先教育，有了过失便杀戮就叫虐；不先申诫，而要求眼下立即成功就叫暴；政令开头懈怠，却突然限期完成就叫贼；同样是给人财物，却出手吝啬就叫有司。"

【点评】孔子主张"为政以德"（2.1），本章是"为政以德"的具体阐释。其中"因民之所利而利之"，说明儒家主张"利民"，也说明儒家提倡"德治"，除重视执政者自身的道德修养和对民众的礼乐教化外，也要求在物质上给民众以实惠。

20.3 孔子曰："不知命[1]，无以为君子也。不知礼，无以立也。不知言，无以知人也。"

【注释】[1]命：命运，天命。参阅《为政》(2.4)。

【译文】孔子说："不了解命，就无法成为君子；不了解礼，就无法在社会上立足；不了解别人的言语，就无法了解这个人。"

【点评】命，非人力所能为，知命，才能听天命而尽人事；礼，是行为规范，知礼，才能在社会上立足；言，言为心声，知言，才能从人言中分辨真假善恶、是非邪正，才能真正了解人。

《尧曰》赏析

儒家对古代的"圣君"十分崇敬。本篇所记尧舜禅让君位之辞、商汤祭天求雨之辞，以及周武王分封诸侯之辞，都涉及儒家所尊崇的圣君。但圣君的言辞，经过加工，又都成了春秋战国时代儒家政治思想的话语。儒家的政治观，是圣君贤臣共治观。儒家心目中的圣君，不把天下视为己有（尧舜禅让），但又自认为对民众生活负有责任（"四海困穷，天禄永终"），执政公平严明（"允执其中"），如有过错，勇于承担（"百姓有过，在予一人"），对民众宽厚仁慈，取信于民（"所重：民、食、丧、祭"，"宽则得众，信则民任焉"），并努力使天下归于一统（"谨权量，审法度，修废官，四方之民归心焉"）。儒家的政治观，影响了中国社会两千多年。

孔子关于"尊五美，屏四恶"的阐释，突出表现了儒家"修己以安百姓"及仁政爱民的思想，其中"因民之所利而利之"含义尤为丰富：1.说明孔子虽"重义"，却不"轻利"。孔子只是反对在上者贪求暴利，并不反对民众求利；2.孔子主张利民，也就是富民，使民众富起来；3.孔子主张"因民之所利而利之"，是"民之所欲，天必从之"（《伪古文尚书·泰誓》）的意思，在上位的人要"想民之所想，并顺着民众可能获利之处去做，而使民众获得实利"。在儒家的政治思想中，"利民""惠民"，也就是"博施于民而能济众"（6.30）占有相当重要的地位。

孔子及其弟子思想言论分类摘编

教·学(296)	孝·弟(悌)(301)	志(305)	中庸(309)
仁(297)	忠·恕·忠信(302)	人·民(305)	天·命(309)
义·利(298)	恭·敬·让·逊(302)	贫·富(306)	鬼·神(309)
礼(298)	耻(303)	用贤(306)	称颂先王(310)
乐(299)	修己(303)	知人(306)	称颂孔子(310)
《诗》(299)	言·行(304)	交友(307)	其他警句名言(310)
道(300)	仕·隐(304)	君子(307)	
德(301)	为政(304)	士(308)	

教·学

学而时习之,不亦说乎?(1.1)

行有余力,则以学文。(1.6)

温故而知新,可以为师矣。(2.11)

学而不思则罔,思而不学则殆。(2.15)

知之为知之,不知为不知,是知也。(2.17)

多闻阙疑。(2.18)

子入太庙,每事问。(3.15)

回也闻一以知十。(5.9)

朽木不可雕也。(5.10)

敏而好学,不耻下问。(5.15)

十室之邑,必有忠信如丘者焉,不如丘之好学也。(5.28)

知之者不如好之者,好之者不如乐之者。(6.20)

述而不作,信而好古。(7.1)

学而不厌,诲人不倦。(7.2)

自行束脩以上,吾未尝无诲焉。(7.7)

不愤不启,不悱不发,举一隅不以三隅反,则不复也。(7.8)

加我数年,五十以学《易》,可以无大过矣。(7.17)

发愤忘食,乐以忘忧,不知老之将至云尔。(7.19)

我非生而知之者,好古,敏以求之者也。(7.20)

三人行,必有我师焉。择其善者而从之,其不善者而改之。(7.22)

子以四教:文,行,忠,信。(7.25)

为之不厌,诲人不倦。(7.34)

学如不及,犹恐失之。(8.17)

吾少也贱,故多能鄙事。(9.6)

吾不试,故艺。(9.7)

后生可畏,焉知来者之不如今也?四十、五十而无闻焉,斯亦不足畏也已。(9.23)

先进于礼乐,野人也;后进于礼乐,君子也。如用之,则吾从先进。(11.1)

回也非助我者也,于吾言无所不说(悦)。(11.4)

由也升堂矣,未入于室也。(11.15)

求也退,故进之;由也兼人,故退之。(11.22)

君子上达,小人下达。(14.23)

古之学者为己,今之学者为人。(14.24)

下学而上达。(14.35)

吾尝终日不食,终夜不寝,以思,无益,不如学也。(15.31)

有教无类。(15.39)

生而知之者上也,学而知之者次也;困而学之,又其次也;困而不学,民斯为下矣。(16.9)

性相近也,习相远也。(17.2)

唯上知与下愚不移。(17.3)

好仁不好学,其蔽也愚;好知不好学,其蔽也荡;好信不好学,其蔽也贼;好直不好学,其蔽也绞;好勇不好学,其蔽也乱;好刚不好学,其蔽也狂。(17.8)

日知其所亡,月无忘其所能,可谓好学也已矣。(19.5)

博学而笃志,切问而近思。(19.6)

仕而优则学,学而优则仕。(19.13)

夫子焉不学?而亦何常师之有?(19.22)

仁

孝弟也者,其为仁之本与!(1.2)

巧言令色,鲜矣仁!(1.3)

泛爱众,而亲仁。(1.6)

人而不仁,如礼何?人而不仁,如乐何?(3.3)

里仁为美。(4.1)

仁者安仁,知者利仁。(4.2)

唯仁者能好人,能恶人。(4.3)

君子去仁,恶乎成名?君子无终食之间违仁,造次必于是,颠沛必于是。(4.5)

老者安之,朋友信之,少者怀之。(5.26)

回也,其心三月不违仁。(6.7)

仁者先难而后获,可谓仁矣。(6.22)

知者乐水,仁者乐山。知者动,仁者静。知者乐,仁者寿。(6.23)

夫仁者,己欲立而立人,己欲达而达人。(6.30)

子食于有丧者之侧,未尝饱也。(7.9)

子于是日哭,则不歌。(7.10)
子钓而不纲,弋不射宿。(7.27)
仁远乎哉?我欲仁,斯仁至矣。(7.30)
君子笃于亲,则民兴于仁。(8.2)
知者不惑,仁者不忧,勇者不惧。(9.29)
厩焚。子退朝,曰:"伤人乎?"不问马。(10.17)
克己复礼为仁。(12.1)
为仁由己,而由仁乎哉?(12.1)
樊迟问仁,子曰:"爱人。"(12.22)
刚、毅、木、讷近仁。(13.27)

仁者必有勇,勇者不必有仁(14.4)
桓公九合诸侯,不以兵车,管仲之力也。如其仁,如其仁。(14.16)
志士仁人,无求生以害仁,有杀身以成仁。(15.9)
民之于仁也。甚于水火。(15.35)
当仁,不让于师。(15.36)
"能行五者于天下为仁矣。"请问之,曰:"恭、宽、信、敏、惠。"(17.6)

义 · 利

信近于义,言可复也。(1.13)
见义不为,无勇也。(2.24)
君子之于天下也,无适也,无莫也,义之与比。(4.10)
放于利而行,多怨。(4.12)
君子喻于义,小人喻于利。(4.16)
子罕言利与命与仁。(9.1)
无欲速,无见小利。欲速,则不达;见小利,则大事不成。(13.17)
见利思义,见危授命。(14.12)

君子义以为质,礼以行之,孙以出之,信以成之。君子子哉!(15.18)
见得思义。(16.10)
君子义以为上,君子有勇而无义为乱,小人有勇而无义为盗。(17.23)
不仕无义。长幼之节,不可废也,君臣之义,如之何其废之?欲洁其身,而乱大伦。君子之仕也,行其义也。道之不行,已知之矣。(18.7)
因民之所利而利之。(20.2)

礼

礼之用,和为贵。(1.12)
恭近于礼,远耻辱也。因不失其亲,亦可宗也。(1.13)
道之以德,齐之以礼,有耻且格。(2.3)

殷因于夏礼,所损益,可知也;周因于殷礼,所损益,可知也。其或继周者,虽百世,可知也。(2.23)
(季氏)八佾舞于庭,是可忍也,孰不可忍也?(3.1)

人而不仁,如礼何？(3.3)

礼,与其奢也,宁俭;丧,与其易也,宁戚。(3.4)

绘事后素。(3.8)

夏礼,吾能言之,杞不足征也;殷礼,吾能言之,宋不足征也。文献不足故也,足,则吾能征之矣。(3.9)

周监于二代,郁郁乎文哉！吾从周。(3.14)

子贡欲去告朔之饩羊。子曰:"赐也！尔爱其羊,我爱其礼。"(3.17)

君使臣以礼,臣事君以忠。(3.19)

能以礼让为国乎？何有？(4.13)

觚不觚,觚哉！觚哉！(6.25)

甚矣吾衰也！久矣吾不复梦见周公。(7.5)

勇而无礼则乱。(8.2)

兴于《诗》,立于礼,成于乐。(8.8)

麻冕,礼也;今也纯,俭,吾从众。拜下,礼也;今拜乎上,泰也;虽违众,吾从下。(9.3)

子见齐衰者、冕衣裳者与瞽者,见之,虽少,必作;过之,必趋。(9.10)

克己复礼为仁。(12.1)

非礼勿视,非礼勿听,非礼勿言,非礼勿动。(12.1)

上好礼,则民莫敢不敬。(13.4)

上好礼,则民易使也。(14.41)

不学礼,无以立。(16.13)

如有用我者,吾其为东周乎！(17.5)

礼云礼云,玉帛云乎哉？(17.11)

(三年之丧)君子三年不为礼,礼必坏;三年不为乐,乐必崩。(17.21)

乐

人而不仁,如乐何？(3.3)

乐其可知也。始作,翕如也;从之,纯如也,皦如也,绎如也,以成。(3.23)

子谓《韶》:"尽美矣,又尽善也。"谓《武》:"尽美矣,未尽善也。"(3.25)

(子闻《韶》),三月不知肉味。(7.14)

子与人歌而善,必使反之,而后和之。(7.32)

兴于《诗》,立于礼,成于乐。(8.8)

师挚之始,《关雎》之乱,洋洋乎盈耳哉！(8.9)

吾自卫反鲁,然后乐正,《雅》《颂》各得其所。(9.15)

放郑声,远佞人。郑声淫,佞人殆。(15.11)

乐云乐云,钟鼓云乎哉？(17.11)

恶郑声之乱雅乐也。(17.18)

《诗》

《诗》三百,一言以蔽之,曰:"思无邪"。(2.2)

《关雎》乐而不淫,哀而不伤。(3.20)

兴于《诗》,立于礼,成于乐。(8.8)

诵《诗》三百,授之以政,不达;使于四方,不能

专对;虽多,亦奚以为？(13.5)
不学《诗》,无以言。(16.3)
《诗》,可以兴,可以观,可以群,可以怨。迩之事父,远之事君;多识于鸟兽草木之名。(17.9)
人而不为《周南》《召南》,其犹正墙面而立也与! (17.10)

道

君子务本,本立而道生。(1.2)
三年无改于父之道,可谓孝矣。(1.11)
礼之用,和为贵。先王之道,斯为美,小大由之。(1.12)
就有道而正焉。(1.14)
天下之无道也久矣(3.24)
富与贵,是人之所欲也;不以其道得之,不处也。(4.5)
朝闻道,夕死可矣。(4.8)
士志于道,而耻恶衣恶食者,未足与议也。(4.9)
夫子之道,忠恕而已矣。(4.15)
道不行,乘桴浮于海。(5.7)
夫子之言性与天道,不可得而闻也。(5.13)
邦有道,则知,邦无道,则愚。(5.21)
齐一变至于鲁,鲁一变至于道。(6.24)
志于道,据于德,依于仁,游于艺。(7.6)
笃信好学,守死善道。危邦不入,乱邦不居。天下有道则见,无道则隐。(8.13)
凤鸟不至,河不出图,吾已矣夫! (9.9)
所谓大臣者,以道事君,不可则止。(11.24)
邦有道,谷;邦无道,谷,耻也。(14.1)
邦有道,危言危行;邦无道,危行言孙。(14.3)

子言卫灵公之无道也(14.19)
道之将行也与,命也;道之将废也与,命也。(14.36)
知其不可而为之(14.38)
邦有道则仕,邦无道则可卷而怀之。(15.7)
斯民也,三代之所以直道而行也。(15.25)
人能弘道,非道弘人。(15.29)
君子谋道不谋食。耕也馁在其中矣,学也禄在其中矣。君子忧道不忧贫。(15.32)
道不同,不相为谋。(15.40)
天下有道,则礼乐征伐自天子出。(16.2)
隐居以求其志,行义以达其道。(16.11)
君子学道则爱人,小人学道则易使也。(17.4)
直道而事人,焉往而不三黜？枉道而事人,何必去父母之邦？(18.2)
鸟兽不可与同群,吾非斯人之徒与而谁与？天下有道,丘不与易也。(18.6)
君子之仕也,行其义也,道之不行,已知之矣。(18.7)
上失其道,民散久矣。如得其情,则哀矜而勿喜! (19.19)
文武之道,未坠于地,在人。贤者识其大者,不贤者识其小者。(19.22)

德

慎终追远,民德归厚矣。(1.9)

为政以德。(2.1)

道之以政,齐之以刑,民免而无耻。道之以德,齐之以礼,有耻且格。(2.3)

君子怀德,小人怀土;君子怀刑,小人怀惠。(4.11)

德不孤,必有邻。(4.25)

中庸之为德也,其至矣乎。(6.29)

志于道,据于德,依于仁,游于艺。(7.6)

天生德于予,桓魋其如予何?(7.23)

泰伯,其可谓至德也已矣。(8.1)

周之德,其可谓至德也已矣。(8.20)

吾未见好德如好色者也。(9.18)(19.13)

主忠信,徙义,崇德也。(12.10)

君子之德风,小人之德草,草上之风,必偃。(12.19)

先事后得,非崇德与?(12.21)

有德者必有言,有言者不必有德。(14.4)

骥不称其力,称其德也。(14.33)

以德报德。(14.34)

巧言乱德。(15.27)

远人不服,则修文德以来之。(16.1)

乡愿,德之贼也。(17.12)

道听而涂说,德之弃也。(17.14)

大德不逾闲,小德出入可也(19.11)

孝·弟(悌)

孝弟也者,其为仁之本与!(1.2)

弟子入则孝,出则悌。(1.6)

事父母,能竭其力。(1.7)

慎终追远,民德归厚矣。(1.9)

父在,观其志;父没,观其行;三年无改于父之道,可谓孝矣。(1.11)

孟懿子问孝,子曰:"无违。"(2.5)

父母唯其疾之忧。(2.6)

今之孝者,是谓能养。至于犬马皆能有养;不敬,何以别乎?(2.7)

色难。有事,弟子服其劳;有酒食,先生馔,曾是以为孝乎?(2.8)

事父母几谏,见志不从,又敬不违,劳而不怨。(4.18)

父母在,不远游,游必有方。(4.19)

三年无改于父之道,可谓孝矣。(4.20)

父母之年,不可不知也。一则以喜,一则以惧。(4.21)

出则事公卿,入则事父兄,丧事不敢不勉,不为酒困,何有于我哉?(9.16)

父为子隐,子为父隐。(13.18)

子生三年,然后免于父母之怀。夫三年之丧,

天下之通丧也。(17.21)

忠·恕·忠信

为人谋而不忠乎？(1.4)
与朋友交而不信乎？(1.4)
敬事而信。(1.5)
谨而信。(1.6)
与朋友交,言而有信。(1.7)
主忠信。(1.8)
信近于义,言可复也。(1.13)
人而无信,不知其可也。(2.22)
君使臣以礼,臣事君以忠。(3.19)
(子曰:"吾道一以贯之。")曾子曰:"夫子之道,忠恕而已矣。"(4.15)
己欲立而立人,己欲达而达人。(6.30)
己所不欲,勿施于人。(12.2)(15.24)
自古皆有死,民无信不立。(12.7)
先事后得,非崇德与？(12.21)
子路问事君,子曰:"勿欺也,而犯之。"(14.22)
言忠信,行笃敬。(15.6)
事君,敬其事而后其食。(15.38)
君子信而后劳其民；未信,则以为厉己也。信而后谏；未信,则以为谤己也。(19.10)

恭·敬·让·逊

敬事而信。(1.5)
夫子温、良、恭、俭、让以得之。(1.10)
恭近于礼,远耻辱也。(1.13)
君子无所争。必也射乎！揖让而升,下而饮,其争也君子。(3.7)
居上不宽,为礼不敬,临丧不哀,吾何以观之哉？(3.26)
以礼让为国。(4.13)
其行己也恭,其事上也敬。(5.16)
(泰伯)三以天下让。(8.1)
恭而无礼则劳。(8.2)
居处恭,执事敬,与人忠。(13.19)
恭己正南面而已矣。(15.5)
君子义以为质,礼以行之,孙(逊)以出之,信以成之。君子哉！(15.18)
"能行五者于天下为仁矣。"请问之,曰:"恭、宽、信、敏、惠。恭则不侮,宽则得众,信则人任焉,敏则有功,惠则足以使人。"(17.6)
恶不孙(逊)以为勇者。(17.24)

耻

恭近于礼,远耻辱也。(1.13)

道之以政,齐之以刑,民免而无耻;道之以德,齐之以礼,有耻且格。(2.3)

士志于道,而耻恶衣恶食者,未足与议也。(4.9)

古者言之不出,耻躬之不逮也。(4.22)

敏而好学,不耻下问。(5.15)

巧言、令色、足恭,左丘明耻之,丘亦耻之。匿怨而友其人,左丘明耻之,丘亦耻之。(5.25)

邦有道,贫且贱焉,耻也;邦无道,富且贵焉,耻也。(8.13)

衣敝缊袍,与衣狐貉者立,而不耻者,其由也与?(9.27)

行己有耻。(13.20)

邦有道,谷;邦无道,谷,耻也。(14.1)

君子耻其言而过其行。(14.27)

修己

人不知而不愠,不亦君子乎?(1.1)

吾日三省吾身。(1.4)

过,则勿惮改。(1.8)

温、良、恭、俭、让。(1.10)

食无求饱,居无求安。(1.14)

不患人之不己知,患不知人也。(1.16)

士志于道,而耻恶衣恶食者,未足与议也。(4.9)

不患无位,患所以立。不患莫己知,求为可知也。(4.14)

见贤思齐焉,见不贤而内自省也。(4.17)

以约失之者鲜矣。(4.23)

吾未见能见其过而内自讼者也。(5.27)

不迁怒,不贰过。(6.3)

贤哉,回也!一箪食,一瓢饮,在陋巷,人不堪其忧,回也不改其乐。(6.11)

德之不修,学之不讲,闻义不能徙,不善不能改,是吾忧也。(7.3)

法语之言,能无从乎?改之为贵。(9.24)

三军可夺帅也,匹夫不可夺志也。(9.26)

岁寒,然后知松柏之后凋也。(9.28)

不患人之不己知,患其不能也。(14.30)

不怨天,不尤人,下学而上达。(14.35)

知其不可而为之。(14.38)

修己以敬。……修己以安人。……修己以安百姓。(14.42)

君子固穷,小人穷斯滥矣。(15.2)

志士仁人,无求生以害仁,有杀身以成仁。(15.9)

躬自厚而薄责于人。(15.15)

群居终日,言不及义,好行小慧,难矣哉!
(15.17)

君子病无能焉,不病人之不己知也。(15.19)

君子求诸己,小人求诸人。(15.21)

过而不改,是谓过矣。(15.30)

君子谋道不谋食。……君子忧道不忧贫。
(15.32)

色厉而内荏,譬诸小人,其犹穿窬之盗也与?
(17.12)

饱食终日,无所用心,难哉矣!(17.22)

小人之过也必文。(19.8)

君子一言以为知,一言以为不知,言不可不慎
也。(19.25)

言·行

敏于事而慎于言。(1.14)

先行其言而后从之。(2.13)

言寡尤,行寡悔,禄在其中矣。(2.18)

古者言之不出,耻躬之不逮也。(4.22)

君子欲讷于言而敏于行。(4.24)

仁者,其言也讱。(12.3)

君子耻其言而过其行。(14.27)

仕·隐

邦有道,不废;邦无道,免于刑戮。(5.2)

甯武子邦有道则知,邦无道则愚。(5.21)

用之则行,舍之则藏。(7.11)

天下有道则见,无道则隐。(8.13)

沽之哉!沽之哉!我待贾者也。(9.13)

邦有道,谷;邦无道,谷,耻也。(14.1)

邦有道,则仕;邦无道,则可卷而怀之。(15.7)

吾岂匏瓜也哉?焉能系而不食?(17.7)

不仕无义。……君子之仕也,行其义也。
(18.7)

为政

事君,能致其身。(1.7)

为政以德,譬如北辰居其所而众星共之。(2.1)

道之以政,齐之以刑,民免而无耻;道之以德,
齐之以礼,有耻且格。(2.3)

举直错诸枉。(2.19)(12.22)

(使民敬、忠以劝,如之何?)临之以庄,则敬;孝
慈,则忠;举善而教不能,则劝。(2.20)

《书》云:"孝乎惟孝,友于兄弟,施于有政。"是

亦为政,奚其为为政?(2.21)
能以礼让为国乎?何有?(4.13)
居敬而行简,以临其民。(6.2)
不在其位,不谋其政。(8.14)
足食,足兵,民信之矣。(12.7)
君君,臣臣,父父,子子。(12.11)
听讼,吾犹人也。必也使无讼乎!(12.13)
居之无倦,行之以忠。(12.14)
政者,正也。子帅以正,孰敢不正?(12.16)
苟子之不欲,虽赏之不窃。(12.18)
子为政,焉用杀?(12.19)

先之劳之。(13.1)
先有司,赦小过,举贤才。(13.2)
必也正名乎……名不正,则言不顺……(13.3)
上好礼,则民莫敢不敬;上好义,则民莫敢不服;上好信,则民莫敢不用情。(13.4)
其身正,不令而行;其身不正,虽令不从。(13.6)
苟正其身矣,于从政乎何有?不能正其身,如正人何?(13.13)
无为而治……恭己正南面而已矣。(15.5)
远人不服,则修文德以来之。(16.1)
因民之所利而利之,斯不亦惠而不费乎?(20.2)

志

士志于道。(4.9)
(子路之志)愿车马衣轻裘与朋友共,敝之而无憾。(5.26)
(颜渊之志)愿无伐善,无施劳。(5.26)
(孔子之志)老者安之,朋友信之,少者怀之。(5.26)
志于道,据于德,依于仁,游于艺。(7.6)
三军可夺帅也,匹夫不可夺志也。(9.26)

(子路之志)(治理千乘之国)比及三年,可使有勇,且知方也。(11.26)
(冉有之志)比及三年,可使足民。(11.26)
(公西华之志)宗庙之事,如会同,端章甫,愿为小相焉。(11.26)
(曾晳之志)莫春者,春服既成,冠者五六人,童子六七人,浴乎沂,风乎舞雩,咏而归。(11.26)

人·民

节用而爱人,使民以时。(1.5)
泛爱众,而亲仁。(1.6)
其养民也惠,其使民也义。(5.16)
薄施于民而能济众。(6.30)

民可使由之,不可使知之。(8.9)
百姓足,君孰与不足?百姓不足,君孰与足?(12.9)
(既庶矣,又何加焉?)富之。(既富矣,又何加

焉?)教之。(13.9)
善人教民七年,亦可以即戎矣。(13.29)
以不教民战,是谓弃之。(13.30)
管仲相桓公,霸诸侯,一匡天下,民到于今受其赐。(14.17)
修己以安百姓。(14.42)
民之于仁也,甚于水火。(15.35)
因民之所利而利之。(20.2)

贫·富

贫而无谄,富而无骄。(1.15)
贫而乐,富而好礼。(1.15)
富与贵,是人之所欲也;不以其道得之,不处也。贫与贱,是人之所恶也,不以其道得之,不去也。(4.5)
君子周急不继富。(6.4)
(多余的粟)以与尔邻里乡党乎!(6.5)
富而可求之,虽执鞭之士,吾亦为之。如不可求,从吾所好。(7.12)
饭疏食饮水,曲肱而枕之,乐亦在其中矣。不义而富且贵,于我如浮云。(7.16)
邦有道,贫且贱焉,耻也;邦无道,富且贵焉,耻也。(8.13)
贫而无怨难,富而无骄易。(14.10)
有国有家者,不患贫而患不均,不患寡而患不安。盖均无贫,和无寡,安无倾。(16.1)

用贤

举直错诸枉。(2.19)
舜有臣五人而天下治。(8.20)
武王曰:"予有乱(治)臣十人。"(8.20)
才难。(8.20)
先进于礼乐,野人也。……吾从先进。(11.1)
举直错诸枉,能使枉者直。(12.22)
舜有天下,选于众,举皋陶,不仁者远矣。汤有天下,选于众,举伊尹,不仁者远矣。(12.22)
先有司,赦小过,举贤才。(13.2)
工欲善其事,必先利其器。(15.10)
无求备于一人。(18.10)

知人

不患人之不己知,患不知人也。(1.16)
视其所以,观其所由,察其所安,人焉廋哉?人焉廋哉?(4.7)
人之过也,各于其党。观过,斯知仁(人)矣。

(4.7)
今吾于人也,听其言而观其行。(5.10)
(乡人皆好之,何如?乡人皆恶之,何如?)不如乡人之善者好之,其不善者恶之。(13.24)
众恶之,必察焉;众好之,必察焉。(15.28)
不知言,无以知人也。(20.3)

交友

有朋自远方来,不亦乐乎?(1.1)
与朋友交而不信乎?(1.4)
与朋友交,言而有信。(1.7)
无友不如己者,(1.8)
晏平仲善与人交,久而敬之。(5.17)
伯夷、叔齐不念旧恶。(5.23)
四海之内,皆兄弟也。(12.5)
忠告而善道之,不可则止。(12.23)
君子以文会友,以友辅仁。(12.24)
益者三友,损者三友。友直,友谅,友多闻,益矣。友便辟,友善柔,友便佞,损矣。(16.4)
乐多贤友,益矣。(16.5)
君子尊贤而容众,嘉善而矜不能。(19.3)

君子

人不知而不愠。不亦君子乎?(1.1)
君子务本,本立而道生。(1.2)
君子不重,则不威;学则不固。(1.8)
君子食无求饱,居无求安,敏于事而慎于言,就有道而正焉。(1.14)
君子不器。(2.12)
君子周而不比,小人比而不周。(2.14)
君子无所争。必也射乎!揖让而升,下而饮。其争也君子。(3.7)
君子去仁,恶乎成名?君子无终食之间违仁,造次必于是,颠沛必于是。(4.5)
君子之于天下也,无适也,无莫也,义之与比。(4.10)
君子怀德,小人怀土;君子怀刑,小人怀惠。(4.11)
君子喻于义,小人喻于利。(4.16)
君子欲讷于言而敏于行。(4.24)
(子谓子产,有君子之道四焉)其行己也恭,其事上也敬,其养民也惠,其使民也义。(5.16)
君子周急不济富。(6.4)
女(汝)为君子儒,无为小人儒!(6.13)
文质彬彬,然后君子。(6.18)
君子博学于文,约之以礼,亦可以弗畔矣夫!(6.27)
君子不党。(7.31)
君子坦荡荡,小人长戚戚。(7.37)
君子笃于亲,则民兴于仁。(8.2)
可以托六尺之孤,可以寄百里之命,临大节而

不可夺也,君子人与! 君子人也。(8.6)
君子不忧不惧。……内省不疚,夫何忧何惧?
　　(12.4)
君子成人之美,不成人之恶。(12.16)
君子之德风,小人之德草。草上之风,必偃。
　　(12.19)
君子以文会友,以友辅仁。(12.24)
君子名之必可言也,言之必可行也。君子于其
　　言,无所苟而已矣。(13.3)
君子和而不同。(13.23)
君子泰而不骄。(13.26)
君子而不仁者有矣夫,未有小人而仁者也。
　　(14.6)
君子上达,小人下达。(14.23)
君子耻其言而过其行。(14.27)
君子之道三……仁者不忧,知者不惑,勇者不
　　惧。(14.28)
君子固穷。(15.2)
君子义以为质,礼以行之,孙以出之,信以成
　　之。君子哉! (15.18)
君子病无能焉,不病人之不己知也。(15.19)
君子疾没世而名不称焉。(15.20)
君子求诸己,小人求诸人。(15.21)

君子矜而不争,群而不党。(15.22)
君子不以言举人,不以人废言。(15.23)
君子谋道不谋食。……君子忧道不忧贫。
　　(15.32)
君子贞而不谅。(15.37)
君子有三戒:少之时,血气未定,戒之在色;及
　　其壮也,血气方刚,戒之在斗;及其老也,
　　血气既衰,戒之在得。(16.7)
君子有三畏:畏天命,畏大人,畏圣人之言。
　　(16.8)
君子学道则爱人。(17.4)
君子义以为上。(17.23)
君子之仕也,行其义也。(18.7)
君子尊贤而容众,嘉善而矜不能。(19.3)
君子有三变:望之俨然,即之也温,听其言也
　　厉。(19.9)
君子恶居下流。(19.20)
君子之过也,如日月之食焉;过也,人皆见之;
　　更也,人皆仰之。(19.21)
君子一言以为知,一言以为不知,言不可不慎
　　也。(19.25)
不知命,无以为君子也。(20.3)

士

士志于道,而耻恶衣恶食者,未足与议也。(4.9)
士不可以不弘毅,任重而道远。仁以为己任,
　　不亦重乎? 死而后已,不亦远乎? (8.7)
行己有耻,使于四方,不辱君命,可谓士矣。
　　(13.20)
士而怀居,不足为士矣。(14.2)
士见危致命,见得思义。(19.1)

中庸

攻乎异端,斯害也已。(2.16)
《关雎》乐而不淫,哀而不伤。(3.20)
质胜文则野,文胜质则史。文质彬彬,然后君子。(6.18)
中庸之为德也,其至矣乎!(6.29)
子绝四:毋意,毋必,毋固,毋我。(9.4)
吾有知乎哉?无知也。有鄙夫问于我,空空如也。我叩其两端而竭焉。(9.8)
可与共学,未可与适道;可与适道,未可与立;可与立,未可与权。(9.30)
过犹不及。(11.16)
求可退,故进之;由也兼人,故退之。(11.22)
不得中行而与之,必也狂狷乎!狂者进取,狷者有所不为。(13.21)
君子和而不同,小人同而不和。(13.23)
我则易于是,无可无不可。(18.8)
允执其中。(20.1)

天·命

五十而知天命。(2.4)
获罪于天,无所祷也。(3.13)
天将以夫子为木铎。(3.24)
夫子之言性与天道,不可得而闻也。(5.13)
天生德于予,桓魋其如予何?(7.23)
子罕言利与命与仁。(9.1)
天之未丧斯文也,匡人其如予何?(9.5)
固天纵之将圣,又多能也。(9.6)
赐不受命,而货殖焉,亿则屡中。(11.19)
死生有命,富贵在天。(12.5)
不怨天,不尤人,下学而上达,知我者其天乎!(14.35)
道之将行也与,命也;道之将废也与,命也。(14.36)
畏天命。(16.8)
天何言哉?四时行焉,百物生焉,天何言哉?(17.19)
不知命,无以为君子也。(20.3)

鬼·神

非其鬼而祭之,谄也。(2.24)
祭如在,祭神如神在。(3.12)
敬鬼神而远之。(6.22)
子不语怪、力、乱、神。(7.21)
未能事人,焉能事鬼?(11.12)
未知生,焉知死?(11.12)

称颂先王

巍巍乎,舜、禹之有天下也而不与焉!(8.18)

大哉尧之为君也!巍巍乎!唯天为大,唯尧则之。荡荡乎,民无能名焉。巍巍乎其有成功也,焕乎其有文章!(8.19)

舜有臣五人而天下治。(8.20)

禹,吾无间然矣。菲饮食而致孝乎鬼神,恶衣服而致美乎黻冕,卑宫室而尽力乎沟洫。禹,吾无间然矣。(8.21)

舜有天下,选于众,举皋陶,不仁者远矣。汤有天下,选于众,举伊尹,不仁者远矣。(12.22)

称颂孔子

天下之无道也久矣,天将以夫子为木铎。(3.24)

固天纵之将圣,又多能也。(9.6)

仰之弥高,钻之弥坚。瞻之在前,忽焉在后。夫子循循然善诱人,博我以文,约我以礼,欲罢不能。(9.11)

夫子之墙数仞,不得其门而入,不见宗庙之美,百官之富。(19.23)

仲尼,日月也,无得而逾焉。(19.24)

其生也荣,其死也哀,如之何其可及也?(19.25)

其他警句名言

成事不说,遂事不谏,既往不咎。(3.21)

朽木不可雕也,粪土之墙不可杇也。(5.10)

三思而后行。(5.20)

临事而惧,好谋而成。(7.11)

鸟之将死,其鸣也哀;人之将死,其言也善。(8.4)

君子居之,何陋之有?(9.14)

子在川上曰:"逝者如斯夫,不舍昼夜。"(9.17)

譬如为山,未成一篑,止,吾止也。(9.19)

后生可畏。(9.23)

岁寒,然后知松柏之后凋也。(9.28)

欲速则不达。(13.17)

工欲善其事,必先利其器。(15.10)

人无远虑,必有近忧。(15.12)

小不忍,则乱大谋。(15.27)

后　记

　　《论语通译》一书，是我在多年研读《论语》以及其他古籍文献的基础上写成的，最早由漓江出版社于2005年出版。由于社会反响热烈，销售情况良好，出版社一再重印、再版，至2015年5月，已发行至第5版。最近几年，我又做了修订，改由广西师范大学出版社出版，相信仍会得到社会大众的欢迎。

　　党的"十八大"以来，以习近平为核心的党中央，十分重视中华优秀传统文化传承和发展。习近平同志说："中华优秀传统文化是中华民族的精神命脉，是涵养社会主义核心价值观的重要源泉，也是我们在世界文化激荡中站稳脚跟的坚实根基。"（2014年10月15日在文艺工作座谈会上的讲话）2017年1月25日，中共中央办公厅、国务院办公厅印发了《关于实施中华优秀传统文化传承发展工程的意见》，文中指出："中华文化源远流长、灿烂辉煌。在5000多年文明发展中孕育的中华优秀传统文化，积淀着中华民族最深沉的精神追求，代表着中华民族独特的精神标识，是中华民族生生不息、发展壮大的丰厚滋养，是中国特色社会主义植根的文化沃土，是当代中国发展的突出优势，对延续和发展中华文明、促进人类文明进步，发挥着重要作用。"孔子思想及《论语》一书，无疑是中华优秀传统文化中一个极其重要的部分，理所当然地会受到全民的关注。

　　在《论语通译》修订本即将出版面世的时候，我还必须说一说我的指导教师冯振先生。

　　1957年我考入广西师范学院中文系（即今广西师范大学文学院），修读汉语言文学本科专业。当时中文系设在叠彩校区,系主任是冯振先生,大家亲切地称呼他"冯老"。

冯老过去曾任无锡国学专修学校教授、教务主任、代理校长,国学功底深厚。由他主政的中文系十分重视传统国学有关课程的建设。在我读本科的那几年,由于社会因素,教学秩序不正常。但老师们都十分敬业,只要有机会走上讲台,就会把课上好。

当时系里云集了一批国学功底十分深厚的教师,他们讲起课来虽然风格各异,但都能尽显其长。彭泽陶先生讲孟子,秦似先生讲唐诗,沙少海先生讲音韵学,陈振寰先生讲古汉语,曹淑智先生讲宋词,周满江先生讲《诗经》,陈飞之先生讲"三曹",胡光舟先生讲《左传》,黄素芬先生讲《楚辞》,在学生中都留下了深刻的、甚至是终生难忘的印象。

我毕业留校之初,学校非常重视青年教师的培养。在冯振先生主政的中文系,更是重视夯实青年教师的传统学术基础。系里有计划地请老教师给青年教师上课。上课的地点设在叠彩校区中央的中文系办公楼。这是一座两层的楼房,下面是中文系资料室,上面有一大间为会议室,上课时就用会议室作教室。在这个铺着木地板的教室里,记得彭泽陶先生讲过《说文解字》,王永华先生讲过"杜诗韵律",沙少海先生讲过古汉语语法。冯老也讲过《说文解字》,还讲过古典诗歌的格律与作法。至今,他们的音容笑貌,神态风度,仍深深地印在我的脑海里。

冯老、彭老讲《说文解字》,以原《说文》部首为纲,挑选若干部首,每一部首又挑选若干字来讲,重点讲字的形和义,从本义一直讲到引申义、假借义。

冯老讲古典诗歌的格律与作法,是以方回的《瀛奎律髓》作教材。冯老挑选了其中一些篇章,油印出来发给大家,作为讲义。所讲的都是唐宋名家的诗,引导我们理解和欣赏。

听课的主要是古代文学教研组的青年教师,但也有其他教研组的青年教师,还有外校来进修的教师。

这些课讲的虽然都是"古"字号,但对中文系所有青年教师来说,实在具有"打基础"的意义。至今我仍然认为,在文学院无论从事什么课程的教学,都得有古典文学或者国学的修养。近二十年来,广西师范大学文学院倡导"经典进课堂",我想这就是一项对弘扬传统文化极有意义的举措吧。

为了培养提高青年教师的水平,在学校统一部署下,系里还开展"老带青",即安排老教师指导青年教师。当时,系里安排冯老作为我的指导教师。冯老指导我的方法主要是:告诉我读哪些书;看看我的读书笔记;和我谈话,要我汇报读书的心得体会。

由于我酷爱先秦诸子,认为那是中国思想文化的精华和源头,所以在这之前已经非常认真地读了先秦诸子的若干典籍。冯老指导我读书,便从这里开始。在冯老的指导下,那几年,我系统地、扎扎实实地通读了若干国学元典,主要是先秦诸子:论、孟、老、庄、墨、荀、韩,以及尚书、诗经、礼记、说文、尔雅等。除冯老对我耳提面命外,我从冯老的著作中学习如何治学,也获益很多。如冯老的《老子通证》,本经互注,"以老证老",别开生面。后来我写《论语通译》《老子道德经译解》,就自觉地采用了这种本经互注的方法。冯老的《诗词杂话》《七言律髓》《七言绝句作法举隅》等诗学论著,不但激发了我研究诗话词话的兴趣,也帮助了我后来深入研究并出版《诗话和词话》《中国古代诗话词话辞典》《历代诗话选注》等著作。

作为青年助教,那几年我常向指导教师冯老请教,冯老总是不厌其烦地为我解惑。冯老的工作室在中文系办公楼楼下资料室旁,也是一个小小的房间,我常常到他的工作室去汇报读书情况。所谓"汇报",其实是交谈。冯老十分和蔼,对青年人更是热情关怀,奖掖扶持,同他谈话从未感到有什么拘束。那时谈得较多的是孔孟和老庄,也谈荀子、韩非子,有时也谈诗词和诗话。师生之间似乎很投缘,谈得很融洽。冯老说话不是很流畅,吐词也有浓重的乡音,但谈论问题,析理精妙,在我百思不得其解的地方,他简明扼要的点拨常常使我有豁然贯通之感。听冯老谈话,正合了一句古语,"如沐春风"。当我谈到一些自己独有的心得或见解时,冯老总是点头赞许,褒扬有加,脸上露出高兴的笑容,使人感到鼓舞和温暖。

冯老治学十分严谨。在他的工作室里,书桌旁,有一个特制的小木架,放着一部丁福保编的《说文诂林》。这是一部线装书,共有82册。这个小木架分成左右两边,每边上下各间隔成41层,每层放一册,取用任何一册都不必挪动其他各册,十分方便。当我问到一些文字训诂方面的问题时,冯老不仅立即作出口头解答,还常常顺手从架上把《说文诂林》的某一册拿到书桌上,翻到有关的那一页,向我说明那解释的依据。冯老对《说文》的熟悉,对文字训诂学的精通,令我十分惊讶和佩服。而他治学的认真和对后辈的热情,又使我十分感动。

冯老已经离开我们38年,我想,今天出版《论语通译》修订本一书,也算是对冯老的诚挚纪念吧。

《论语通译》修订本的出版,得到广西师范大学出版社的大力支持,虞劲松、刘隆进、和永发同志出力尤多。他们为优秀传统文化的传播辛勤劳作,不遗余力,其精神令人感佩,我对他们表示深深的敬意。

张葆全

2021 年 7 月 11 日